数学与科学史丛书

《亚泉杂志》与近代西方化学在中国的传播

陈镱文　著

陕西省高校优势学科建设项目　资助出版

科学出版社

北京

内 容 简 介

近代化学发展时期是化学史上的重要阶段。西方近代化学在快速发展并初步形成完整学科体系的同时，也开始了向中国传播的历程。杜亚泉作为中国早期的出版家，以期刊为媒介，引进西方化学知识。本书通过查阅原始文献，旨在厘清通过《亚泉杂志》传播到中国的19世纪70年代西方近代化学重要发现及理论，从而明确《亚泉杂志》在中国近代期刊史上的作用及地位。

本书可供科学史工作者、化学和化学史工作者，以及相关专业大学师生阅读。

图书在版编目(CIP)数据

《亚泉杂志》与近代西方化学在中国的传播 / 陈镱文著. —北京：科学出版社，2017. 3

(数学与科学史丛书)

ISBN 978-7-03-052259-7

Ⅰ. ①亚… Ⅱ. ①陈… Ⅲ. ①科技期刊-文化史-中国-近代 Ⅳ. ①G239.295

中国版本图书馆CIP数据核字(2017)第055094号

丛书策划：孔国平

责任编辑：侯俊琳 樊 飞 张翠霞 / 责任校对：孙婷婷

责任印制：张欣秀 / 封面设计：无极书装

编辑部电话：010-64035853

E-mail：houjunlin@mail. sciencep. com

科 学 出 版 社 出版

北京东黄城根北街16号

邮政编码：100717

http://www.sciencep.com

北京虎彩文化传播有限公司 印刷

科学出版社发行 各地新华书店经销

*

2017年3月第 一 版 开本：890 × 1240 A5

2019年1月第二次印刷 印张：8 3/4

字数：226 000

定价：75.00元

(如有印装质量问题，我社负责调换)

总　序

中华民族正濒临伟大复兴的前夕，科学技术是第一生产力，科技力量的强大无疑是实现民族复兴的决定性关键因素。

中国科学技术源远流长，在历史上众多方面有无数重大贡献，绝非仅仅是通过丝绸之路传至西方的所谓“四大发明”而已。由于本人是数学工作者，试就中国古代对数学的贡献略志数语如下。

提起数学，我们通常会想到古希腊欧几里得逻辑推理的演绎体系与相应的定理证明。在它的影响下，形成了绚丽多彩的现代数学。古希腊对数学的这种影响与成就，自然是不可磨灭而应该为国人所向往与虚心学习的。

与欧几里得体系不同，中国古代的数学家重视实际问题的解决，由此自然导致多项式方程(组)的求解与相应算法的发现。对方程研究的不断深化，也逐步导致正负数、分数即有理数、(开方型)无理数，以及不尽小数即一般无理数的引入及其计算与极限等规律的发现。这在公元263年刘徽的《九章算术注》中即已完成。而在欧洲，则直至19世纪Weierstrass与Cantor等时代，才以繁复而不甚自然的形式实现了实数系统的完成，其中还出现过所谓的数学危机。

不仅如此，我国宋元时期天元概念的引入与天元术的创立，其成就之一是导致解多变量多项式方程组的一般思路与具体方法。20世纪70年代我国的数学家们正是由于研习中国古代数学的启发，建立了解多项式方程组的一般方法，并由此创立了数学的机械化体系，取得从理论以至实际的多方面应用。特别是成功地应用于(初等与微分)几何定理的机器证明，为计算机时代脑力劳动的机械化开启先河。这不能不归功于中国古代数学所蕴含的思想与方法的深邃内容。

在科学、技术，以至医药、农牧业、地理与制图、水利、工程与机械制造等诸多方面，中国古代也有着辉煌的成就。试以天文学为例，我国是天文学发展最早的国家之一，早在新石器时代中期，我们的祖先已开始观天象，并用以定方位、定时间、定季节。我国历代都有历法，相传黄帝时代即已有之。不仅如此，历代还设置观察天文现象的专职官吏，传说颛顼时代就已有“火正”的官。

由于制历与天象观察都需要数学的帮助，因而中国古代数学的许多成就往往散见于历代的天文历法与有关著作之中。例如，有着悠久发展历史的招差术，主要见于历代的历法之中，在元代历法中实际上已有接近于微积分中麦克劳林级数的内容。

本丛书主编曲安京教授是天文学史方面有突出贡献的著名专家，中国古代天文成就的详情可参看本丛书中曲安京所著《中国历法与数学》和《中国数理天文学》两书。至于其他方面，可参阅李约瑟的《中国科学技术史》及国内出版介绍中国科学技术史的有关著作。

聊志数语，以贺本丛书在曲安京教授的精心策划之下，取得巨大的成功。

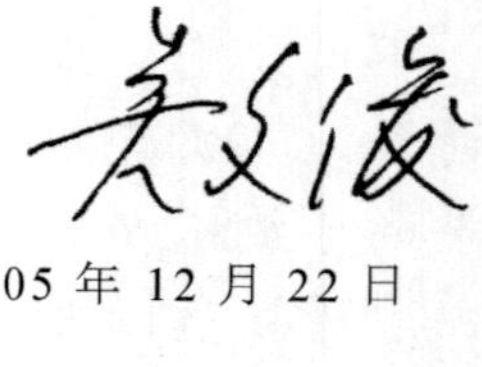

2005 年 12 月 22 日

目　录

第一章　绪　　论

第一节　历 史 背 景

近代科学中，化学成熟较晚，比天文学、数学、物理学晚 100 多年进入近代科学的行列。但是，近代时期却是化学蓬勃发展、全面开花的时期。这一时期，化学界经历了 5 次重大突破：17 世纪中期玻意耳(R. Boyle，1627～1691)提出科学的元素概念；18 世纪下半叶拉瓦锡(Antoine-Laurent de Lavoisier，1743～1794)提出燃烧氧化理论；19 世纪上半叶提出原子-分子论；1828 年出现首个人工合成的有机物——尿素；19 世纪下半叶门捷列夫发现了元素周期律。这些重大突破，形成基本的化学概念、定理和定律，构建了一个完整的具有各种分支学科的化学体系。因此，近代化学发展时期是化学史上承前启后的重要时期，为现代化学的快速发展奠定了坚实基础。

西方化学在快速发展的同时，也开始了向中国传播的历程。在近代化学知识传入中国的过程中，新教传教士和清廷的自强运动起到了比较重要的作用。18 世纪末到 19 世纪，随着欧洲工业革命的发展，基督教新教的布道事业也进入了大发展时期，许多新教教派建立了自己的布道组织，有计划地对其他民族展开传教布道，中国成为其传教的重要目标。第一次鸦片战争后，由于不平等条约的保护，天主教和基督教新教在中国得到了前所未有的发展。传教士在布道的同时，也带来了近代西方的科学知识。与天主教相比，新教更注意文化教育，向中国人介绍西方的物质文明和科学文化。同时，西方知识的传入，需要经过翻译及教育，然而 19 世纪末中国还没有形成科技人才的培养机制，造成了西方传教士在 19 世纪的中国长期扮演着科学知识传播者这一重要角色的局面。20 世纪以前的化学译书均是由传教士和中国学者合作翻译的。

第二次鸦片战争后，英法联军攻入北京，清廷的一部分上层统治者认识到西方富强的根本在于科学技术，由此发动了一场旨在求富求强的“借法自强”运动。其核心是学习和掌握西方先进科学技术，尤其是军工技术。随着一批军工和工矿企业的兴建，国内也开始引进近代民用工业。由于军火、矿冶等重工业与化学知识息息相关，食品、煤气等民用工业与化学知识也密不可分，西方近代化学的引入就显得迫在眉睫了。正是在这样的社会背景下，一系列重要的化学译著在 1870 年前后陆续出版。

西方近代化学进入中国，目前所见最早的文献是 1854 年慕维廉（William Muirhead，1822～1900）的《地理全志》下编中《地质论》提到的元素理论。1855 年合信（Benjamin Hobson，1818～1873）的《博物新编》第 1 编中《风论》《水质论》两篇文章，不仅介绍了 H_2、N_2、O_2、H_2SO_4、HNO_3、HCl 等物质的性质和制备方法，还阐述了元素概念。虽然这些论述与后来的译书相比显得很粗略，但还是被中国学者很快接受了。

1868 年第一部中文化学书籍《化学入门》出版。这是由丁韪良（William A. P. Martin，1827～1916）和中国学者李广祐、崔士元合译，京师同文馆出版的一套丛书之第 6 卷。该书阐述了元素理论、质量守恒定律、定比定律、当量作用定律和定组成定律等，介绍了多种金属和非金属的性质、盐类和酸类等无机化学内容，以及简单的有机化学内容。虽然其内容简略，对一些定律解释尚不清楚，但是，作为中国最早的化学译著，其化学内容和研究对象比较明晰。该书由于受到当时总理衙门的支持，行销较广，并传入日本，是对日本影响很大的一部科学著作。

在近代化学书籍翻译中，江南机器制造总局（简称江南制造局)的徐寿(1818～1884)和傅兰雅(John Aryer，1839～1928)做出了突出的贡献，翻译了一批重要的化学著作，迅速改变了化学知识引进落后于数学等其他学科的现状，使得化学在清末作为一门学科得以确立。为翻译西方科学技术书籍，江南制造局于 1868 年设立翻译馆，聘请傅兰雅为专职翻译人员，《化学鉴原》是徐寿、傅兰雅翻译的第一部化学书(图 1-1)。该书分为 6 卷，阐述了化学的亲和力、物质分类、当量等基本概念和元素理论、原子学说、酸碱理论、定组成定律、定比定律、物质不灭定律、质量作用定律等重要理论，并述及元素和化合物命名方法。全书重点介绍了各元素的制备、性质、用途及来源。之后，徐寿、傅兰雅将英国伦敦国王学院教授蒲陆山(Charles L. Bloxam，1831～1889)的《化学》一书中有机化学部分译为《化学鉴原续编》，无机化学部分译为《化学鉴原补编》。其中，《化学鉴原补编》内容比《化学鉴原》更详细，元素分类更接近元素周期律。1871 年，徐寿次子徐建寅(1845～1901)与傅兰雅合译了介绍定性分析和定量分析的《化学分原》。1883 年，由徐寿和傅兰雅翻译，江南制造局出版了 19 世纪最杰出的分析化学大师富里西尼乌斯(Karl R. Fresenius，1818～1897)的英译本经典巨著 *Manual of Qualitative Chemical Analysis* 和 *Quantitative Chemical Analysis*，其中文译书名为《化学考质》和《化学求数》①。该书原本为 19 世纪化学领域定性分析和定量分析最著名的专著，也是徐寿、傅兰雅合作翻译西方化学著作最高

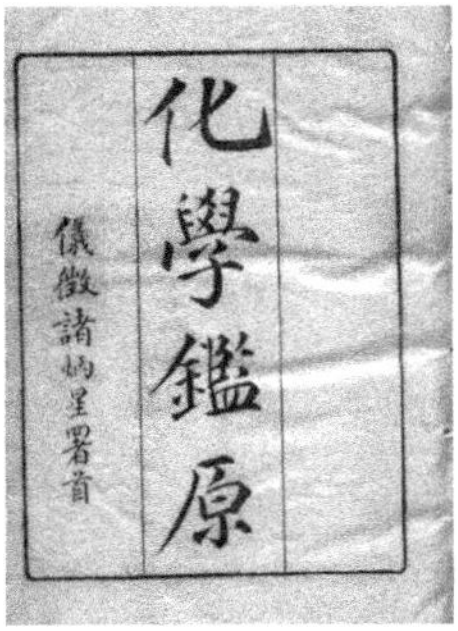

图 1-1 《化学鉴原》

① Johnson S W. Manual of Qualitative Chemical Analysis. New York: Wiley, 1875; Fresenius C R，Vacher A. Quantitative Chemical Analysis. London：The Macmillan Company，1876.

水平的代表。此外，徐寿、傅兰雅还翻译了《物体遇热改易记》一书，介绍了物理化学中气、液、固体热膨胀，以及气体定律、绝对零度等理论和概念，但该书于1899年才出版。同时，徐寿、傅兰雅等人在化工著作领域也做了较多工作，如《造硫强水法》《坃槳致美》《电气镀金略法》《化学工艺》等书的翻译。由于当时新法开矿及冶金受到重视，江南制造局翻译馆还翻译了《冶金录》《造铁全法》《宝藏兴焉》等多部冶金化学著作及农艺化学著作。

与徐寿、傅兰雅同时代翻译化学著作的还有广州博济医局的嘉约翰（John G. Kerr，1824～1901）及其学生何瞭然，以及京师同文馆的毕利干（Anatole A. Billequin，1837～1894）及其学生。前者于1871年翻译了《化学初阶》；后者于1873年翻译出版了《化学指南》，1882年出版了《化学阐原》。但是，这些译书所采用的原本有的与江南制造局徐寿、傅兰雅译著的原本重复，有的内容更加陈旧。

虽然这些译著将近代化学比较系统地引入中国，但是，由于受到译书原本和翻译水平的制约，这些书籍存在一些问题。译书原本往往是由传教士选择购入的，而传教士本身多无化学专业背景，在选择书籍时，偏向于当时西方社会上比较流行的化学教材，甚至是词典。其所介绍的内容比较陈旧，与当时西方化学的最新水平相比，具有较大差距。虽然译者在翻译时增补了一些新内容，但是对19世纪后半叶许多化学重大发现和新理论的缺失，造成了概念的含混甚至是错误。例如，由于没有正确的分子概念，当量与原子量混淆，进而得到错误的物质分子式。这些译书中，《化学考质》和《化学求数》原本具有很高的学术价值，但是由于篇幅太长，化学教育尚未展开，故其影响力有限。

当时翻译这些西书时，采用传教士口译与中国学者笔译相结合的方法。其原因是当时的中国缺少通晓中西文的专业人才，使得中国翻译科学书籍的数量有限，翻译水平很难提高。由于许多专业术语翻译不理想，即使最好的译书，读者也觉得难以理解。这点在《化学鉴原续编》中反映得更为直接。由于当时有机化合物命名方案未统一，有机物的英文名称相当混乱，该书采用有机物名称音译法，就使其更加晦涩难懂。鉴于此，傅兰雅还曾将其翻译的化学书改编成《化学易知》《化学须知》等简易读本。

然而，期刊作为媒介引进西方科技知识，恰好弥补了书籍载体的诸多不足。期刊作为连续出版物，具有在某一领域不断深化认识、积累科学的功能，且时效性较强，能够及时对最新的学术成果进行报道。同时，期刊版面调节灵活，在重点研究某一科学问题时，可充分发挥期刊的集束效应，有效增加内容的深度和力度。

中文期刊最早出现于晚清早期，是英国耶稣会传教士马礼逊(Rev. Robert Morrison，1782～1834)和米怜(William Milne，1785～1822)于1815年在马六甲创立的《察世俗每月统记传》，而科学知识的传播虽然在1853年由理雅各(James Legg，1814～1897)和麦华陀(Walter Henry Medhurst，1823～1885)于香港创办的《遐迩贯珍》、1857年墨海书馆伟烈亚力(Alexander Wylie，1815～1887)出版的《六合丛谈》等期刊中已有体现，但是第一部专门传播西方科学知识的期刊，是1876年由英国人傅兰雅和中国人徐寿主办，在上海发行的《格致汇编》。

《格致汇编》是中国近代最早的科技期刊，1876年创刊，1892年停刊，中间中断两次，前后出版七年。化学知识在这份期刊中占有相当分量，刊登了制造水泥、玻璃、蔗糖、火柴、纸等日用化工的文章，并连载了真司腾(John F. Johnston，1798～1855)的《化学卫生论》和格里分(John J. Griffin，1802～1877)的《化学器》。该刊对化学知识的传播起到了一定的作用。

科学期刊是国家在其发展的不同历史阶段所编辑出版的以

自然科学为主要内容的定期或不定期的连续出版物。它代表着一种富有创造力的科学文化现象，是报道新思想、新发明和传播新理论的主要途径，是中国学术的最高媒介之一。从 1876 年第一部专门传播西方科学知识的期刊《格致汇编》到 1915 年 1 月留美学生任鸿隽(1886～1961)、杨杏佛(1893～1933)等在美国创办的期刊《科学》共 39 年时间里，《亚泉杂志》作为第一份国人自办的自然科学期刊，影响并带动了其后一系列自然科学期刊，如 1902 年的《中外算学报》、1903 年科学仪器馆发行的《科学世界》等。

第二节　近代西方化学在中国传播现状

《亚泉杂志》的出现，将元素周期律、分子学说这些已经在 19 世纪 70 年代后各国化学教材中出现的化学基本理论引入中国，弥补了中国化学译书与同时期外国化学书之间存在较大差距的缺憾。同时，其还将 20 世纪之前西方化学界之重大发现，如放射性元素镭、钋的发现，气体液化，惰性气体氩、氦的发现等介绍给中国学者。

《亚泉杂志》以介绍近代化学知识为特点，主要译介日文的化学书刊，大量采用了日本翻译的汉字化学术语和科学术语，如周期律、定性分析、重量、体积、溶液、常温等，这些术语的翻译处理是比较成功的。与之相比，中国的旧译书采用的是外国传教士口译、中国学者笔述的方式，笔录者不懂外语，尽量保留口译者的翻译表述，而口译者对术语的翻译常采用解释法，使得许多应翻译的术语没有翻译或翻译得极不准确，如将化合物(compound)译为“杂质”、无机物(inorganic compound)译为“死物质”、有机物(organic compound)译为“活物质”，类似的现象比比皆是。但是，日本书中有许多汉字译名，且译者大多通晓日语，如《亚泉杂志》的主编杜亚泉(1873～1933)就精通日语，翻译时对术语的定义往往比较准确，因此其译著可读性大大增强。

《亚泉杂志》之前也有《利济学堂报》《农学报》《算学报》等专业刊物(图 1-2、图 1-3)。但是，化学是一门实验科学，与数学、农学、医学等学科的特点和具体情况皆不同，其许多理论和发现均来自实验，通过对实验结果的分析，不断修正已有的理论或推翻错误的观点，建立正确的理论。并且，近代中国的化学知识完全是通过引进西方化学建立起来的，故而，书籍或期刊登载知识的更新对化学的传播非常重要。例如，由于分子学说未引入，在 19 世纪以前的旧译书中，许多化合物没有分子式，原子量和当量概念混淆不清，其中，将氧的当量值 8 当作其原子量，造成许多化合物的化学式错误，进而导致许多化学定量计算错误。因此，未能及时将新的学术成果引入以完善其知识体系，尤其是在近代化学发展时期，这样的情况会常常发生。数学是一门不同于自然科学的独立学科，具有高度抽象性和严密逻辑性，其知识体系对时效性要求不高，中国 20 世纪以前引入的是西方 17 世纪的近代数学。对于化学与数学的不同，从“制造功夫，以算学为体，以化学为用”可以窥视一斑。中国近代农学是在传统农业的基础上引入西方农业技术的，而医学更是延续至今，正是这样的原因使得化学表现出与之不同的传播要求。19 世纪末，人们已经非常重视化学，化学被认为“冠乎声学、热学、光学、电学之上”，“实为诸学之根”。因此，《亚泉杂志》凭借自身的特点及化学学科特性，首开最新知识引进之先河，在晚清民初近代西方化学知识在中国的传播及中国近代专业科技期刊史中具有突出的地位。

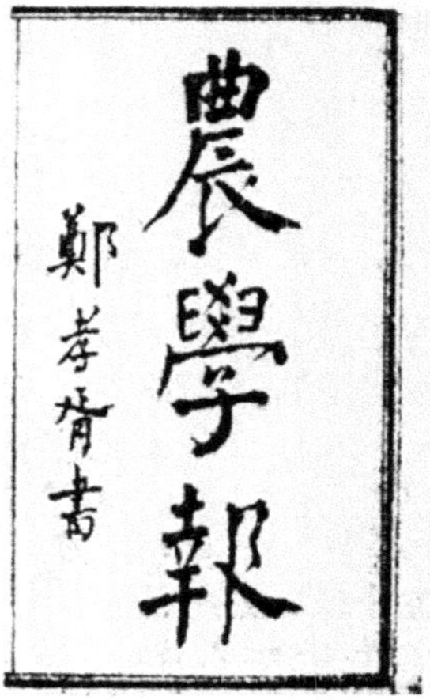

图 1-2 《农学报》外封

图 1-3 1899 年创刊的朱氏《算学报》封面

该刊物所传播的内容绝大多数是途经日本传播过来的西方科学知识，这一特殊的传播途径不同于以往的传教士直接由西方引进的模式。《亚泉杂志》作为研究中国近代自然科学史的重要文献资料，对于探讨近代在中国以期刊为媒介完全自主地引进西方科学知识的传播机制，以及近代中国与欧美、日本之间科技交流的互动关系具有极为重要的意义。

作为第一份中国人自办的自然科学期刊，《亚泉杂志》于清光绪二十六年十月初八日（1900 年 11 月 29 日）创刊于上海，其时留日学生人数达到高峰，达 1 万人以上。

目前，尚未见有文献对《亚泉杂志》进行系统研究。笔者所见对《亚泉杂志》进行研究的文献有：苏力和姚远的《中国综合性科学期刊的嚆矢——〈亚泉杂志〉》[①]；高峻的《中国最早的自然科技期刊——〈亚泉杂志〉》[②]；孙凤琴的《杜亚泉及

① 苏力，姚远. 中国综合性科学期刊的嚆矢——《亚泉杂志》. 编辑学报，2001，13(5)：5-10.

② 高峻. 中国最早的自然科技期刊——《亚泉杂志》. 出版史料，2003，2：24-25.

〈亚泉杂志〉》[①]；谢振声的《我国最早的化学期刊——〈亚泉杂志〉》[②]；张子高和杨根的《介绍有关中国近代化学史的一项参考资料——〈亚泉杂志〉》[③]；徐克敏的《我国最早的科技期刊〈亚泉杂志〉》[④]；丁守和的《辛亥革命时期期刊介绍》(第一集)[⑤]；张静庐的《中国近代出版史料》初篇卷二的“清季重要报刊目录”[⑥]；肖喜雨的《辛亥革命时期科技期刊概论》[⑦]；王秀良的《清末杂志、社团与数学传播》[⑧]；赵匡华的《中国化学史(近现代卷)》[⑨]。这些研究主要是对《亚泉杂志》的刊载内容进行了罗列，并未对其进行深入分析，对其来源、传播速度等问题也未有深度研究。对该刊主编杜亚泉的研究，目前所见文献有：潘宇的《中国近代文化思潮中的调和论》[⑩]；路则权的《中西文化视野下的杜亚泉调和思想》[⑪]；刘长林和班彦美的《解决中国问题的“道德本位”思想倾向——五四时期杜亚泉与陈独秀道德观之比较》[⑫]；孟兰兰的《杜亚泉的游民》[⑬]；杨松林的《论杜亚泉的“调和”思想及其现实

---

① 孙凤琴. 杜亚泉及《亚泉杂志》. 河北科技图苑，1996，S1：96-97.

② 谢振声. 我国最早的化学期刊——《亚泉杂志》. 新闻与传播研究，1987，3：197-201.

③ 张子高，杨根. 介绍有关中国近代化学史的一项参考资料——《亚泉杂志》. 化学通报，1965，1：55-59.

④ 徐克敏. 我国最早的科技期刊《亚泉杂志》. 中国科技期刊研究，1990，1(3)：81-84.

⑤ 丁守和. 辛亥革命时期期刊介绍(第一集). 北京：人民出版社，1982：77-85.

⑥ 张静庐. 《中国近代出版史料》初篇卷二“清季重要报刊目录”. 北京：中华书局，1955：301-316.

⑦ 肖喜雨. 辛亥革命时期科技期刊概论. 求索，2001，3：45-47.

⑧ 王秀良. 清末杂志、社团与数学传播. 天津：天津师范大学，2003：28-33.

⑨ 赵匡华. 中国化学史(近现代卷). 2 版. 南宁：广西教育出版社，2008：59-60.

⑩ 潘宇. 中国近代文化思潮中的调和论. 中国人民大学学报，2009，1：138-145.

⑪ 路则权. 中西文化视野下的杜亚泉调和思想. 理论界，2010，(7):163-164.

⑫ 刘长林，班彦美. 解决中国问题的“道德本位”思想倾向——五四时期杜亚泉与陈独秀道德观之比较. 理论学刊，2008，1：111-116.

⑬ 孟兰兰. 杜亚泉的游民. 科教文汇，2008，6：181.

启迪意义》[①]；付东升和陈章的《杜亚泉科学教育思想探析》[②]；李静的《杜亚泉与〈东方杂志〉》[③]；熊吕茂和杨松林的《论杜亚泉的文化调和思想》[④]；班彦美的《论五四时期杜亚泉的“道德本位”的思想倾向——以〈东方杂志〉（1911-1920）为中心的研究》[⑤]；许剑铭的《“五四”东西文化论战再反思》[⑥]；李新宇的《五四：文化论战，为何而战？——以陈独秀与杜亚泉为例》[⑦]；滕峰丽的《章士钊、杜亚泉“新旧调和论”之比较》[⑧]；陆卫明和程瑾的《论杜亚泉的中西文化观》[⑨]；王凯伦和邓君的《杜亚泉的“个人改革”救国思想》[⑩]；隆新文的《杜亚泉伦理思想研究》[⑪]；任元彪的《面对西方科学的冲击：杜亚泉回应方式》[⑫]；伏炎安的《重评杜亚泉的东西文化调和观》[⑬]；胡文平的《试析杜亚泉“动”、“静”观念》[⑭]；

① 杨松林. 论杜亚泉的“调和”思想及其现实启迪意义. 中南大学，2007.

② 付东升，陈章. 杜亚泉科学教育思想探析. 浙江教育学院学报，2007，2：44-49.

③ 李静. 杜亚泉与《东方杂志》. 青海社会科学，2007，4：201-205.

④ 熊吕茂，杨松林. 论杜亚泉的文化调和思想. 湖南第一师范学报，2007，7(3)：91-93.

⑤ 班彦美. 论五四时期杜亚泉的“道德本位”的思想倾向——以《东方杂志》(1911-1920)为中心的研究. 科教文汇，2007，12：212-213.

⑥ 许剑铭. “五四”东西文化论战再反思. 中央民族大学学报(哲学社会科学版)，2006，2：64-69.

⑦ 李新宇. 五四：文化论战，为何而战？——以陈独秀与杜亚泉为例. 齐鲁学刊，2006，3：94-99.

⑧ 滕峰丽. 章士钊、杜亚泉“新旧调和论”之比较. 中州学刊，2006，3：215-217.

⑨ 陆卫明，程瑾. 论杜亚泉的中西文化观. 广西社会科学，2006，6：180-183，188.

⑩ 王凯伦，邓君. 杜亚泉的“个人改革”救国思想. 武汉科技学院学报，2006，6：58-60.

⑪ 隆新文. 杜亚泉伦理思想研究. 南京：东南大学，2006.

⑫ 任元彪. 面对西方科学的冲击：杜亚泉回应方式. 科学文化评论，2006，2：7-15.

⑬ 伏炎安. 重评杜亚泉的东西文化调和观. 吉首大学学报(社会科学版)，2005，2：51-56.

⑭ 胡文平. 试析杜亚泉“动”、“静”观念. 青海社会科学，2004，3：92-94，88.

许纪霖的《转型中的思想分化》[①]；欧阳正宇的《杜亚泉的教育救国思想及成就》[②]；潘云唐的《杜氏三杰：我国科技术语工作的先驱》[③]；余华林的《杜亚泉的文化调和论评析》[④]；朱华东的《杜亚泉与哈耶克有限政府论理论基础之比较》[⑤]；欧阳正宇的《杜亚泉的科学救国思想及成就》[⑥]；董恩强的《杜亚泉的文化思想——兼评杜、陈文化论争》[⑦]；丁守和的《由陈独秀与杜亚泉的争论引起的思考》[⑧]；周武的《为国家谋文化上之建设——杜亚泉与商务印书馆》[⑨]；高力克的《杜亚泉的伦理思想》[⑩]；陈秀萍的《重评陈独秀与杜亚泉的东西文化论战》[⑪]；徐芳维的《杜亚泉文化观评议》[⑫]；朱文华的《也来重新审视陈独秀与杜亚泉的论争》[⑬]；郑师渠的《论杜亚泉与新文化运动》[⑭]；高力克的《重评杜亚泉与陈独秀的东西文化论战》[⑮]；钟华的《杜亚泉文化思想初探——兼论五四新文化运动的论争》[⑯]；

---

① 许纪霖. 转型中的思想分化. 史学月刊，2004，7：9-12.

② 欧阳正宇. 杜亚泉的教育救国思想及成就. 西北师范大学学报(社会科学版)，2003，40(1)：32-35.

③ 潘云唐. 杜氏三杰：我国科技术语工作的先驱. 科技术语研究，2003，3：48-49.

④ 余华林. 杜亚泉的文化调和论评析. 首都师范大学学报(社会科学版)，2003，S1：93-98.

⑤ 朱华东. 杜亚泉与哈耶克有限政府论理论基础之比较. 史学月刊，2003，12：36-42.

⑥ 欧阳正宇. 杜亚泉的科学救国思想及成就. 甘肃社会科学，2002，5：149-151，156.

⑦ 董恩强. 杜亚泉的文化思想——兼评杜、陈文化论争. 华中师范大学学报(人文社会科学版)，2000，(2)：90-96.

⑧ 丁守和. 由陈独秀与杜亚泉的争论引起的思考. 河北学刊，2000，1：91-97.

⑨ 周武. 为国家谋文化上之建设——杜亚泉与商务印书馆. 档案与史学，1998，4：43-49.

⑩ 高力克. 杜亚泉的伦理思想. 浙江社会科学，1997，5：98-103.

⑪ 陈秀萍. 重评陈独秀与杜亚泉的东西文化论战. 中共党史研究，1996，3：88-93.

⑫ 徐芳维. 杜亚泉文化观评议. 贵州大学学报(社会科学版)，1996，4：83-88.

⑬ 朱文华. 也来重新审视陈独秀与杜亚泉的论争. 近代史研究，1995，5：206-213.

⑭ 郑师渠. 论杜亚泉与新文化运动. 北京师范大学学报(社会科学版)，1994，2：44-51.

⑮ 高力克. 重评杜亚泉与陈独秀的东西文化论战. 近代史研究，1994，4：144-163.

⑯ 钟华. 杜亚泉文化思想初探——兼论五四新文化运动的论争. 史学月刊，1994，5：91-95，62.

吴方的《万山不许一溪奔——杜亚泉及其前进与保守》①；刘润忠的《杜亚泉(伧父)的文化思想》②；任元彪的《杜亚泉现象》③；盛邦和的《杜亚泉与其接续主义史观》④；余望的《探析杜亚泉的科技编辑思想与贡献》⑤；王建辉的《科技编辑杜亚泉》⑥等。

对杜亚泉本人的研究大多集中在其哲学思想、编辑活动、编辑思想上，对其引入西方科学知识的传播方法、传播途径等并未有深入的研究，仅见何涓的《益智书会与杜亚泉的中文无机物命名方案》⑦、石鸥和张斯妮的《不可忽视的语文教科书创新之作——杜亚泉的〈绘图文学初阶〉》⑧、张建红和赵玉龙的《民国初年的〈植物学大辞典〉》⑨。

第三节　中国近代期刊分析

西学的引入与中国近代科技期刊的发展密不可分。西方近代化学传入中国始于18世纪50年代。中国第一份期刊是1833年德国传教士郭实腊的《东西洋考每月统记传》，至1910年，期刊

① 吴方. 万山不许一溪奔——杜亚泉及其前进与保守. 读书，1994，4：35-42.

② 刘润忠. 杜亚泉(伧父)的文化思想. 天津党校学刊，1994，2：26-30.

③ 任元彪. 杜亚泉现象. 科学学研究，1991，2：102-112.

④ 盛邦和. 杜亚泉与其接续主义史观. 华东师范大学学报(哲学社会科学版)，1998，4：35-40.

⑤ 余望. 探析杜亚泉的科技编辑思想与贡献. 中国科技期刊研究，2007，18(3)：537-541.

⑥ 王建辉. 科技编辑杜亚泉. 出版广角，2000，(6)：55-57.

⑦ 何涓. 益智书会与杜亚泉的中文无机物命名方案. 自然科学史研究，2007，3：129-140.

⑧ 石鸥，张斯妮. 不可忽视的语文教科书创新之作——杜亚泉的《绘图文学初阶》. 湖南教育，2008，9：8-11.

⑨ 张建红，赵玉龙. 民国初年的《植物学大辞典》. 华夏文化，2004，(4)：55.

总数达 266 种之多。期刊作为重要媒介，其引入近代西方化学的状况对于研究近代西方化学在中国的传播无疑具有极为重要的影响。

一、1900 年之前中国期刊状况

根据《中国近代期刊篇名汇编》，并结合文献可知，1900 年之前中国的期刊有 46 种，其中有化学内容的 14 种，最早的报道见于 1857 年 9 月 18 日《六合丛谈》第 9 期的《物中有银质说》。1868 年美籍传教士林乐知(1836～1907)、丁韪良创办的《万国公报》，以及 1891 年创刊的《中西教会报》《知新报》刊载化学内容较多，其中《万国公报》共计 28 篇，另有多篇化学新法的消息报道[①]。1875 年徐寿、傅兰雅主编的中国第一份科技期刊《格致汇编》也刊登了 10 余篇与化学相关的文章。此外，《农学报》也是当时极具化学特色的刊物。

这些内容涉及范围较广，包括化学工业、人物传记、化学知识、农业化学等方面。

1. 化学工业

1900 年之前的期刊登载了大量关于化学工业方面的文章，见表 1-1，这是与当时的社会背景密切相关的。两次鸦片战争后，清政府于 1861 年开始洋务运动，其内容包括政治、经济、军事等方面，在军事、经济方面表现尤为突出。1861～1866 年曾国藩(1811～1872)、李鸿章(1823～1901)、左宗棠(1812～1885)等兴办了一系列近代军用工业，如内军械所、上海洋炮局、江南制造局等。19 世纪 70 年代，洋务派提出“求富”口号，开始建立大型民用企业，如轮船招商局、直隶开平煤矿、上海机器织布局、

① 赵匡华. 中国化学史(近现代卷). 南宁：广西教育出版社，2003：59-60.

黑龙江漠河金矿等，至 1894 年已发展 20 多家。同时，中国的民间资本工业也在兴起，主要是火柴、造纸、印刷等行业。

正是在这样的社会环境中，期刊多以传播西方科学技术和促进工业发展为主。由表 1-1 及附录可以看出，这部分内容占当时整个期刊科技传播内容的 50%。其设置的栏目与当时社会需求相呼应，刊载的文章涉及“工事”“艺学”等，如《万国公报》1877 年 9 月 29 日第 457 卷《自来火作法渐改渐精》、《格致汇编》1892 年第 3 卷《西国造纸法》、《利济学堂报》1897 年 8 月 7 日第 14 册“艺事稗乘”栏目的《化学熔金》、《知新报》1899 年 4 月 30 日第 85 册“工事”栏目的《无烟无声火药》等。化学是近代矿学的基础之一，《知新报》的“矿事”栏目刊登了大量这类与矿业相关的化学文章，如 1897 年 5 月 12 日第 17 册《炼金新法》，1897 年 5 月 17 日第 18、19 册《制炼矾精》，1897 年 6 月 10 日第 21、22 册《化学熔金》，1897 年 6 月 20 日第 22、23 册《宝石类考》，1899 年 12 月 23 日第 109 册《白矾功用》等。

表 1-1　1900 年之前期刊所刊登的部分化工工艺类化学文章

期刊	出版时间	卷(期)	篇名	作者	栏目
《中西闻见录》	1872 年 9 月	2～3 期	《论玻璃》	丁韪良	—
《万国公报》	1874 年 11 月 14 日	310 卷	《论取树汁为橡皮法》	大英国事	—
《万国公报》	1875 年 1 月 2 日	318 卷	《论炮制煤油药方》	大美国事	—
《万国公报》	1877 年 9 月 29 日	457 卷	《自来火作法渐改渐精》	—	—
《万国公报》	1890 年 1 月	12 册	《矾精》	德贞	—
《万国公报》	1890 年 5 月	16 册	《木炭》	德贞	—
《万国公报》	1904 年 9 月	188 册	《火酒新制》	林乐知，范祎	格致发明类征
《万国公报》	1904 年 9 月	188 册	《洗衣药料》	林乐知，范祎	格致发明类征
《格致汇编》	1877 年 4 月	3 卷	《化分中国铁矿》	毕利干	—
《格致汇编》	1877 年 8 月	7 卷	《造玻璃法》	—	—
《格致汇编》	1878 年 2 月	1～9 卷	《电气镀金略法》	—	—

续表

期刊	出版时间	卷(期)	篇名	作者	栏目
《格致汇编》	1892 年	2 卷	《西国制皮法》	—	—
《格致汇编》	1892 年	3 卷	《西国造纸法》	—	—
《中西教会报》	1900 年 6 月 1 日	66 册(复刊)	《论造洋纸之法》	—	益智会
《利济学堂报》	1897 年 8 月 7 日	14 册	《化学熔金》	—	艺事稗乘
《知新报》	1897 年 4 月 17 日	12 册	《电镀精奇》	—	格致
《知新报》	1897 年 5 月 12 日	17 册	《炼金新法》	—	矿事
《知新报》	1897 年 5 月 17 日	18、19 册	《制炼矾精》	—	矿事
《知新报》	1897 年 5 月 31 日	20 册	《制炭新法》	—	工事
《知新报》	1897 年 5 月 31 日	20 册	《考求铜质》	—	工事
《知新报》	1897 年 6 月 10 日	21、22 册	《化学熔金》	—	矿事
《知新报》	1897 年 6 月 20 日	22、23 册	《宝石类考》	—	矿事
《知新报》	1897 年 11 月 24 日	38 册	《磷质铸铜》	—	工事
《知新报》	1898 年 2 月 21 日	44～46 册	《论制白铁》	—	工事
《知新报》	1898 年 3 月 22 日	47 册	《电镀须知》	—	工事
《知新报》	1898 年 6 月 19 日	56、57 册	《论制明油》	—	工事
《知新报》	1898 年 8.月 27 日	63 册	《妙制煤油定质》	—	工事
《知新报》	1898 年 10 月 6 日	67 册	《创制火药》	—	格致
《知新报》	1898 年 11 月 4 日	70、71 册	《论制无烟火药法》	—	工事
《知新报》	1899 年 4 月 30 日	85 册	《无烟无声火药》	—	工事
《知新报》	1899 年 7 月 18 日	93 册	《新制炸药》	—	工事
《知新报》	1899 年 12 月 23 日	109 册	《白矾功用》	—	矿事
《经世报》	1897 年 11 月	11 册	《提金新法》	—	格致
《译书公会报》	1898 年 5 月 24 日	20 册	《收回照相金银水之新法》	潘彦	法报选译
《岭学报》	1898 年 3 月 2 日	3 册	《煤油制靛》	—	西文译篇
《岭学报》	1898 年 4 月 20 日	8 册	《化学制靛》	—	西文译篇
《东亚报》	1898 年 8 月 8 日	5 册	《植物油抽出法并压榨法》	—	艺学
《东亚报》	1898 年 8 月 8 日	5 册	《呵啰防护电气制造法》	—	艺学
《东亚报》	1898 年 8 月 27 日	7、8 册	《烟火制造法》	—	艺学

注：一表示期刊未著录作者或栏目，全书此类表格同。

《万国公报》在1900年之后陆续刊登了一定数量的化学文章，如1905年1月第192册“格致发明类征”栏目的《玻璃新制》，以及1907年12月第227册“智丛”栏目里英国季理斐译、曹会涵和潘桢述的《灰能制煤之新发明》等。直至1907年终刊，该刊刊载化学类论文始终秉承以化学工业为主的风格。此外，《万国公报》也刊登一些化学家传记，如1890年10月第21册韦廉臣的遗稿《格致有益于世：多尔敦先生化学志略》，以及文会馆的张丰年、英国的高葆真、美国的林乐知的来稿。其中，“格致发明类征”“智能丛话”“智丛”栏目是由林乐知译、范祎述的一系列来稿，其中包括新元素的发现和与人们生活息息相关的科学发现，如1904年7月第186册《原质新得》、1905年11月第202册关于放射性元素的《雷锭恩之价值》、1905年10月第200册《电灯之用钽丝》、1907年2月第217册《造肥皂之始》等。

《格致汇编》作为中国最早的一种科技期刊，所刊登的化学知识主要是关于造纸、玻璃、火柴、水泥等日用化工技术的文章。其1878年2月连载1～12卷的《化学卫生论》，由傅兰雅、栾学谦合译，概述了日常生活中的化学现象和与之相关的化学知识，其原本是英国化学家真司腾所著的《化学卫生论》。

这些期刊中有一些主要刊登转载文章，如《译书公会报》《经世报》《岭学报》《东亚报》。其中，《经世报》《岭学报》转载文章主要来自欧洲期刊，如《伦敦中国报》《德国益哥报》《巴黎矿务报》《伦敦星期法报》等；《东亚报》主要转载日本的《太阳报》《工业报》等。

2. 化学理论及新发现

摘录1900年之前期刊所登载关于化学理论及该领域新发现的文章，如表1-2所示，共17篇。与化学工业类文章相比，其数量很少。可以看出，化学理论文章有10篇，仅涉及物理化学的相变、分子间作用力及化学键、质点论三部分内容。

表 1-2　1900 年之前期刊所登载化学理论及新发现文章

期刊	出版时间	卷期	篇名	作者	栏目
《万国公报》	1882 年 11 月 11 日	714～715 卷	《化学易知》	—	—
《万国公报》	1890 年 1 月	12 册	《论空气(益知会第三集)》	戴调侯	—
《万国公报》	1892 年 7 月	42 册	《物体凝流二质论》	胡永吉	—
《万国公报》	1898 年 10 月	117 册	《说锢》	李提摩太	—
《格致汇编》	1877 年 9 月	8 卷	《原质化合爱力大小说》	—	—
《格致汇编》	1877 年 10 月	9 卷	《论磷质》	栾学谦	—
《中西教会报》	1898 年 10 月	46册(复刊)	《化学新原质》	前人	时事译要
《知新报》	1897 年 6 月 20 日	22 册	《考论物性》	—	格致
《知新报》	1897 年 12 月 4 日	39 册	《辨析摄力》	—	格致
《知新报》	1898 年 4 月 1 日	48 册	《化学新理撮要》	—	格致
《知新报》	1898 年 7 月 29 日	60 册	《论使流质化气质而升散之事》	—	格致
《知新报》	1898 年 10 月 6 日	67 册	《轻气流质》	—	格致
《知新报》	1898 年 10 月 25 日	69 册	《考出新气》	—	格致
《知新报》	1899 年 1 月 22 日	78 册	《七十七种原质举要》	—	格致
《湘学新报》	1897 年 5 月	5～7 册	《质点配成万物说》	唐才常	—
《湘学新报》	1897 年 6 月	8～12 册	《释矽》	—	—
《译书公会报》	1898 年 4 月 11 日	18 册	《论铝》	施仁耀	英报选译

气体液化作为 19 世纪物理学家关注的热点，在 19 世纪 70 年代取得了重大研究突破，直至 19 世纪末该领域的难题一一得到解决。

由表 1-2 可以看出，《万国公报》1892 年 7 月第 42 册的《物体凝流二质论》、《知新报》1898 年 7 月 29 日第 60 册《论使流质化气质而升散之事》、《知新报》1898 年 10 月 6 日第 67 册《轻气流质》均为报道物理化学方面物态变化的文章。《格致汇编》1877 年 9 月第 8 卷摘译自《化学全书》的《原质化合爱力大小说》、《知新报》1897 年 12 月 4 日第 39 册《辨析摄力》报道了分子间作用力及化学键，物质的三态变化是其分子间运动、分子间作用力变化的宏观表现，这两部分内容相互关联。

关于化学元素的 7 篇文章，既有新发现元素的报道，又有当时在工业上广泛应用的金属或非金属的报道，如硅、铝。其中，1898 年 4 月 11 日《译书公会报》第 18 册《论铝》一文摘转自《日本告白报》（4～11 号），1877 年 10 月《格致汇编》第 9 卷《论磷质》摘自化学书。1899 年 1 月 22 日《知新报》第 78 册的《七十七种原质举要》不仅给出了当时所发现元素的具体数字，还列举了一些重要元素。

此外，《中西教会报》在 1900 年之后还刊登一些化学理论及发现新元素的文章，如高葆真的 1903 年 7 月 1 日第 95 册《化学新质说》、1904 年 1 月 1 日第 101 册《化学新论》、1909 年第 204 册《攻取化学新原质》等。

3. 农业化学类

19 世纪中国近代农业期刊中农业化学的传播，是近代化学传播不可分割的一部分。农业化学在农学中具有极为重要的地位，与化学关系密切。19 世纪末到 20 世纪初，西方现代农业科学技术开始在中国传播，中国传统农业技术面临着先进生产力的巨大挑战。因此，以传授西方农业实验科学和知识为特征的现代意义的农业教育开始出现，其中一项重要环节就是农业类期刊的推动。《农学报》是中国最早的农学刊物，刊载了相当数量的农业化学的文章，见表 1-3。

《农学报》中农业化学类文章绝大部分是译文，多摘自当时日本的各类期刊，如《蚕业新报》《农桑杂志》《农业杂志》《新农报》《工业杂志》《工艺化学杂志》《化学杂志》《工业化学杂志》《日本农会报》等。其拥有较固定的作者群落，绝大多数为日本学者，藤田丰八就是其中之一。

《农学报》创刊于 1897 年，连续出版近九年，1906 年停刊。其刊载的农业化学类文章涉及造纸、制糖、化肥制造、造丝等方面。其中，制糖、造纸类文章所占比重较大，如 1898 年 4 月第 27～29 册连载的《制芦粟糖法》、1900 年 9 月第 118 册《杂草制纸》、1900 年 10 月第 120 册《制纸用之糊制法》等。

表 1-3 《农学报》中农业化学类文章

出版时间	卷(期)	篇名	作者	栏目
1898 年 4 月	27～29 册	《制芦粟糖法》	稻垣重为，藤田丰八	—
1899 年 7 月	74～75 册	《制纸略法》	今关常次郎，佐野谦之助	—
1899 年 9 月	79～82 册	《制丝用之水质试验》	辻畅太郎，藤田丰八	东报
1899 年 10 月	83 册	《制造樟脑新发明》	藤田丰八	东报
1899 年 11 月	86 册	《简易酱油制造法》	藤田丰八	东报
1899 年 12 月	88 册	《过磷酸肥料效用》	藤田丰八	东报
1900 年 2 月	95 册	《麦秆漂白新法》	藤田丰八	译篇
1900 年 3 月	97、99、100 册	《农务化学问答》	习仲斯敦，秀耀春，范熙庸	—
1900 年 7 月	109 册	《漂白粉辨》	藤田丰八	译篇
1900 年 9 月	118 册	《杂草制纸》	藤田丰八	译篇
1900 年 10 月	120 册	《全世界砂糖产额》	藤田丰八	译篇
1900 年 10 月	120 册	《制造木纤维改良法》	藤田丰八	译篇
1900 年 10 月	120 册	《防水纸》	藤田丰八	译篇
1900 年 10 月	120 册	《制纸用之糊制法》	藤田丰八	译篇
1900 年 10 月	120 册	《革屑利用》	藤田丰八	译篇
1900 年 10 月	121 册	《樟叶采脑试验成迹》	守屋物四郎，藤田丰八	译篇
1900 年 11 月	122、123 册	《爪哇砂糖业状况》	下斗米半治，藤田丰八	译篇
1900 年 11 月	123 册	《人工调制大气法》	藤田丰八	译篇

续表

出版时间	卷(期)	篇名	作者	栏目
1900年11月	123册	《防霰法》	藤田丰八	译篇
1901年03月	134册	《人造肥料品目效用及用法》	林壬	—
1902年11月	196册	《全世界之砂糖产额》	—	译篇
1902年11月	198册	《就印度地方预算木材抽丝之工费》	—	译篇
1902年11月	198册	《制丝用水之改良法》	—	译篇
1902年12月	199册	《适于制造人工丝之惹拉青质》	—	译篇
1902年12月	199～201册	《日本制纸论》	吉井源太，沈纮	译篇
1903年1月	202册	《印度之制蓝现况》	—	译篇
1903年1月	203册	《促进麦粒发芽力之法》	—	译篇
1903年1月	203册	《砂糖液之漂白法》	—	译篇
1903年1月	203册	《牛乳贮藏法》	—	译篇
1903年1月	204册	《制纸业所生废物之性质及成分》	—	译篇
1903年1月	204册	《制甜菜糖所生废液之利用》	—	译篇
1904年1月	240册	《记美国园艺家洗液新法》	—	译篇
1904年1月	241册	《论农艺化学之进步》	—	译篇
1904年2月	244册	《记美国人造樟脑法》	—	译篇
1904年3月	245册	《粪便制酒精法》	—	译篇
1904年3月	247册	《漂白辣美纤维法》	—	译篇
1904年4月	249册	《钙养磷养用量试验》	—	译篇
1904年5月	254～256、287、288册	《农艺化学实验法》	泽村真，中岛端	—
1905年2月	280册	《简易淀粉制造法》	—	译篇
1905年2月	282册	《空气中有利窒素之利用》	—	译篇
1905年2月	282册	《人造丝棉》	—	译篇

此外，《知新报》《万国公报》等期刊也有少量刊登农业化学类的文章，如1897年《知新报》第10册“农事”栏目的《化学

粪田》、1898 年第 49 册“格致”栏目的《化学助田禾生长》等。

二、1900～1910 年中国期刊状况

参考《中国近代期刊篇目汇编》，1900～1910 年共 226 种期刊（见附录）。这期间刊登与化学相关文章的期刊分为两类，一类依然以化学工业为主，种类较多，基本涵盖了当时中国化学工业各方面，如火药、硫酸、纯碱、电化学、医药、火柴、皂烛、制革、造纸、水泥、玻璃、染料、油漆、橡胶、酒精、燃料、食用化学、日用化学工业等；另一类以西方化学知识为主，相对数量较少，其特点稍后详述。前者文章数量巨大，随处可见，如《政艺通报》1904 年第 3 期《煤制醇酒》、1905 年第 12 期《硫酸化法》，1903 年《经济丛编》第 23 期《蛋白质制绢丝法》，1904 年《鹭江报》第 56 册《制造蓝靛新法》，1905 年《大陆报》第 3 期《石硷制造法》，1904 年《商务报》第 6 期《制皂新法》，1908 年《南洋商务报》第 49 期《独逸电气镀金法》，1905 年《直隶教育杂志》第 13 期《黑板墨汁之制造法》等。

这时的期刊已经普遍采用固定栏目刊载一类文章：化学工业类如《政艺通报》的“艺事通纪”栏目，《大陆报》《商务报》的“实业”栏目，《商工旬报》的“工业”栏目等；化学类的如《童子世界》的“化学”、《广益丛报》的“学问门”等。虽然其栏目划分不一定很科学，如《重庆商会公报》将电化学工业、玻璃、染料、化肥等一并归入“科学”栏目，但是，大部分的划分是比较合理的，如《政艺通报》的“艺事通纪”与“艺学文编”栏目、《大陆报》的“实业”与“学术”栏目等。因此，近代期刊栏目设置已经有了较为清晰的界定。

各期刊稿源大多为来稿或编者编译，主要来自转载的期刊并不多，内容多来自日本。这类期刊较典型的是《江南商务报》，

其文章主要刊登在该期刊“商原”栏目，多译自当时日本的《化学工艺制造篇》《日本工艺制造篇》等，少量译自《美国工艺报》《纽约格致报》《纽约工艺报》等。此外，各期刊的作者以中国作者为主，其次为日本作者。其中，一些期刊还拥有固定的作者群落，如《译林》，日本学者高桥橘树就是其作者群落中的一员。

相对数量巨大的化学工业类文章来说，化学类文章较少，主要集中在《普通学报》等20种期刊，其中，《政艺通报》《学报》《普通学报》等载文量较大，且具有一定深度，摘录部分文章见表1-4。

表1-4　1900年之后期刊中部分化学类文章

期刊	出版时间	卷(期)	篇名	作者	栏目
《江南商务报》	1900年5月28日	10、13期	《化学原质大同表》	—	—
《励学译编》	1901年4月3日	1～11册	《化学初桄》	李姆孙，杨学斌	—
《集成报》	1901年9月	16期	《论化学》	英商集成报馆	本馆论说
《普通学报》	1901年10月	1期	《有机物原质之鉴别法》	普通学书室编辑处	格物学科
《普通学报》	1901年	2期	《论化学变化》	陆应麟	格物学科
《普通学报》	1901年	3期	《化学命名法》	虞自勋	格物学科
《普通学报》	1901年	3期	《伦戢氏及职肯德氏简易炭酸定量器使用法》	普通学书室编译处	格物学科
《新民丛报》	1903年12月2日	42、43号	《有机化学与物理学相关之事》	—	科学
《新民丛报》	1904年9月10日	52号	《有机化学通论》	春水	科学
《政艺通报》	1902年10月2日	12～15期	《化学理论》	杜亚泉	艺学文编
《政艺通报》	1902年10月2日	15期	《化学方程式》	虞和钦	艺学文编
《政艺通报》	1904年1月31日	25期	《新得原质》	—	艺事通纪
《政艺通报》	1904年3月31日	3～5期	《化学新原质论》	达纶格	艺学文编

续表

期刊	出版时间	卷(期)	篇名	作者	栏目
《政艺通报》	1907年11月20日	19期	《新元质》	—	艺事通纪
《经济丛编》	1902年7月4日	8期	《化学新理撮要》	—	格致
《大陆报》	1903年8月2日	9期	《质点之距离》	—	谈丛
《大陆报》	1905年2月28日	1～2期	《论元素》	—	学术
《浙江潮》	1903年10月10日	8期	《说鈤》	自树	科学
《童子世界》	1903年4月21日	16号	《化学纪略》	—	化学
《童子世界》	1903年4月28日	22～30(偶)、33号	《化学浅说》	翁筱印	化学
《广益丛报》	1905年11月16日	89号	《化学概论》	谢洪赉	学问门
《广益丛报》	1910年3月20日	226号	《大气中炭酸瓦斯之量有关于人类之卫生说》	蓝经惟	学问门
《广益丛报》	1910年4月9日	228号	《海水对于大气与炭酸瓦斯之一定割合为调节作用》	蓝经惟	学问门
《广益丛报》	1910年7月6日	237号	《中学堂博物学科之理化的智识》	蓝经惟	学问门
《四川学报》	1909年3月	2、3、6册	《有机化学》	山本丰次	—
《北洋学报》	1906年	6、8、10、11、13期	《化学释义》	—	学术部(化学粹言上编)
《北洋学报》	1906年	15、17、19、20～46(偶)期	《无机化学》	—	学术部(化学粹言中编)
《学部官报》	1908年6月19日	57、68、75期	《理论化学易解》	大幸勇吉，王学来	选译东西各国书报
《学报》	1907年2月13日	1号	《化学通论》	晴崖	理化
《学报》	1907年4月13日	3号	《酸化炭素之危及人类之分量》	晴	谈丛
《学报》	1907年4月13日	3号	《轻气烧时发生之热量》	晴	谈丛
《学报》	1907年6月11日	5号	《铁锈之研究》	晴崖	化学

续表

期刊	出版时间	卷(期)	篇名	作者	栏目
《学报》	1907年6月11日	5、9号	《人体化学的生理》	胡晴崖，张玉涛	生理卫生
《学报》	1907年8月9日	7号	《化学研究之始基》	晴崖	化学
《学报》	1908年2月26日	8、10号	《说瓦斯》	晴崖	化学
《学报》	1908年4月18日	9号	《酸盐基盐及酸化物释例》	晴崖	化学
《学报》	1908年7月26日	12号	《有机化学》	绍文	化学
《振华五日大事记》	1907年12月24日	48、49期	《化学分析术》	张石朋	学理
《商工旬报》	1909年12月23日	90、91期	《化学通理择要》	利寅	学理
《半星期报》	1908年5月10日	9、13～17(奇)、18期	《应用化学略述》	—	科学

由表1-4可以看出，化学类文章多见对无机化学、有机化学、应用化学、分析化学等化学各科及整个化学系统的阐述，尤其是有机化学，如1904年《新民丛报》第52号《有机化学通论》，1909年《四川学报》第2、3、6册连载的《有机化学》，1908年《学报》第12号《有机化学》，1905年《广益丛报》第89号《化学概论》，1907年《学报》第1号《化学通论》等。同时，这些学科领域的最新进展或尚未引入中国的重要内容也时有报道，如1901年《普通学报》第2期《论化学变化》、1903年《大陆报》第9期《质点之距离》、1904年《政艺通报》第3～5期连载的《化学新原质论》等。

对化学理论的介绍也有进一步的增加，且更全面、完整，如1902年《政艺通报》第12～15期连载的《化学理论》(其作者正好是杜亚泉)、1902年《经济丛编》第8期的《化学新理撮要》、1908 年《学部官报》连载的多期大幸勇吉等译的《理论化学易解》等。

此外，《新民丛报》等期刊还刊登了一些化学史类文章，如 1906 年第 75 号藤进乡三等的《化学沿革史》、1902 年《政艺通报》第 15 期虞和钦的《有机化学沿革说》等。随着化学教育的开展，化学讲义也出现在期刊中，如 1905 年《大陆报》第 7 期《化学之讲修法》，1903 年《湖南学报》第 1～4 帙连载的《理化学讲义》，1905 年《教育世界》第 96、97、99～101 期连载的《威尔曼氏之教化学》，1907 年《商工旬报》第 14 期侠庵的《化学讲演》等。

第二章　杜亚泉与《亚泉杂志》

第一节　主编杜亚泉

杜亚泉是19世纪末20世纪初期中国著名的学者、编辑家、教育家和思想家。北大原校长蒋梦麟（1886～1964）、近代出版家章锡琛（1889～1969）、《申报》前主编张梓生（1892～1967）均曾是他的学生。其子嗣杜其执夫妇及其外孙田建业先生尚健在，并编有《杜亚泉文选》。本节主要从其自然科学贡献角度，对其从诞生至去世的生平事迹做详尽记述和评论。以时间为顺序，厘清晚清民初杜亚泉对西方自然科学在中国传播的贡献，以及其所从事的教育活动。1898～1933年共36年间，杜亚泉自办两份期刊及亚泉学馆、普通学书室，先后在中西学堂、浔溪公学、越郡公学、速成小学师范讲习所、新中华学院等处授课，共发表文章320余篇，主编教材四五十部。杜亚泉是中国近代西学东渐背景下致力于西方科学知识引进及普及的标志性人物，其科学思想乃至哲学思想均具有重要现实意义。

一、求学经历

杜亚泉，原名炜孙，字秋帆，生于浙江会稽山阴县伧塘乡（今上虞市长塘）。父亲杜锡三。清光绪十五年（1889）中秀才。那时他16岁，同年，长其5岁的同乡蔡元培（1868～1940）中举人。稍后，因“乡居见闻寡陋”，进城拜何桐侯为师，致力清初大家之文。清光绪十六年（1890），娶妻薛氏。第二年，乡试落榜。回乡后，觉“帖括非所学”，转而从族叔杜山佳治训诂，读许氏《说文》。叔杜山次撰文记其“夏季苦热，则以夜代昼，治业每达天明。书室北向，冬遇风雪，则闭其窗户，露一线光，仅能辨字，铅其中，终日不出，仆辈咸笑其痴”①。清光绪二十年(1894)春，肄业于浙江省垣崇文书院。第二次乡试未及第。秋，中日战耗传至家乡，他“心知我国兵制之不足恃，而外患之将日益亟也”，“见热心科名之士，辄忻喜狂遽，置国事若罔闻知，于是叹考据词章之汩人心性，而科举之误人身世也”②。此时，其思想上已产生了讲求实学而强国的萌芽，开始审视自己的求学道路。

清光绪二十一年(1895)，杜亚泉参加全县经学岁试，名列绍兴第一名。但是，因觉学而无裨实用，遂弃科举，改习历算，先中国数学，后西方数学，研读李善兰(1811～1882)、华蘅芳(1833～1902)算学著述，“时以习代数所得，与叔山佳之习天元者相应证”③，直至数学造诣精邃。此外，他还倾心研究当时江南制造局翻译的诸多科学技术书籍。

二、科学传播生涯

清光绪二十四年(1898)，即杜亚泉25岁时(图2-1)，应绍兴中西学堂(今绍兴一中)监督蔡元培之聘，任该校数理教习。同年，参加主考官主持的算学考试，名列全

图2-1　青年杜亚泉

① 蔡元培. 杜亚泉君传//绍兴县志资料，第1辑. 第2编. 第16册. 扬州：广陵书社，2011：183-185.

② 蔡元培. 书杜亚泉先生遗事//许纪霖，田建业. 一溪集. 北京：生活•读书•新知三联书店，1998：42.

③ 蔡元培. 杜亚泉君传//绍兴县志资料，第1辑. 第2编. 第16册. 扬州：广陵书社，2011：183-185.

郡(绍兴)第一名。此后，其开始了置身于自然科学传播和教育的生涯。

在学堂任教期间，他由“数学入手，而自修物理、化学及矿、植、动物诸科学”[①]。此时杜亚泉已经认识到，应该直接阅读原版外文书籍，仅借助译本研究学问，“如沟之无源，如丘之无脉”[②]。由于日本国情与中国相近，最值得学习，故与中西学堂同事延请日本人讲授日文，很快“能直译东籍(日文书籍)而无阻”[③]。这为杜亚泉将来翻译日文书籍、引入西方科技知识和民主思想奠定了坚实的基础。

他购置江南制造局翻译馆傅兰雅、徐寿所译《化学鉴原》《化学鉴原续编》《化学求数》等书，穷研冥索，虽无师指点，却能“自觅门径”[④]。不久，“得理化学之要领”，他曾“购得粗拙之瓶钵，搜罗粉杂之材料，水溶火煅，昏瞀终日，丧财耗精，千失一得”，在其带动下，“同志渐多，颇得研究之乐”[⑤]。

当时的中西学堂守旧与革新两派常常争执不合，中西学堂监督蔡元培回忆：“是时教职员与学生同一膳厅，每一桌，恒指定学生六人教职员一人。其余教职员则集合于中间之一桌，先生(杜亚泉)与余皆在焉。每提出一问题，先生与余往往偏于革新方面。”[⑥]此时的杜亚泉怀抱探寻哲理、针砭时弊的热忱，意气激昂。日久，与旧派学员产生较多龃龉。中西学堂校董徐树兰(1838～1902)不满新派教师言行，寻机压制。清光绪二十六年(1900)2月20日，清廷准陈

---

① 高平叔. 蔡元培全集. 6卷. 北京：中华书局，1988：360.

② 杜亚泉. 致某君书. 教育杂志，1909，(9)：62.

③ 蔡元培. 书杜亚泉先生遗事//许纪霖，田建业. 一溪集. 北京：生活•读书•新知三联书店，1998：42.

④ 张梓生. 悼杜亚泉先生//许纪霖，田建业. 一溪集. 北京：生活•读书•新知三联书店，1998：19.

⑤ 杜亚泉. 定性分析后记. 亚泉杂志，1901，(10).

⑥ 曾敬民. 杜亚泉//杜石然. 中国古代科学家传记. 北京：科学出版社，1993.

夔龙奏，以光绪名义命“书院山长务择经明、行修、品望素著之儒，尽心训迪……其或内行不修，乡评不洽，放言高论，沾染康梁恶习者，严斥而痛惩之”。徐树兰命蔡元培将之抄录挂在学堂厅上，蔡痛斥徐之行径后愤而辞职，杜亚泉亦随之另谋高就。

是年秋，离绍兴至上海。始用“亚泉”别号，他对蔡元培解释其意为“亚泉者，氩线(繁体‘線’)之省写；氩为空气中最冷淡之元素，线则在几何学上为无面无体之形式；我以此自名，表示我为冷淡而不体面之人而已”。

到上海后，他很快创建了亚泉学馆，并招收学生学习理化、博物方面的知识。一方面从事教学工作，另一方面办刊传播理化、博物方面的知识。袁翰青(1905～1994)先生认为亚泉学馆事实上是后来私立大学的滥觞。1900 年 11 月 29 日(农历十月初八日)《亚泉杂志》创刊，由亚泉学馆发行，其宗旨是“揭载格致算化农商工艺诸科学”，推广化学、物理、数学。两广总督陶模甚为欣赏，特命下属购买阅读。袁翰青的《中国化学史论文集》收录了 30 多篇重要论文，其中就有 4 篇是他发表在《亚泉杂志》上的。亚泉学馆与《亚泉杂志》在 1900 年的中国实属凤毛麟角，尤其是《亚泉杂志》开创性地将西方化学领域的新成果引入中国。

清光绪二十七年(1901)3 月 13 日，《亚泉杂志》第 6 册出版。同时，在其父亲杜锡三的资助下，杜亚泉开设普通学书室，编译并发行科学书籍及语文史地等教科书，并且招收学生传授科学知识。同年 6 月 9 日，《亚泉杂志》终刊本出版，至此停刊。但是，杜亚泉并没有停止办刊的脚步，随即于同年 10 月创办并主编《普通学报》，由商务印书馆印刷，刊登科学知识，并兼载时事政治。《普通学报》扩大了研究的范围，不仅包括自然科学栏目，还增加了经学、史学、文学等栏目，是一份综合性刊物。

在创办《普通学报》的同时，杜亚泉与同在办刊的蔡元培、张元济(字菊生，1867～1959)来往密切。蔡元培与张元济等创办《外交报》，集资认股，每股 500 元。蔡元培、杜亚泉合认 1 股，商务印书馆 1 股，张元济 1 股，其余多少不等，共认购 9 股，集资 4500 元。1901 年 10 月 24 日，杜亚泉拜望蔡元培，赠《亚泉杂志》15 册。清光绪二十八年(1902)1 月 4 日，张元济创刊的《外交报》由普通学书室发行。

由于协助杜亚泉办报的弟弟挥霍资金，《普通学报》经营陷入困境，1902 年 5 月第 5 期(终刊号)出版后停刊，普通学书室继续经营。杜亚泉主张科学救国，但是对哲学和社会科学也有着浓厚的兴趣。在主编《普通学报》期间，杜亚泉对于东西方文明的调适思想已有体现。《普通学报》第 4 期载有杜亚泉编译的《西乡从道传》(续完)、《伦戳氏及职肯德氏简易炭酸定量器使用法》、《岩石纪要》、《浔溪公学开校之演说》等。其中，《浔溪公学开校之演说》一文谈论到东西文明，“吾辈今日正宜摧陷廓清，尽去已败之文明，而后可以输新进之文明”，其认为对于东西文明，不应一笔抹杀，而应“不容拘泥而遏自新之路”，“第一当研求科学以补东洋文明之不足，第二研究固有之文明，与西洋之文明包含而化合之，以表章一绝新之文明……以为东洋之特色”。[①]

这一年夏，浔溪公学发生学潮，杜亚泉、蔡元培前往调停。前校长辞职，杜亚泉继任校长。随后，其为实现教育理想，采取多项措施，包括延聘当时知名学者任教，设立图书馆和仪器馆，耗资 6000 元购买中外图书及仪器等用于学生阅览及实习。此时，杜亚泉充分认识到印刷物对于科学传播及教育的重要性，他劝说校董庞清臣购买了印刷机及铅字以备将来办刊使用。此时杜亚泉自己的教育理想得以实现，全身心忙于校务，其夫人薛氏病故都迟归月余。后由于发生学潮，杜亚泉虽竭力周旋，但无效，继而

① 杜亚泉. 浔溪公学开校之演说. 普通学报，(4)：71-74.

辞职返回上海。浔溪公学(未及一年)因此停办，其教育理想中办刊这一想法未能付诸行动。而这次学潮的学生领袖黄远庸民国后成为著名记者，回忆往事时，他在其《忏悔录》中表示这次学潮实际上并没有意义，在对其友人致信中为当时有负杜师师训追悔不已。

杜亚泉深知，提高人们对科学的认知的根本途径在于教育。杜亚泉创立普通学书室时，就延聘翻译和精通西学的人编译教材，陆续出版了《普通数学》《普通化学》《普通质学》《普通矿物学》等中等学堂教科书。在浔溪公学办学期间，其一本重要的国文教科书由商务印书馆出版。这就是杜亚泉编著的《文学初阶》，又称《绘图文学初阶》，全书共 6 册，供蒙学堂每半年读 1 册，用三年。该书就儿童身边常见的浅近事物做识字课文和内容，并穿插各科浅近知识、伦理修身、读书学艺，甚至还有割地赔款的议论。尤其是其自然科学知识的广度、深度和通俗性，都是前所未有的。在此之前，清政府“兴学堂”或遵循经书编辑蒙学教材，多从语法入手学习，晦涩难懂。杜亚泉曾指出：“蒙学一事，不但为学生一身德行之基础，实为全国人民盛衰文野之根源。”[①]该书出版后，风行一时，不断重印，所见最晚为 1906 年，其流行时间之长是之前所有课本没有的。《文学初阶》作为我国最早的国文教科书之一，被认为“从教育学的原理讲，是我国小学课本史上划时代的一部课本”[②]，也是商务印书馆之后编写《最新国文教科书》的先声。同年，为宣传爱国主义思想、激发青年振兴中华的志向，由杜亚泉编纂，普通学书室出版了历史教科书《普通新历史》。这本书出版后流传甚广，极受学界欢迎，1913 年，

① 杜亚泉. 《文学初阶》序. 上海：商务印书馆，1902.

② 章锡琛. 杜亚泉传略//许纪霖，田建业. 一溪集. 北京：生活•读书•新知三联书店，1998：16-17.

该书由商务印书馆增订出版，1917年8月修订28版。

清光绪二十九年(1903)3月8日，绍兴同乡会在上海徐园开会，议决设绍兴教育会，推举蔡元培、杜亚泉为庶务。随即杜亚泉返乡，与同乡宗加弥(字能述)、王子余、寿孝天、族叔杜山佳(谱名子彬)和杜海生(谱名子楙)等在绍兴能仁寺创办越郡公学，杜亚泉任理化博物教员。在此期间，曾在做化学试验时，因玻璃瓶炸碎而伤及面部，以致医愈后上唇仍留有疤痕。是冬，续娶王夫人。未几，由于办校经费见绌，越郡公学停办。

三、结缘商务印书馆

清光绪三十年(1904)秋，杜亚泉应好友张元济、夏瑞芳(1871～1914) 二人之邀，重新返回上海。此时普通学书室由于经营不善，亏折颇多，而商务印书馆正值发展之时，张元济着手推动新式教育和文化启蒙，策划出版《最新小学教科书》，这在当时是没有先例和经验可借鉴的。张遂到处网罗编译人才，由于杜亚泉此时已是颇具声望的学者，并在编译教材方面具有极为成功的经验，张力邀其入上海商务印书馆编译所任理化部主任，杜又将普通学书室并入商务印书馆，在此服务长达28年。

杜亚泉下定决心入商务印书馆的原因，在他的《记鲍咸昌先生》一文中应该说得比较清楚，“时张菊生、蔡鹤卿诸先生，及其他维新同志，皆以编译书报为开发中国急务，而海上各印刷业皆滥恶相沿，无可与谋者，于是咸踵于商务印书馆，扩大其事业，为国家谋文化上之建设”。这里的鲍咸昌(1864～1929)与其兄鲍咸恩(1861～1910)均是商务印书馆的创始人，历任商务印书馆的印刷所所长、董事、总经理。从这段话可以看出，杜亚泉加入商务印书馆是为了实现他的理想，即“为国家谋文化上之建设”，他一直怀有编译书报开启民智的抱负，但是之前无论办校、办刊均未能施展其才能，实现这一理想[①]。现遇到志向相同的张元济的邀请，并有《普通学报》的印刷业务对商务印书馆的状况和夏瑞芳经营才能的了解，故欣然接受。

杜亚泉入商务印书馆之初，为商务印书馆编译所奠定发展基础做出了重要贡献。当时商务印书馆编译所在上海北福建路唐家弄(今福建北路天潼路附近)，随着杜亚泉的加入，张元济、蔡元培、高凤歧(？～1909)、夏曾佑(1863～1924)、高梦旦(1870～1936)、蒋维乔(1873～1958)、庄俞(1878～1940)等人构成了编译所最早的编译阵容。其时，张元济任编译所所长，高梦旦任国文部主任，邝富灼任英文部主任。杜亚泉协助张元济组织编译人才，先后将杜山佳、杜山次、杜就田、寿孝天、骆师曾、章锡琛等人引入商务印书馆，包括后来从北京大学冶金系毕业的杜其堡，在印刷、管理方面也推荐了不少绍兴同乡进馆工作，并拟定出版计划，置备图书。事实证明，他所引进的这些人后来均成为商务印书馆的骨干力量，其中，他自己主管植物、矿物两门，杜就田负责动物学，寿孝天、骆师曾负责数学，杜山次负责《东方杂志》的集稿、编排，章锡琛等在杜亚泉的指导下搜集资料、编辑教师参考书等。

杜亚泉加入商务印书馆的当年，所译最新中学教科书《植物学》、所著《理化示教》就由商务印书馆出版。应该说，杜亚泉是中国近代编译教材第一人，其著作之多，涉及领域之广，影响之大，当时无人能及。正是因为他在这一领域的地位，常有人将所著教材请他审阅。清宣统元年(1909) 10月8日，《教育杂志》第9期发表杜亚泉的《致某君书》。其内容大致是说：山东刘光照君送来所编纂之《初等数学》《高等数学》两种，请杜亚泉辨别优劣。杜亚泉审读后，否定了上海西人教育会会员称赞该书为“近今最佳

① 许纪霖，田建业. 杜亚泉文存. 上海：上海教育出版社，2003：495.

之课本，高等一种尤为完善”的说法，认为：“当以言就文，不当以文就言”，“小学数学教科书体例当以日本文部省所编小学算术书之法为最合。近来商务印书馆出版之初小算术书、高小算术书等，皆采用其法者也”。①

清光绪三十一年（1905），杜亚泉在蔡元培所办的爱国女学讲授理科课程，与寿孝天、王子余等人为不支薪俸教员。春夏间，秋瑾（1875～1907）自日本归国，杜亚泉以绍兴同乡名义组织宴请之。同年4月9日，杜亚泉与蔡元培等在上海“一品香”召开会议，协商创设理科通学所，议决设算学、理化和博物三科。8月20日，商务印书馆所设的速成小学师范讲习所开学，杜亚泉任教师。

是年，其哲学思想于商务版的《东方杂志》1905年第5期发表的《伦理标准说》一文中有所表露：“他爱者，以仁为本，而其流弊至于舍己殉人，墨说是矣。自爱者，以修身为道之本，以守身为义之大，其流弊至于自私自利，而与伦理相背，杨说是矣。实利者道之结果，孔子以老安少怀为志，大学以治国平天下为止，尧舜以修己安百姓为病。故伦理之目的，故以人类之安全幸福为期。但据此立论，亦有专求成效，论厉害不论是非，背于伦理之本意者。今之言伦理者，折衷诸说而贯通之，谓伦理之标准，起于自爱及他爱，由其本能，加以经验，而终以人己之安全幸福为目的。或直接，或间接，适于此目的者为正为善；不适者为邪为恶。此吾人行为之标准也。”②

清光绪三十二年（1906）秋，杜亚泉与其族叔杜海生东游日本考察教育，购回数十种日本书籍。清光绪三十四年（1908），其与汤蛰仙在沪组织浙江旅沪学会，并担任评议员，反对清廷卖国借债，保护沪杭甬铁路民办路权。该年夏，为实现绍兴认股500万

① 杜亚泉. 致某君书. 教育杂志，1909，(9)：62.

② 杜亚泉. 伦理标准说. 东方杂志，1905，2(5)：91-93.

元，杜亚泉以自己的薪俸资助在商务印书馆编译所的同乡寿孝天等两人告假两月，回乡游历八县募资。组织旅沪绍兴同人恳亲会，这是绍兴七县旅沪同乡会的前身，每月聚会一次，有山阴县孙伯圻、余姚县冯仰山、上虞县许善斋等人，直到 1911 年绍兴七县旅沪同乡会成立。

清宣统二年（1910），杜亚泉任浙江省庚子赔款留美学生主考，并对数理方面的知识进行命题，竺可桢（1890～1974）就是在这次考试中被录取赴美留学的。

清宣统三年（1911）2 月，商务印书馆为革新《东方杂志》，请杜亚泉兼任其主编。杜亚泉上任后，对《东方杂志》进行了重大的改革，使其销量大增，成为民国初期中国影响最大的学术政论综合刊物，为当时中国青年提供了激发政治意识、求知欲望的平台。杜亚泉在《东方杂志》的九年期间，撰文 300 余篇，其中包括论文、时评、译文等。《东方杂志》的改变是杜氏办刊事业的一重大业绩。章锡琛在《杜亚泉传略》中评价道："及君主编，始广大篇幅，多载政治、经济、哲学、科学论著，一新面目，销行激增。《东方杂志》之有今日，君之力也"。[①]胡愈之（1896～1986）在《东方杂志》三十一卷一号的《追悼杜亚泉先生》一文中更是坦言说："《东方杂志》是在先生的怀抱中抚育长大的。"[②]

绍兴七县旅沪同乡会在上海成立，杜亚泉被推为议长，邵力子（1882～1967）为副议长。杜亚泉为该会订立章程，设议事会，连任数届。此外，还被推为绍兴旅沪同乡公学校董。杜亚泉对社会现象具有敏锐的洞察力，并敢于公开阐明自己的观点。1911 年 6 月 3 日，《时事新报》刊登杜氏《论政策》。1911 年 7 月 5

① 章锡琛. 杜亚泉传略//许纪霖，田建业. 一溪集. 北京：生活•读书•新知三联书店，1998：16-17.

② 东方杂志编辑部（胡愈之）. 追悼杜亚泉先生. 东方杂志，1934，31（1）：12.

日，第6期《教育杂志》在“言论”栏目摘转《东方杂志》杜氏的《论今日之教育行政》一文。辛亥武昌起义后，杜亚泉在《东方杂志》八卷九号发表《革命战争》一文，旗帜鲜明地公开站在革命军一面。袁世凯称帝失败病逝后，杜亚泉撰写《帝制运动始末记》连载于《东方杂志》上，详细阐述了袁世凯帝制运动整个事件的过程。

1912年，杜亚泉受蔡元培之邀，偕同吴稚晖赴北京参加中华民国北洋政府教育部召开的国音统一会，被聘为该会会员。他在早年所学的声韵知识基础上，注重于注音字母和新式标点的创立，对注音字母的创制贡献颇多。逗号“，”即为其所创。并以《二十四史》为对象试验新式标点，历时两年多。

1918年2月，杜亚泉等13人编著的《植物学大辞典》由商务印书馆出版。全书历时12年，1700多页，300多万字，载植物名称术语8980条，西文学名术语5880条，日本假名标音植物名称4170余条，附植物图1002幅。该书为中国第一部影响较大的专科词典。蔡元培为之作序指出，“吾国近出科学辞典，详博无逾于此矣”[①]；祈天锡指出，“自有此书之作，吾人于中西植物之名，乃得有所依据，而奉为指南”[②]。

杜亚泉是一位具有科学头脑又有强烈社会责任感的学者，他对社会现象的思考是极为严肃而深刻的。他的政论文章中，常常有一些独到见解，发人深省，给人以启迪。蔡元培回忆，杜氏“有时独行，举步甚缓，或谛视一景，伫立移时，望而知其无时无处无思索也”，并且其“脑力特锐，所攻之学，无坚不破，所发之论，无奥不宣”[③]。杜亚泉的政治主张以西方哲学中的“接续主

① 蔡元培. 植物学大辞典·序二. 上海：商务印书馆，1918.
② 祈天锡. 植物学大辞典·序三. 上海：商务印书馆，1918.
③ 汪家熔. 旧时出版社成功诸因素. 出版发行研究，1994，(3)：45-48.

义”为理论基础。他认为历史是连续的、不可隔断的，主张调和论，即开进与保守相结合：若有保守而无开进，则拘墟旧业，无接续可言；若有开进而无保守，则新旧间之接续，截然中断，国家之基础，必为之动摇。可以看出，杜对社会改革的态度是坚定而真诚的，并主张渐进，反对激进。但是，在当时内忧外患的中国，有志之士都在努力探求救国救民道路，中国近代一次次改革运动失败，易使人认为其原因在于不够彻底，因而形成了一种激进的思潮，主张激烈的变革。在这样的气候之下，杜亚泉就显得过于稳健、保守了。

1918～1927 年近 10 年的时间里，杜亚泉就东西方文化、何谓新思想、中西医学、新旧伦理观、情与理问题进行论战。1919 年 2 月，陈独秀(1879～1942)在《新青年》六卷二号刊登了《再质问〈东方杂志〉记者》，文中反问杜亚泉此前回应的文明统整说，杜亚泉这次未再回应。至此，陈独秀和杜亚泉之间的关于东西文化论战暂告一段落。1920 年 2 月，《东方杂志》十七卷二号转载了蒋梦麟的文章《何谓新思想》，杜亚泉在文后对其作了评论，针对蒋梦麟的“新思想是一个态度”的观点，杜亚泉不改其一贯主张，仍坚持用理性支配思想。同年 11 月，针对余云岫(1879～1954)在《学艺》二卷四号上的文章《科学的国产药物研究之第一步》，杜在该刊二卷八号发表《中国医学的研究方法》反驳了余云岫的观点。余云岫认为在科学的时代，中医的阴阳五行说是不符合事实、没有根据的，应当坚决摒弃。而杜氏认为中西医应结合互补，“总之人类微妙的生理，只有人类微妙的心灵，可以觉着它。医学的初步，虽然靠着机械的试验；医学的大本营，不能不驻扎在吾人心灵的体会上。所以中国古时‘医者意也’的一句话，鄙人以为是至理名言。……中国的医学，是专从心灵的体会上着手，已经积有数千年的经验。……希望有科学知识的人，不要把机械的试验，看得太重；把心灵的体会，看得太轻。世界上的科学，除了物质方面以外，凡是精神科学社会科学，都不是全靠着机械的试验，才能成立”，“希望明白科学的，不要作‘科学万能’的迷想。世界事物，在现世科学的范围以内者，不过一部分。科学家的责任，在把科学的范围扩大起来。……现在学西医的，或是学中医的，应该把中国的医学，可以用科学说明的，就用科学的方法来说明，归纳到科学的范围以内；不能用科学说明的，从‘君子盖阙’之义，留着将来研究。不但中国的医学，应该这样办法，就是别的学问也应该这样办法”[①]。1927 年 2 月，与李石岑（1892～1934）争论新旧伦理，在夏丏尊（1886～1946）主编的《一般》二卷二号上发表《对李石岑先生演讲“旧伦理观与新伦理观”的疑义和感想》。11 月，针对朱孟实（字光潜，1897～1986）的《谈情与理》中尊情抑理非理性主义观点，在《一般》三卷三号上发表《关于情与理的辩论》予以反驳。

这些论战主要是围绕东西方文化和理性问题展开的。即使是现在，杜亚泉在这些论战中的主张对社会发展的思考都具有极为重要的现实意义。但是，“五四”运动后，当时的社会思想潮流是激进的，这对其办刊生涯产生了重大影响。杜亚泉主编的《东方杂志》坚持理性的调和论思想，与这种时代背景显得格格不入。商务印书馆当局考虑到馆方的营业及其社会影响，1920 年年底，让其卸任《东方杂志》主编。

但是在论战期间，杜亚泉并未放弃兴办教育及著书的人生理想，而是更加执着地追求。1919 年，杜亚泉所著初中教科书《自然科学》由商务印书馆出版。1923 年 10 月，杜亚泉、杜就田、吴德亮、凌昌焕、许家庆编著的《动物学大辞典》由商务印书馆第一次出版发行。杜亚泉 1917 年开始编撰该书，耗时 6 年，共 250 余万字，1927 年第四次再版。胡愈之对此作了很高的评价，

---

① 杜亚泉. 中国医学的研究方法. 学艺，1920，2(8)：98-106.

誉之为“科学界空前之巨著”[①]。同年，杜亚泉的著作《辛亥革命史》《帝制运动始末记》《甘地主义》《东西文化批评》，合著《欧战发生史》《大战杂话》《俄国大革命纪略》，译著《社会主义神髓》《处世哲学》，合译《战争哲学》《事物与卫生》，均被收入商务印书馆刊发的《东方文库》。

杜亚泉致信绍兴七县旅沪同乡会董事会，以健康之由婉拒同乡会学校董事之聘，并随后推荐杜辉孙、章锡琛两人。

1924年，杜亚泉在上海创设新中华中学(又名新中华学院)，亲自任教，并将稿费等收入捐赠给学校。杜亚泉多次办学，但其最初的想法是兴办大学进行高等教育，这在他与张梓生的谈话中可见一斑，他们曾经深刻讨论过中国的教育问题，对此杜氏感慨言：“兴学之始，本人主先从大学高师入手，培养领袖及中学教师人材，再办中学及初等师范，以次谋普及国民教育。而张菊生(元济)、高梦旦(凤谦)等为商馆营业计，急尽力鼓吹小学教育之普及，卒以师资难得，教育遂成病象。”[②]

杜亚泉一生治学、著书，但是对教育这一理想，却是毕生追求的，从未放弃。他的办学热情在蔡元培、杜山次、章锡琛所作传记中均有提及。蔡元培在《杜亚泉君传》中追忆：“最所热心，则在教育。尝欲自办一校，以栽植社会需要之人才，初拟设于其乡之诸葛山，嗣拟设于绍兴县城之塔山，如何建筑，如何设备，如何进行，如何由中学扩充为大学，每一谈及，兴高采烈，刻日期成，格于情势，未能实现。”[③]

杜亚泉想自办学校，并将其发展成为大学一事在族叔杜山次为其所作的传略中说得比较详细：“热心教育，尝欲自设一校，

① 东方杂志编辑部(胡愈之). 追悼杜亚泉先生. 东方杂志，1934，31(1)：303-304.

② 张梓生. 悼杜亚泉先生. 新社会，1934，6(2)：14-15.

③ 蔡元培. 杜亚泉君传//绍兴县志资料，第1辑. 第2编，第16册，扬州：广陵书社，2011：183-185.

以栽植人才，初欲假其乡诸葛山麓之僧寺为校舍，设一中学，尝与朋侪言及：作何设备，作何设施，如何进行，如何扩张，如何由中学以晋大学，并谓苟得如愿，虽终其身服务于是校，并子侄亦终其身服务于是校，均所不惜。谈至酣畅时，兴高采烈，几欲克日观成，嗣以诸葛山地太偏僻，学生不易招致，拟改设城中塔山山上，向当道乞领官地，而自行募捐建筑校舍，格于情势，不克如愿。然此念蟠伏于中，未尝一日忘也。至民国十三年甲子，乃自设新中华学院于上海，君与其子若侄，均任教课，虽旷去商馆编译之时间，减少薪水，亦不介意。设立两年半，斥资八千余元，无力继续，不得已，乃停办。君原有商馆股本若干，至是悉以出售，犹不足，仍负债二三千元。”①

两份杜亚泉的传记均不约而同地提到杜氏自办学校这件事，说明这不仅仅是他的一个念头或想法，而是愿意为其奉献一生的事业。

杜亚泉对教育的痴心从未改变过，这一情况在章锡琛的《杜亚泉传略》中也进行了表述：“自创中学于上海，名新中华学院，自任教授训导之责。深恶上海学风之颓靡，力主敦朴。尝谓今日学生之志愿，舍作官外，即为洋奴，欲使己校毕业学生，咸能离去都市，深入乡村，从事教育及农村合作事业。创设凡三年，耗资八千余金，绝不向人募款。君家仅中资，至是尽罄所有。”②即使是在民国二十一年(1932)“一·二八事变”中，其住所被日军炮火炸毁，匆忙回到绍兴，家中已经赤贫，还义务担任绍兴稽山中学讲师，每星期从乡下赶往城里，不知疲倦。

1926 年，新中华学院因经费见绌无以为继，在创校两年半后

---

① 张梓生. 悼杜亚泉先生. 新社会，1934，6(2):14-15.

② 章锡琛. 杜亚泉传略//许纪霖，田建业. 一溪集. 北京：生活·读书·新知三联书店，1998：16-17.

被迫停办。虽然杜亚泉倾其所有，乃至抛售其所持商务印书馆股票，但是未能挽回，并负债二三千元。

1929 年 8 月，杜亚泉的《人生哲学》由商务印书馆出版发行。该书作为高级中学教科书，为杜氏晚年倾力之作。这本书最初是由杜氏对中学生谈论人生哲学的讲稿整理而成，综合中西各学派，选择生物学、心理学、伦理学、社会学的精要之处，以人的一生发展贯穿始终。这本书一经出版，就受到知识界的重视。蔡元培在《书杜亚泉先生遗事》一文中说："中学教科之人生哲学，本为旧日伦理学教课之改名，旧日伦理学中，虽亦有关于卫生及养心之说明，然皆甚略。先生此书，说机体生活及精神生活，占全书三分之一，以先生所治者为科学的哲学，与悬想哲学家当然不同也。先生既以科学方法研求哲理，故周详审慎，力避偏宕，对于各种学说，往往执两端而取其中，如唯物与唯心，个人与社会，欧化与国粹，国粹中之汉学与宋学，动机论与功利论，乐天观与厌世观，种种相对的主张，无不以折衷之法，兼取其长而调和之；于伦理主义取普泛的完成主义，于人生观取改善观，皆其折衷的综合的哲学见解也。先生之行己与处世，亦可以此推知之。"[①]而张梓生在《悼杜亚泉先生》一文中回忆："曾费年余心力，著《人生哲学》一书，搜集各家之说而参以己意，颇为士林所推重。"

杜亚泉在《人生哲学》的卷首"编辑大意"中对人生哲学做了诠释，即"以生命为万有中心，尤其以人类的生命为万有中心，而创设的哲学。……以生命为万有中心的哲学，亦可称为唯生论的哲学"，"自从这唯生论的哲学即人生哲学创设以后，生物学、心理学、社会学、伦理学、政治学的理论，皆形成一贯。分之为各科之学，合之即为一贯之道。且此等各科学中一切学派学说，

① 蔡元培. 书杜亚泉先生遗事//许纪霖，田建业. 一溪集. 北京：生活·读书·新知三联书店，1998：42.

皆可根据唯生论已勘定其价值”。[①]并且，对其著该书的原因及过程作了详细的说明，“鄙人以为新哲学成立后，现代纷杂的思想界，将有统整的希望。十八十九两世纪，为西洋思想界分化的时期；至二十世纪，将入统整的时期。思想的统整，为社会安定的先驱”。该书在第 1～4 页中写道：“我们为吸收西洋现代的新潮，整理我国固有的国粹，以统一国民的思想起见，在高级中学校中，设立人生哲学的科目，诚为必要。鄙人在二三年前，曾一度任中等学校教职，与学生同居宿舍；工作余暇，常在宿舍中与青年学生为长时间的谈话。……鄙人因此曾就近人编译书籍中，选其足以开发青年思想者数种，劝学生阅读；又就生物学、心理学、社会学、哲学、伦理学等科学中，搜辑其新颖警切的理论，每周为学生讲述一次；尤于各科学的名次界说，为学生逐一检查词典，严密注意。惜逾年以后，学校以款拙停止。鄙人乃取搜辑的材料，加以扩充与整理，编为此书，名《人生哲学》。哲学本以统一各科学的知识为职志；现代哲学，尤以生物学、心理学、社会学为基础。而应用方面，尤注重于伦理学。是书即撷取上述各科学的精义，而以人生的发展为中心，把此等科学，联成一片；使青年学生，于万有科学中，得约略窥见其根柢。”[②]

是年，杜亚泉已萌生退意，在杜耿荪的《杜亚泉——商务印书馆的老编辑》中的叙述可以看到，“亚泉自从自办中学失败后，心境不好，在馆内，又因他拟定的某些计划等，遭到王云五或其心腹的阻挠，更快快不快”[③]。正是由于这样的原因，杜亚泉在进入商务印书馆第 25 个年头时提出请辞。但是，馆方未允。

---

① 杜亚泉. 人生哲学. 上海：商务印书馆，1929：1-4.

② 杜亚泉. 人生哲学. 上海：商务印书馆，1929：1-4.

③ 杜耿荪. 杜亚泉：商务印书馆初创时期的自然科学编辑//绍兴县政协文史资料研究委员会. 绍兴县文史资料选辑，第 1 辑. 绍兴：绍兴县政协文史资料研究委员会，1983：239-250.

四、遭逢战乱

1930 年 1 月，杜亚泉婉辞绍兴七县旅沪同乡会董事一职，其原因由绍兴旅沪同乡会 1930 年 1 月的档案可以知道，杜亚泉看到学校教师“无理要挟加薪”“校风不良”，其本人“不甘为时势所屈服”。1931 年，因与商务印书馆高层的分歧已经比较大，并想用其一部分退休金偿还办学时的债务，杜亚泉两次提出请辞，但是馆方出于养老金(若当时杜亚泉退休，馆方需付其退休金 1 万元)的考虑未允。

1932 年“一·二八事变”发生，商务印书馆被日军炮火所毁，杜亚泉在闸北的住所也未能幸免，遂携家眷返乡避难，其历年日记和所有书籍、笔记、书信均损失殆尽。由于时间仓促，所带无几，以变卖田产艰难维持生计。5 月，杜亚泉返回上海，正值商务印书馆撤销编译所，故退休回乡。其与子侄及几位商务印书馆博物部的同人组织千秋编译社，继续从事著译事业。《小学自然科词书》就是在此期间编纂完成的。

是年秋，杜亚泉在乡间抨击豪强，革新教育。每周去绍兴县稽山中学(绍兴二中的前身)义务演讲一次，内容涉及政治、经济和自然科学等。

1933 年 1 月，杜亚泉所著《下等植物分类学》《高等植物分类学》相继由商务印书馆出版。因重建家园，债台高筑，4 月，其著作的《博史》由开明书店出版，这本书不同杜氏以往的作品，主要是介绍中外棋牌戏的历史和规则。6 月，杜亚泉、杜就田、吴德亮、凌昌焕、许家庆编著的《植物学大辞典》由商务印书馆出版缩本。同月，杜亚泉等的《动物学大辞典》亦由商务印书馆出版缩本。秋，杜氏与两个堂侄杜其堡和杜其垚组成的家庭编辑社完成《小学自然科词书》一书。该书收录自然科学词汇 2000 余条，包括小学自然科学教科书中涉及的必需词汇和向教师补充的自然科学知识，有自然科学、天文学、气象学、物理学、化学、矿物学、地质学、地文学、生物学、植物学、动物学、医学、生理学、卫生学、工程学、农业、森林、化学工业、制造、建筑、摄影术、游戏、食品等23类。

图 2-2　晚年杜亚泉

1933年12月6日，杜亚泉因肋膜炎医治无效，在家乡病逝，享年60周岁(图2-2)。其留有子女7人(4男3女)，当时长子在上海大夏大学任教，次子毕业于医科学校，正在实习期，三、四子尚在中学，长女适高，次女待嫁，三女务农且有子女各一人。

杜亚泉逝世后，由于其身后萧然，蔡元培发了讣文，并于1933年12月21日撰写了《为杜亚泉逝世发通函》，为其下葬及遗孤生活求学筹集资金(后馆方代筹集到赙金1000多元)。该函内容如下。

径启者：杜亚泉先生逝世，身后萧然，几于不克棺殓，哲人厄运，闻者伤之。先生提倡科学，远在三十五年以前，埋头著书，亦积有三十五年之久。其编撰之作，整部出版于商务印书馆及零篇散见于各杂志中者，不胜枚举。嘉惠士林，无待赘述。因家本寒素，又不善积蓄，重以沪上“一·二八”之变，商务印书馆遭焚，职员均受损失；先生间道避难，损失尤大，以致影响生计，此其老而弥困之情形也。遗孤中，尚有二人在中学时代，一女未嫁，此后支持，大非易事。凡我友朋，宜加存恤。倘赐礼物，希用现款，庶几积有成数，为偿还医药及举行薄葬之用；有余以备诸孤求学之资。仁者所施，实利赖之。谨为声请，诸维察照。

同时，杜氏的故交及挚友等纷纷撰文悼念和追忆这位为中国科技知识传播及教育普及做出杰出贡献的教育家，其中有蔡元培的《杜亚泉君传》《书杜亚泉先生遗书》、张元济代表《东方杂志》编辑部所撰的《杜亚泉先生诔辞》、胡愈之的《追悼杜亚泉先生》、章锡琛的《杜亚泉传略》、张梓生的《悼杜亚泉先生》、周建人（1888～1984）的《忆杜亚泉先生》等。

1934 年 1 月，蔡元培等 12 人发布《为杜亚泉先生募集子女教养基金启》，内容如下。

旧同事杜亚泉先生不幸于上年十二月六日在籍病故。念先生服务商务印书馆，垂三十年，遭国难后，始退休归里，然犹任馆外编辑，至弥留前不辍，可谓老且勤矣。今闻溘逝，身后萧条，尚赖其族戚亲友为之经纪其丧，文士厄穷，思之可慨。顾其夫人亦老而多病，稚女未嫁，二子在中学肄业。同人等久契同舟，感深气类，悯其子女孤零，不可使之失学。因念先生遗风宛在，旧雨甚多，或以桑梓而悉其平生，或以文学而钦其行谊，必有同声悼惜，乐与扶持。为此竭其微忱，代申小启，伏希慨解仁囊，广呼将伯，集有成数，即当储为基金，使其二子一女，皆可努力读书，克承先业，则拜赐无既，而先生亦必衔感于九泉之下也。

其身后著作仍有出版者。惠利惠撰，杜亚泉等译的《动物学精义》，1939 年由长沙商务印书馆铅印出版。杜亚泉、杜其堡、杜其垚所著的《小学自然科词书》，全书 90 余万字，1934 年 3 月由商务印书馆初次出版，4 月再版。

第二节　杜亚泉办刊活动及其科学思想

通过原始期刊文献考证，笔者对晚清民初时期杜亚泉先后主编的《亚泉杂志》《普通学报》《东方杂志》三刊作了全面研究。

杜亚泉首创中国学者自办的第一份综合性科技期刊，三刊的科技传播倾向形成了杜亚泉前后一贯的办刊理念。由此认为：杜亚泉为中国近代西学东渐背景下致力于西方科学知识引进及传播的标志性人物，通过主编三份综合性期刊，完成了从传教士与中国学者合办期刊向中国学者自办期刊的历史性过渡，开创了近代中国期刊史的新篇章。其综合性期刊特色化的办刊实践，对今天期刊的发展仍具有借鉴意义。

清代中期到清代晚期，中国期刊完成了从传教士办刊、传教士与中国学者合作办刊到中国学者独自办刊的历史性过渡。清光绪二十六年(1900)，杜亚泉在上海创刊的《亚泉杂志》，是这一历史性过渡的重要标志之一。杜亚泉之后接续创办的《普通学报》和接任主编的《东方杂志》，形成了其期刊编辑思想和科学传播思想的完整体系，对其所主编的三刊作系统全面的研究，显然在厘清整个中国期刊编辑历史脉络方面具有重要意义。

目前，对杜亚泉所办期刊的研究，大多集中在个案研究、新闻史或社会科学研究层面，然而对其所办全部期刊做整体性研究，或者解剖其期刊编辑出版思想和科技传播思想方面，则鲜见报道[①]。本节拟从这两个视角作初步探索。

一、《亚泉杂志》

杜亚泉是继晚清华蘅芳、李善兰、徐寿等人以来，进行科学启蒙和科学传播的先行者之一。不同的是，他独立承担这一重任，并不以科学家自居，甘愿做中国科学启蒙的奠基石。蔡元培在其

① 苏力，姚远. 中国综合性科学期刊的嚆矢——《亚泉杂志》. 编辑学报，2001，13(5)：258-460；任元彪. 面对西方科学的冲击——杜亚泉回应方式. 科学文化评论，2006，3(2)：5-13；陈镱文，姚远. 《亚泉杂志》与西方化学元素名称在中国的传播. 西北大学学报(自然科学版)，2007，37(2)：341-344；陈镱文. 《亚泉杂志》与西方放射性化学在中国的传播和发展. 河北农业大学学报(农林教育版)，2005，7(4)：93-95.

所撰的《杜亚泉君传》中回忆："人有以科学家称君者，君答曰非也，特科学家的介绍者耳。"[①]这一点用杜亚泉自己的诗也可以得到诠释："鞠躬尽瘁寻常事，动植犹然而况人。"[②]

《亚泉杂志》是杜亚泉创办的一份科学期刊，是第一份中国人自办的综合性科技刊物，其宗旨是"揭载格致算化农商工艺诸科学"[③]，推广化学、物理学、数学。《亚泉杂志》在中国藏本极少，据目前的资料可知，仅北京大学图书馆和中国科学院图书馆各收藏一套，浙江图书馆藏有 3～5、7、9 共 5 期，见者不多。《亚泉杂志》的载文量达 40 篇，其内容涉及自然科学的数学、物理学、化学、生物学、地学等，其中关于化学的文章 23 篇。其主要撰稿人是主编杜亚泉，除标明作者的 2 篇王琴希的来稿、1 篇周美权(即周达，1878～1942)的来稿、1 篇叶振铎的来稿、1 篇虞和钦(约 1870～1938)的来稿，其余均为杜亚泉编写。袁翰青的《中国化学史论文集》所载 30 多篇重要论文中有 4 篇是杜亚泉发表在《亚泉杂志》上的。因此，《亚泉杂志》可以说是一份偏重化学的综合自然科学期刊，更成为后人研究近代中国化学史不可或缺的资料。

《亚泉杂志》于清光绪二十六年十月初八日(1900 年 11 月 29 日)在上海创刊，由上海商务印书馆印刷，亚泉学馆发行。这份期刊开始是半月刊，农历每月初八和二十三日各出一期，铅印本，25 开竖排线装，每册 16 页。该刊出至第 5 期改为月刊，光绪二十七年四月二十三日(1901 年 6 月 9 日)停刊，共 10 期(图 2-3)。

---

① 蔡元培. 杜亚泉君传//绍兴县志资料，第 1 辑. 第 2 编. 第 16 册. 扬州：广陵书社，2011：183-185.

② 张梓生. 悼杜亚泉先生. 新社会，1934，6(2)：14-15.

③ 杜亚泉. 亚泉杂志·序. 上海：商务印书馆，1901.

图 2-3　《亚泉杂志》的创刊号封面

其停刊原因由其第 7 期首页的《亚泉杂志求同志赞成启》中可以看出端倪："本馆自去年发行杂志以来，现在按期订阅者共百一十余号，其收费与刻印成本比较，乃不及十分之二，本馆现在虽无停止发行之意见，然使其终如此，则本刊岂能永久支持乎？"在第 10 期的《本馆广告》中又谈道："本馆发行杂志，定价既廉，工料之外，所赚无几，加以馆用有绌无盈，况销行甚滞，所耗殊多，今又以三分定价之一作邮费，则是并工料而不敷矣。"所以，《亚泉杂志》停刊最主要的原因是经费不足。

《亚泉杂志》对于西方化学的引进贡献尤为突出，主要表现在以下几个方面。

第一，首次引进元素周期律。恩格斯高度评价元素周期律的发现："门捷列夫不自觉地应用黑格尔的量转化为质的规律，完成了科学上的一个勋业，这个勋业可与勒维烈计算尚未知道的行星海王星的勋业居于同等地位。"这样一个揭示物质世界内在联系，反映其统一与规律的重要定律，就是由 1901 年 3 月 13 日出版的《亚泉杂志》第 6 期《化学周期律》一文首次引入中国的。该文分五部分介绍了元素周期律、同周期元素性质递变规律及同族元素性质相似等重要内容。并且，文中还附有最新修订的元素周期表。

第二，《亚泉杂志》反映了西方近代化学在 19 世纪下半叶的重大成果。《亚泉杂志》在放射性元素镭、钋发现两年后对这一发现进行了报道，是中国有关这方面内容最早的引进。1900 年 12 月 19 日出版的第 3 册中王希琴的《昨年化学界》一文，报道了居里夫妇1898年7月18日和12月26日宣布发现钋和镭两种放射性化学元素，并精确报道了其性质、光谱线波长。此时距居里夫妇的发现时间仅两年多。这无疑否定了过去认为1903年10月10日出版的《浙江潮》第8期中鲁迅(1881～1936)署名“自树”的《说鉏》一文为最早报道的说法和“鉏”字为鲁迅所造的说法。

《亚泉杂志》第7、8册连续刊登了一系列文章，《述錭鉟鉏之性情》、《论氬》、《论歇倔谟》(即氦气)及《钙之制作及性质》，分别介绍了钪、镓、锗、氩、氦、钙等化学新元素的发现及特性。其中，氩、氦的引进距其发现时间相隔5年，钪、镓、锗三元素的引进距最后锗的发现时间1886年相隔14年。这些元素都是19世纪后30年间的重大发现，均是通过《亚泉杂志》初次或更加系统地传入我国。第7期的《鈹即鋊考》还详细介绍了铍和鋊为同一种元素的化学界最新研究成果。

《亚泉杂志》对分子学说的引进更是弥补了中国近代化学史上的一项缺憾。中国近代化学所有的旧译书一直没有元素周期律和分子学说，这对西方化学理论的系统引进造成了很大的损失，使得中国化学译书与同时期其他国家化学书之间存在较大差距。但是，《亚泉杂志》第1、2期连载的《质点论》系统地介绍了该学说。并且，其第3、4期连载的《化学理论》对理想气体状态方程、相变理论、酸碱理论、化合价理论等均进行了不同程度的叙述。因此，《亚泉杂志》是西方近代化学理论传入中国的重要环节。

化学作为一门实验科学，其许多化学原理、化学概念，包括大量的重大发现均是从实验中得出的。因此，对于实验科学的观察及分析就显得尤为关键，在分析仪器尚不够精密的19世纪化学研究中更是如此。《亚泉杂志》连载7期的《定性分析》对分析化学作了完整的刊载。与以往旧译本不同的是，《亚泉杂志》中的《定性分析》相对浅显易懂，术语准确，内容条理更加清晰，易被人接受。这点对近代中国化学教育显得尤为具有价值。

第三，《亚泉杂志》第 1 册发表的《化学原质新表》，是将当时已有的编译出版的化学书籍中化学元素汉译名称进行了较为完整的统一后的最新元素汉译名称表，共记录化学元素 76 种，并列出各元素准确的原子量。这标志着在 20 世纪初，传入中国的化学元素已由 1878 年 2 月 25 日郭嵩焘（1818～1891）日记中仅提及门捷列夫元素周期律、1855 年合信《博物新编》提及 55 种、1857 年《六合丛谈》提及 64 种和 1871 年徐寿《化学鉴原》中记述的 64 种增至 76 种。《化学原质新表》命名的 13 种新元素中有 6 种的中文译名被中国化学界接受，并沿用至今。氩元素的命名更是杜亚泉的首创。这奠定了在常温下呈气态单质元素汉译名称原则的基础。这类元素之前以其性质、用途等来命名，如氢气称为“轻气”、“氧气”称为“养气”、氯气称为“绿气”等。采用气字作为部首，仅用一个汉字表示这些元素，在我国自然科学研究史上有着重要的意义。

《亚泉杂志》在 1900 年的中国实属凤毛麟角。杜亚泉的科学思想在《亚泉杂志》序中体现得比较完整，他撰文写道：

政治与艺术之关系，自其内部言之，则政治之发达，全根于理想，而理想之真谛，非艺术不能发现。自外部观之，则艺术者固握政治之枢纽矣。航海之术兴，而内治外交之政一变；军械之学兴，而兵政一变；蒸汽电力之机兴，而工商之政一变；铅印石印之法兴，士风日辟，而学政亦不得不变。且政治学中之所谓进步，皆借艺术以成之。……且吾更有说焉：设使吾国之士，皆热心于政治之为，在下则疾声狂呼，赤手无可展布，终老而成一不生产之人物；在朝则竞争冲突，至不可终日，果如是，以毋宁降格以求，潜心实际，熟悉技能，各服高等之职业，独为不败之绩出也。①

① 杜亚泉. 《亚泉杂志》序. 上海：商务印书馆，1901.

从这段一个多世纪以前的文字可以看出杜亚泉对科学技术与现代政治之间关系的认识。他将科学技术用“艺术”一词表示，可能取其“工艺之术”之意，即“技术”之意，与现在“艺术”一词的含义无关。他认为一个国家的政治固然很重要，但政治的发达与科学技术是息息相关的，科学技术的发展是政治发达的基础。这成为他创办《亚泉杂志》的初衷，这一思想延续到《普通学报》，并在《东方杂志》的栏目设置上有所体现。

二、《普通学报》

《亚泉杂志》出版第10期后改为《普通学报》(图2-4)，从1901年10月至1902年5月终刊，共5期，注重数理科学并兼载时事。“普通学”是当时的流行名词，即通常知识，并无固定范围。在《奏定学堂章程•译学馆章程》中有这样的解释：“普通学之曰九：曰人伦道德，曰中国文学，曰历史，曰地理，曰算学，曰博物，曰物理及化学，曰图画，曰体操。”杜亚泉所说的“普通学”含义与此还有不同，而是更偏向于自然科学，就是现在的数理化和社会科学的基本知识，并不涉及伦理、文学、图画等。1902年7月出版的《文学初阶》第五卷第七十三课中写道：“普通学者，如经学、史学、文学、算学、格致之类，无论将来欲习何业，皆有用处。”[①]由此看来，杜亚泉的普通学含义偏

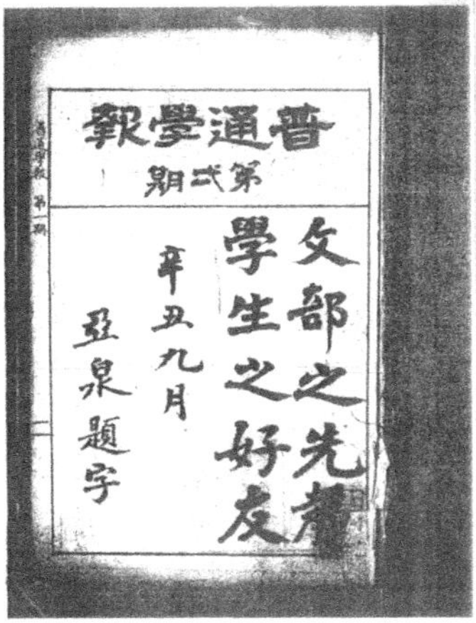

图2-4　《普通学报》

① 杜亚泉. 绘图文学初阶卷五. 上海：商务印书馆，1905：33.

重于知识的实用意义。

《普通学报》是《亚泉杂志》的接续，其创刊号并没有发刊词、刊首语等，仅在首页由其主编杜亚泉题词“文部之先声，学生之好友”①。其内容偏重于理化，设八个栏目：经学科(心理、伦理、政法、宗教、哲学)，史学科(中外历史、地理)，文学科(文典、修辞、诗歌、小说)，算学科(数学、几何、代数、三角)，格物学科(地学、化学)，博物科(矿物、动物、生理、卫生)，外国语学科，学务杂志(学校教科章程、新图书评论、海外留学生通讯等)。但是，由于《普通学报》出版的期数太少，其栏目设置后所刊载的文章类别广度没有达到预期的效果。然而，《普通学报》停刊后，虞和钦主编的《科学世界》成为其延续。普通学报馆在光绪二十九年(1903)四月第二期《科学世界》上刊登了公告：“本报自开办至今共出五期，今因同志诸君另办科学世界未能再续，凡订阅普通学报十期者，除前寄五期外，其余五期即以科学世界三期交换，仍由普通学书室发行。”②其主编虞和钦也是《亚泉杂志》《普通学报》的重要撰稿人。

《普通学报》与《亚泉杂志》最显著的区别是具有相对固定的作者群。其主要刊登的来稿，每篇文章都标明作者，其中不乏后来的名家，第一期末尾“章程揭要”中清楚地列出“执笔赞助诸君”有林琴南(1852～1924)、蔡元培、王琴希、周美权、谢洪赉(1873～1916)、魏允叔、钟宪鬯、陆应麟、叶浩吾、虞自勋(即虞和钦)、林蕊初等人。其中，蔡元培在经学科栏内发表《哲学总论》(1、2期)、《论孔氏祖先教》(3期)和《群学论》(5期)3篇文章；叶浩吾在史学科栏内发表《论中国地势》；周美权在算学科栏内发表《数之性情》(1期)、《九九支谈》(2期)、《几何

① 杜亚泉. 封面. 普通学报，1901，(1).

② 编者. 阅《普通学报》者鉴. 科学世界，1903，(1-2)：广告页.

求作》（2 期）、《几何原点论》（2 期）、《勾股三角公式》（3 期）、《曲线新理》（3 期）、《顺序组合法及等次积》（3 期）、《弧角腌录》（3、4 期）、《开六乘方奇法》（4 期）、《孔球解》（4 期）、《方程式别解》（5 期）11 篇文章；谢洪赉发表 4 篇文章，关于自然科学的是格物学科栏内发表的《火说》；陆应麟在格物学科栏内发表《论化学变化》；林葱初在格物学科栏内发表《造试纸法》（2 期）、《写留路特讲义》（5 期）2 篇文章；虞自勋在格物学科栏内发表《化学命名法》（3 期）、《原子连系说（并构造式）》（5 期）2 篇文章。蔡元培、周美权、谢洪赉等人发稿量共 24 篇，占总发文量的 1/3 之多。主编杜亚泉为《普通学报》培养了层次较高的作者群落，且该作者群落遍及经学、史学、算学等诸学科。这些作者在该刊停办后，陆续成为《东方杂志》《科学》等期刊的重要撰稿人。其中，周美权在《普通学报》发表算学文章 11 篇，其本人是中国 20 世纪初期著名的数学家，采用传统的方式研究中国数学，其代表著作《数之性情》《九九支谈》《几何求作》等均是在《普通学报》上发表的。

杜亚泉本人也为刊物撰稿，创刊号载有其署名的《级数求和》。其他署名“普通学书室编辑处”的《有机物质之鉴别》《论洋蓝》《土壤之种类》《日本假名文字考》《议蚁》《伦戢氏及职肯德氏简易炭酸定量器使用法》《岩石纪要》等文章笔者推测亦为杜亚泉所作。此外，他还在第二期发表《无极太极论》，第五期发表专业性较强的《植物分类学》等文章。

《普通学报》出版五期后停刊，原班主要编辑新办《科学世界》继承了其办刊思路。这说明，《普通学报》于 1902 年 5 月停刊以后，普通学报馆尚维持到 1903 年《科学世界》创刊，并由《科学世界》接续。同时，它也在另一方面表明杜亚泉从《亚泉杂志》到《普通学报》，一直在探索总结综合性科学技术期刊办刊之路的经验教训。《科学世界》也许是杜亚泉真正期望的综合性自然科学期刊办刊模式。他并未具体参与其编辑，只是为其撰写了部分科学稿件，具体工作是由《普通学报》的原班编辑同人完成的，从中仍可找到杜亚泉办刊思想的影子。但是，《科学世界》依托科学仪器公司作为主办单位的做法，显然要比依托亚泉学馆或普通学书室这种纯粹学术单位要高明得多。

三、《东方杂志》

《东方杂志》是中国历史上历时最长的一份大型综合性学术期刊，它创刊于 1904 年 3 月，1948 年 12 月终刊，历时 45 年。杜亚泉任主编的时间为 1909 年 2 月至 1920 年 8 月。

《东方杂志》主体部分是分类选刊当时比较权威的文献和时政资料。杜亚泉接任主编后，立即从五个方面对《东方杂志》进行了改良：①改 32 开本为 16 开本，每期 80 页 20 余万字；②每期卷首列铜版图 10 余幅，随之增入精美之三色图版，各栏内并插入关系之图画；③各栏内揭载政治、法律、宗教、哲学、伦理、心理、文学、美术、历史、地志、理化、博物、农工商业诸科学最新之论著，旁及诗歌、小说、游记之类，或翻译东西杂志，或延请名家著作，以启人知识、助人兴趣为主；④记载时事，务其大者，近自吾国，广及世界，凡政治上之变动，社会上之潮流，国际上之关系，必求其原委，详其颠末，法令公文亦择要附录；⑤定价特别从廉[①]。其中，有关理化、博物(植物学、动物学、矿物学)、农、工等新增内容，显然是杜亚泉自《亚泉杂志》、《普通学报》（包括后续的《科学世界》）以来的办刊风格的延续。

改良后的《东方杂志》无论内容还是形式都发生了根本性的变化，以发表署名文章为主体，扩大篇幅，取消了谕旨、奏章等

① 汪家熔. 鞠躬尽瘁寻常事——记杜亚泉和商务印书馆与《文学初阶》//商务印书馆编辑部. 商务印书馆一百年(1897—1997). 北京：商务印书馆，1998：194.

官方文件，同时大大压缩了时事资料方面的篇幅，时政性与学术性并重，开创了中国杂志界的新格局，以刊登各种论著为主体，大大地拓展和丰富了杂志的内涵与外延。其“销行1万份以上，打破历来杂志销数的纪录”，成为当时中国杂志界最具影响力的大型综合期刊。胡愈之就此指出：“杜亚泉先生主编《东方杂志》……先后共历9年。当时中国杂志界还十分幼稚，普通刊物都以论述政治法令、兼载文艺诗词为限。先生主编《东方杂志》后，改为大本，增加插图，并从东西文杂志报章撷取材料，凡世界最新政治经济社会变象、学术思想潮流，无不在《东方杂志》译述介绍。而与国际时事，论述更力求详备，对于当时两次巴尔干战争和一九一四年的世界大战，在先生所主编的《东方杂志》，都有最确实迅速的详述，为当时任何定期刊物所不及。《东方杂志》后来对于国际问题的介绍分析，有相当的贡献，大半出于先生创建之功。”①

在主编《东方杂志》期间，杜亚泉除了处理繁忙的编务、延请名家撰稿外，还大力译述介绍了“世界最新政治经济社会变象、学术思想潮流”，在政治学、社会学、语言学、哲学方面亦致力于“科学思想的灌输”。从《东方杂志》第8卷1期到第16卷12期，他亲自撰写和译述的关于政治时事、自然科学和人文科学方面的论著多达300余篇。在此期间，有关科技传播的内容明显增多，刊登的科技文章主要在“新知识”和“杂俎”两栏目。新知识栏目刊登的文章有《电气之返老还童》（谢洪赉译，1909年1期）、《空中飞行器》（1909年2期）、《近视摄生法》（胡豫，1909年2期）、《发光动物谈》（1909年2期）、《电话奇报》（1909年3期）、《冷光》（1909年3期）、《无灯之火》（1909年3期）、《治瞎眼之雷锭光线》（1909年3期）、《算学杂译》（王寿昌，1909

① 东方杂志编辑部（胡愈之）. 追悼杜亚泉先生. 东方杂志，1934，31(1)：303-304.

年 6 期)、《飞行器述略》(甘永龙译，1910 年 12 期)、《机器学报汇译》(甘永龙，1910 年 4 期)、《论大豆工艺为中国制造之特长》(李煜瀛，1910 年 7 期)、《各国都市电车之办法》(杨志洵，1910 年 8 期)、《桉谱》(吴宗濂，1910 年 11 期)、《研究飞行机报告》(李宝焌，1911 年 12 期)、《制万国通用地图新法》(甘永龙，1911 年 1 期)、《代数学中之谬误》(寿孝天，1911 年 1 期)、《几何学中之谬误》(寿孝天，1911 年 1 期)等；杂俎栏目刊登的文章有《西人称述中国化学》(1909 年 9 期)、《新发明之造纸原料》(1910 年 1 月 12 期)、《记哈黎彗星之历史》(1910 年 3 期)、《鸡之病菌》(1911 年 2 期)等。主编杜亚泉在《东方杂志》上仅发表数篇科技文章，《理科小识》(1909 年 1、5 期)、译文《食物养生法》(摘自《日本卫生新报》，1911 年 2 期)、译文《鼠疫之防护及看护法》(摘自《日本卫生新报》115 号，1911 年 2 期)、《尿粪制造燃灯瓦斯》(1912 年 12 期)、《钢骨三合土建筑法述略》(1917 年 1 期)、《最轻之金属与最轻之气体》(1917 年 12 期)。由此可以看出，杜亚泉关注的焦点已经发生改变，但是《东方杂志》对科技知识的传播仍然与《亚泉杂志》《普通学报》是一脉相承的，且依然显示了对传播西方化学的偏爱。其主编《东方杂志》期间，该刊所载的化学文章达 30 余篇，不再局限于化学理论，而多涉及化学工业，包括造纸、燃料、染料、炸药等方面，如 1910 年第 8 期《人造煤油之大发明》《人造之蓝靛》，1912 年第 2 期《安全炸药》，1915 年第 7 期《煤气制造术》，1915 年第 3 期《制纸工业》等。

杜亚泉开始主编《东方杂志》后，个人的主要著述兴趣已转向时事政治，甚至曾在“五四”前夕发生了由他以《东方杂志》为阵地与陈独秀以《新青年》为阵地的著名论战，他自己也终因此事而被免去主编职务。然而，他开创的侧重学术、关注科学传播的办刊特色，却被以后主编继承下来，尤其是 1924 年在爱因斯坦访沪前出版的《东方杂志•爱因斯坦号》及其后对相对论等前沿科学的广泛报道，曾产生了深远影响。

第三节　杜亚泉的科技编辑思想

有关杜亚泉社会政治思想的研究有多种论著涉及，但科技编辑思想的研究，仅见有余望的《探析杜亚泉的科技编辑思想与贡献》一文①。然而，其文实与“科技”或“编辑”有较大距离。所述除“开展科学名词审查活动，注意科技出版用语的规范化表达”尚大致切题之外，其余“为国家谋文化上之建设”“不趋时媚俗，主张东西方的调和折中”“坚持古为今用，洋为中用的原则”等均偏离“科技”或“编辑”的主题，有的亦非思想层面。至于商务印书馆主办的《自然界》“发刊旨趣”，由于杜亚泉是商务印书馆理化部主任，曾参与编辑该刊，就将《自然界•发刊旨趣》作为杜氏著述和研究杜氏思想的依据，显然很牵强。正如杜亚泉自己所说，“态度非思想”“感情非思想”“意志亦非思想”“思想为心的作用，且属于智的作用”②。在此主要依据杜氏有关论译著、期刊发刊词、编者按语、教科书序言等，试图重新认识其科技编辑思想。

一、“二十世纪者，工艺时代”

杜亚泉在光绪二十六年(1900)十月所撰的《亚泉杂志》序，突出地表明其对 20 世纪初叶中国时局切中时弊的看法，以及通过科学期刊“传述”“西艺”和借此强国的主张。首先，他从分析我国近代自与西方交往以来，特别是甲午战败以来，知识阶层对中国图强的不同看法入手，提出：“我国自与欧洲交通以来，

① 余望. 探析杜亚泉的科技编辑思想与贡献. 中国科技期刊研究，2007，18(3)：537-541.

② 杜亚泉. 何谓新思想. 东方杂志，1919，16(11)：1-5.

士大夫皆称道其术。甲午以后，国论一变，啧啧言政法者日众。即如南皮张氏所著《劝学篇》，亦云西政为上，西艺次之。氏固今之大政治家，所言必有见，且政重于艺，亦我国向来传述不刊之论也。”这就是说，他不同意“西政为上，西艺次之”，不应该是“政重于艺”，而应该是“艺重于政”。这里的“艺”即指科学技术。接着，他浓墨重彩地论述了政治（泛指人类社会生活、社会进步）与艺术（指工艺技术或实业、科学技术）的关系，提出：“政治与艺术之关系，自其内部言之，则政治之发达，全根于理想，而理想之真谛，非艺术不能发现。自其外部观之，则艺术者固握政治之枢纽矣。航海之术兴，而内治外交之政一变；军械之学兴，而兵政一变；蒸汽电力之机兴，而工商之政一变；铅字石印之法兴，士风日辟，而学政亦不得不变。且政治学中之所谓进步，皆借艺术以成之。例如电信通而后文报疾是也。抑吾岂谓政治学之不适于应用。”他进而形象地指出：“譬之人身，必以手、足、耳、目、口、鼻，组合而成，脑髓只须一个。又譬之船舰，水手要多，船长只须一人，则存活我社会中多数之生命者，必在农商工艺之界可知矣。今世界之公言曰：二十世纪者，工艺时代。”他把人的头脑喻为政治，而将手、足等喻为科学技术，又将船长喻为政治，把水手喻为科学技术，并预言 20 世纪为科学技术的时代，认为欲图祖国富强，就须发展科学技术。所以，“亚泉学馆揭载格致、算化、农商工艺诸科学，其目的盖如此”[①]。这后者可以说是一语道破其创办《亚泉杂志》的目的。

在 1915 年所撰的一篇论文中，他指出：“欧美事业所以有今日之势力者，非短时间之产物也，必经由科学之阐明，技术之进步，知识之增进。”[②]在为商务印书馆青年励志会创办的《工艺杂

① 杜亚泉. 序. 亚泉杂志，1900，(1)：1.

② 杜亚泉. 消极之兴业谈. 东方杂志，1915，12(7)：1-5.

志》所撰的序中，杜亚泉进一步强调："鄙人向日读译籍之述西洋工艺者，辄心向往之，以谓工艺为一切事物之本。农之所产，赖工艺以增其值；商之所营，赖工艺以良其品；社会文化之兴，工艺实助成之，故印刷捷而书报得以广布，仪器精而科学得以发达(如显微镜之于霉菌学)。"①

然而，杜亚泉又指出，"记者自料非能期此目的者，且区区杂志，讵足当此目的"，即仅靠《亚泉杂志》"一片败叶"，难以成"林"，"惟冀为他日艺林"的形成，也就是说要通过《亚泉杂志》促成科学之林的形成。这正是杜亚泉连续创办《亚泉杂志》《普通学报》，改良《东方杂志》，以及编写数十部自然科学教科书、工具书的初衷所在。尤其是《亚泉杂志》，可以说首开科学期刊之先河，增添了晚清中文期刊的新类型，亦使杜氏成为国人自办综合性科学期刊之父，特别在化学传播、科学名词术语的划一方面做出重要贡献，也由此"一叶"促成了中国科学期刊之林的繁茂。这也确定了《亚泉杂志》以传播科学技术为宗旨的基调，并形成了我国第一份国人自办的综合性自然科学期刊的基本办刊思想。

二、"倾心天下万物之原理，穷日力以研究"

杜亚泉对甲午战争以后政治颓败、国势日落，以及知识界不重视科学却沉湎于科举或考据辞章的现状忧心如焚。他在《亚泉杂志》补白中不无忧虑地指出："甲午之秋，中日战耗传至内地，予心知我国兵制之不足恃，而外患之将日益亟也，蹙然忧之。时方秋试将峻，见热心科名之士，辄忧喜狂遽，置国事若罔闻知，于是叹考据词章之汩人心性，而科举之误人身世也，翻然改志，购译书读之。"②这是杜亚泉心迹的一个重要表白，也是其为什么

① 杜亚泉. 工艺杂志•序. 东方杂志，1918，15(4)：8-9.

② 杜亚泉. 补白. 亚泉杂志，1901，(10)：8.

从追取功名转向化学研究，以及为什么创刊以化学为特色的《亚泉杂志》的唯一一次自我表白。

由此，从甲午战争后直到其在《东方杂志》转向政论为止，这一时期是他筚路蓝缕，全身心投入自然科学教育、化学研究和化学传播的一个独特时段。他回忆道："得制造局所译化学若干种而倾心焉以谓天下万物之原理在是矣，穷日力以研究之。购造粗拙之瓶缽，搜罗纷杂之材料，水溶火煅，昏瞀终日，丧财耗精，千失一得，僻居乡曲，无所见闻，畏化学器材之繁贵，不敢问鼎，仅仅得寄其心思于卷帙之中而已。"

三、"潜心实际""用之实务"

杜亚泉将其科学救国的理想寄托于 20 世纪的青年一代。他在《亚泉杂志》序中对于晚清民初留日潮中，只重视法政学习，而不重视科学技术的学习尤为担心，他指出："吾恐吾国之人，嚣嚣然争进于一国之中，而忽争存于万国之实也。苟使职业兴而社会富，此外皆不足忧。文明福泽乃富强后自然之趋势。天下无不可为之事，惟资本之缺乏为可虑耳，吾愿诸君之留意焉。"他在此所说的"万国之实""职业兴""文明福泽""资本"，实际上均指科学技术，认为它才是强国的根本，才是 20 世纪青年一代所应该潜心之职业。他又指出："设使吾国之士，皆热心于政治之为，在下则疾声狂呼，赤手无所展布，终老而成一不生产之人物；在朝则冲突竞争，至不可终日。果如是，亦毋宁降格以求，潜心实际，熟习技能，各服高等之职业，犹为不败之基础也。"他以德国和日本的强国之路为例指出："德意志之兴，虽其君相之贤，而得赉赐创置新枪，中兴之功，未始非铜匠之力耳，且吾更有说焉"；"夫日本固以改革政治而兴者。今其教育社中之言曰：今日学生之趋向，欲当于应用之实务者甚少，可为国家忧。见社中所著游学案内，亦此意耳”。

在这方面，27 岁的杜亚泉可以说是身先士卒，为青年一代做出了很好的表率。无论在《亚泉杂志》《普通学报》，还是商务印书馆和《东方杂志》，他提携了一批青年加入科学传播事业。例如，《亚泉杂志》和《普通学报》扶持起来的扬州知新算社社长周美权，不仅在《亚泉杂志》发表《平圆互容新义》等其最早的数学论文，到后来《普通学报》连续发表其 11 篇数学论文，以致引起国内和日本学界的注意。可以说，周美权是被杜亚泉发现和扶持起来的一位晚清民初数学家。晚清民初著名化学家虞和钦也是杜亚泉偶尔在一次社交活动中发现并用《亚泉杂志》扶持起来的。随着杜亚泉进入商务印书馆，其从北京大学冶金系毕业的侄子杜其堡亦被介绍入馆，在印刷、管理方面也推荐不少绍兴同乡进馆工作，并拟定出版计划，置备图书。事实证明，其中负责动物学编辑的杜就田，负责数学编辑的寿孝天、骆师曾，负责《东方杂志》的集稿、编排的杜山次，以及教师参考书编辑章锡琛、接任《东方杂志》主编的胡愈之等都是在杜亚泉提携指导下成长起来的科技编辑。

四、“广播书籍”“发达民智”

《亚泉杂志》创刊号卷末《辑录余谈》中上下排放有两幅图，一幅是一台印刷机，另一幅是一辆当时最时髦的代步工具——脚踏车，用这两项当时最具代表性的科学技术发明非常形象地表达了杜亚泉重视科技编辑出版的思想(图 2-5)。

杜亚泉认为：“或问此书卷末绘印书架及脚踏车图，何意也？答曰：亚泉之意，劝我辈读书人自求进步也。”这里的“印书架”即印刷机器，代表读书人，也代表出版事业；脚踏车则为当时除火车、汽车、轮船外最适合平民，且有较快速度的代步工具，“读书人”骑上它，进步的速度就会加快。这种比喻，真是贴切适时、形象生动，也很有科学味，恐怕只有长期接触科技事物或从事出版事业的人，才会有这种联想。杜亚泉进一步认为："试观近年来出版新书甚属寥寥，著作之权落于书贾之手，大率任意抄袭，改换名目，而士林争购之。其弊之由来，因吾等读书之人胶固成见，不肯著出新书，又不留意印刷之事，意谓著作盛业不可妄，希且必藏之名山，传之后世，方可不朽。此意虽甚盛重，而实阻碍文化之进步。"然而，"书籍者，记录事物、传布意旨、交换知识，非必务冀不朽，且世界中除经典史册外，亦断无传之不朽之书。东西书册，岁岁更新，陈编旧简无过问者，盖精益求精，每数年必须修改也。至印书之事，我辈尤宜留意图表行幅之类著作者，皆自具匠心，若任他人为之，多失本意。我辈际此时，会当以将来文学之汲引者自任，若非广播书籍，何以发达民智，故印刷之事实为吾辈求进步之脚踏车矣"。正是由于"铅字石印之法兴，士风一变""吾观西来教士，到处设书会印书，廉价广布，其精到者士林皆珍为鸿宝，有名之印字馆皆教士所立，窃恐将来进步之事，借外力以成之"，如果我们不发展自己的出版事业，那就会被传教士取而代之。

图 2-5 晚清时期出版事业象征——印刷机器和象征读书人"自求进步，速如奔马"的上海最时髦的代步工具——脚踏车

因此，杜亚泉以亚泉学馆和《亚泉杂志》“小效其效”，但“普及尚在来日”，“故取义于此车。此车不借风力、人畜之外力，自求进步，速如奔马”[①]。这正是他的“区区寓意”。杜亚泉正是从自学自然科学，自学日语，到创办亚泉学馆、普通学书室，创刊以科学为特色的《亚泉杂志》和《普通学报》，改良《东方杂志》，编辑或著译 70 余部以自然科学工具书和教科书为主的著作，在《亚泉杂志》《普通学报》《东方杂志》等刊发表以科学和政论为特色的 300 余篇文章，亲自实践了他发表的这两幅图的寓意，即“广播书籍”“发达民智”“自求进步，速如奔马”。他终生从事出版事业，传播科学，骑着“自求进步，速如奔马”的脚踏车度过了短暂而壮丽的人生。

五、“命名之定理，一曰简便，二曰能表明合质之组成”

早在光绪二十六年（1900），杜亚泉在从事化学著译、教学与编辑出版的实践中，即深感：“我国已译化学书虽不多，然名目参差百出。肄业者既费参考，续译者又无所适从，且近世检出之新原质，名目未立，无可稽考。平日寒斋披阅，常作表以便检，偶有记录，即藉表以为准。其旧有之名，大都从江南制造局译本者居多，并列他书译名之异者，若未有旧名，不得已而杜撰之，有‘*’者皆是。非敢自我作故，亦冀较若划一耳。以后本杂志中有记述化学者，悉准是表，故不揣疏漏而录之。”[②]其中，“以后本杂志中有记述化学者，悉准是表”的做法，实际上是提出了我国第一个科技期刊的命名编辑规范，对于从出版源头上把好科学的规范化传播尤其具有重要意义。杜亚泉在光绪三十一年（1905）九月所译《中学化学新教科书》中对其化学命名思想作了

① 以上均引自：杜亚泉. 辑录余谈. 亚泉杂志，1900，(1)：卷末.

② 杜亚泉. 化学原质新表. 亚泉杂志，1900，(1)：1-6.

进一步阐述："我国旧译化学，于合质不立名目，即以分子式为名，然于教科颇多窒碍。一则不便于称述……二则初习化学时，断不能言分子式之所由来……三则合质互相化变时，其性质难于明了。""命名之定理，一曰简便，二曰能表明合质之组成。"为此，他特别推崇《中学化学新教科书》原著者、日本化学家吉田彦六郎在该书无机物命名法中提出的命名原则，即"命名之当不当，只能就应用之便不便论之，不能就学理之合不合言之，故惟有就其物质对于他物质所生常见之感应以为其组成之标准而已"①。其中"当不当""便不便""合不合"，显然已被杜亚泉发展为"一曰简便，二曰能表明合质之组成"，同时也被运用到了命名实践之中。比如，化学元素的金属左偏旁、气体元素的气字头、中文音译、词尾以"谟"结束、读音以右旁汉字读音为准等都很简便合理。

其中，以星号标记的杜撰者有"氩"（亚儿良，argon）、"铍"（别利留谟，beryllium）、"铥"（丢留谟，thullium）、"镱"（伊的尔彪谟，ytterbium）、"镝"（实实乌谟，didyum）等化学元素，其命名均出自杜亚泉之手，并被一直沿用至今。惰性气体元素的气字头，也由"氩"衍生而来。

民国初年，他受当时的教育总长蔡元培之邀，赴京担任国音统一会会员，为文字、注音等的统一做出重要贡献。杜亚泉"以圈点二十四史作试验，历时两年多，他最早建议增加一种'，'，并获采用"②。他在商务印书馆的编辑工作中，也为我国新式标点的创制试验和推广做出积极的努力。

① 杜亚泉. 化学新教科书. 北京：商务印书馆，1905：附录之八"本书中无机物命名释例".

② 杜耿荪，杜亚泉. 商务印书馆初创时期的自然科学编辑//许纪霖，田建业. 一溪集. 北京：生活•读书•新知三联书店，1999：28-40.

六、“用科学的方法来说明，归纳到科学的范围以内”

对于中国传统文化和西洋文化的认识，杜亚泉指出：“夫先民精神上之产物，留遗于吾人，吾人固当发挥而光大之，不宜仅以保守为能事，故西洋学说之输入，夙为吾人所欢迎。”[①]这是“五四”时期杜亚泉与陈独秀论战的焦点之一，它说明杜亚泉并非陈独秀所指斥守旧，反而杜亚泉在文化思想上反对保守，同时也对西洋学说有正确认识。在《亚泉杂志》经由日本对西方化学的传播，以及在商务印书馆理化部经由日本翻译编写的大量自然科学教科书的实践都表明了他对传统文化和西方文化的正确认识。他将这种思想运用到解决废除中医还是继承中医的论争之中，批驳余云岫和陈独秀关于中医非科学的观点[②]。他建议“融会而贯通”“中西医学”，指出：“若要高明的医生，所谈阴阳五行六气三候之类，决不能说他全无道理。不过他们没有学过西洋科学，不能用科学的名词术语来解释它。若是有科学知识的人，肯把中国医学的理论，细心研究，必定有许多地方，比西洋医学高深呢。”“现在学西医的，或是学中医的，应该把中国的医学，可以用科学说明的，就用科学的方法来说明，归纳到科学的范围以内，不能用科学说明的，从‘君子盖阙’之义，留着将来研究。”[③]这显然是一种科学的认识，比起陈独秀“连李杜诗文这样的人类文化中的瑰宝也加以贬斥的宣判式否定批判更符合科学精神和科学原则，也更有利于对传统的扬弃和接纳科学”[④]。

在此基础上，他又提出一种文化统整说。对于国学，他认为

---

① 杜亚泉. 迷乱之现代人心. 东方杂志，1918，15(4):1-7.

② 陈独秀. 敬告青年. 青年杂志，1915，1(1)：13-18.

③ 杜亚泉. 中国医学的研究方法. 学艺，1920，2(8)：98-106.

④ 任元彪. 启蒙者对启蒙运动的批判//许继霖，田建业. 一溪集. 北京：生活•读书•新知三联书店，1999：111-125.

“关于名教纲常诸大端，则吾人所以为是者，国人亦皆以为是，虽有智者不能以为非也，虽有强者不敢以为非也”；对于西学，他认为“今日种种杂多之主义主张，皆为破坏以后之断片”，其“救济之道，在统整吾固有之文明”[①]。他还进一步认为，要“尽力输入西洋学说”,“使其融合于吾固有文明之中”“进化之规范，由分化与统整二者互相调剂而成”[②],“就分化言，可谓之进步，就统整言，则谓退步无疑”[③]。这些思想，实际上是提出一种带有东、西调和色彩或“中体西用”色彩的“文化统整观”。对于这种“统整”，他还继承了严复“开民智”和“民之可化，不可期之以骤”的思想，主张“必以国民教育为前提。此治本之策，非经数十年之陶铸不为功”[④]。这种渐进而行的思想，相较于激进思想，也显然有其合理的一面。

这些思想认识，均发表于期刊，而且大多发表于杜亚泉自己主编的期刊。这些思想必定会影响期刊传播的方针、范围和内容，尤其是其中杜亚泉的科学思想，必定会转化为期刊传播思想或科技期刊编辑思想，影响到期刊的宗旨、定位和风格的形成。杜亚泉先后主编的《亚泉杂志》《普通学报》《东方杂志》等期刊，以及杜亚泉所翻译、编译、撰著的大量自然科学著作、自然科学教科书都或多或少体现了这些思想。

七、小结

(1)《亚泉杂志》是第一份国人自办的以传播西方近代化学为特色的综合性自然科学期刊。其刊载文章主要为译文，经由日本传入中国，能够将在自然科学发展过程中重要的学术成果系统

---

① 杜亚泉. 迷乱之现代人心. 东方杂志，1918，15(4)：1-7.
② 杜亚泉. 静的文明与动的文明. 东方杂志，1916，13(10)：1-8.
③ 杜亚泉. 迷乱之现代人心. 东方杂志，1918，15(4)：1-7.
④ 高劳(杜亚泉). 力之调节. 东方杂志，1916，13(6)：1-5.

地介绍给国人，这在近代期刊传播中是罕见的。《亚泉杂志》标志着我国期刊完成了从传教士办刊、传教士与中国学者合作办刊到中国学者独自办刊的历史性过渡。其刊载文章主要为经由日本传入中国的编译性科学文章。杜亚泉所创造的以传播西方近代化学为特色的综合性自然科学期刊办刊模式，以及《普通学报》所继承的以数学为特色的文理综合性期刊办刊模式，至今仍有其现实意义。杜亚泉以此为园地，扶持和培育起来的晚清化学家虞和钦和数学家周美权，形成了科学期刊扶持科学新秀的典型案例，亦赋予科学期刊崭新的功能。国民科学素养普遍低下，受众市场薄弱，以及经营、定位等多种原因造成的失败，一方面显示了拓荒者筚路蓝缕的艰辛，另一方面其探索精神也给今天的办刊者以诸多启示。

（2）《普通学报》是一份以算学为特色的文理综合性自然科学期刊。其以刊登来稿为主，主编杜亚泉开创性地培养了层次较高的作者群落，且该作者群落遍及经学、史学、算学、文学等诸学科。这批作者群落在该刊停办后，陆续成为《东方杂志》《科学》等期刊的重要撰稿人。

（3）《东方杂志》在杜亚泉任主编期间，在栏目上作了重大调整，转变为以政论为主，兼及科学技术传播的综合性期刊，成为当时中国影响最大的期刊。杜亚泉本人虽然在该刊上也发表了少数的科技文章，但是，从其发表的大量时政论述文章看，杜亚泉通过《东方杂志》的平台已成为一位启蒙时期的自由主义思想家。杜亚泉对大型文理综合性的学术期刊《东方杂志》的改造，是其办刊生涯的一个顶点。从创造一种以化学传播为特色的综合性自然科学期刊类型，到创造以数学为特色和企图贯通文理的《普通学报》类型，以至改造《东方杂志》这样的以时政和科学前沿为特色的大型文理综合性期刊类型，杜亚泉所走的每一步都具有探索性和拓荒性，在中国学术期刊发展史上具有重要意义。

(4) 由于笔者未能证实《中外算报》确是杜亚泉主编，故未对该刊作论述。从自办《亚泉杂志》《普通学报》，主编《东方杂志》的科学传播生涯可以看出，杜亚泉大胆吸纳西学，并积极地传播和应用。其所从事的传播活动大多为开创性的，而其科学救国主张和科学传播思想始终贯穿其中。并且，杜亚泉思想的转变极大地影响其主编刊物的栏目设置及风格。因此，其综合性期刊特色化的办刊实践对今天的期刊发展具有重要的借鉴意义。他一生致力于传播和普及西方科学技术知识，其编纂的百余种自然科学教材、工具书大都风行一时，成为一个时代学生了解、认识和掌握自然科学知识的启蒙教科书。杜亚泉积极吸纳西学，并传播和应用，言传身教，以身作则，亲自到集市上做化学实验和开堂讲学。杜亚泉在中国现代科学技术的形成期及现代中国的知识转型过程中扮演了一个极为重要的角色。同时，这说明科学期刊编辑必须具有深厚的科学素养，如此才能适应开创性的科学传播活动，以及做出开创性的贡献。《亚泉杂志》和《普通学报》的短寿和经营的失败，以及《东方杂志》的巨大成功，投射出早期期刊业者不屈不挠的艰苦探索精神，同时说明期刊业者必须顺势应变，在创新中求发展，与时代同呼吸共命运，不断调整办刊思路，才能不至于为时代所遗弃。

(5) 期刊作为一种科技信息的重要载体，其发展与所处之社会背景有着极为密切的关系，应把握时代与学术、时代与学术期刊之间辩证互动的深层规律。而科技期刊是一个时代科技水平的重要标志，是时代认知能力的重要体现。1900 年之前的期刊没有对近代化学有所关注，仅就 19 世纪末气体液化突破性进展及新元素发现作了零星报道。其主要针对洋务运动背景下得到较大发展的军用工业，以及以玻璃制造、火柴制造、造纸等为主的民用资本工业作了积极的引进。1895～1898 年中国社会发生了急剧的变化，人们抱着科学救国的信念对科学技术产生了强烈的兴趣，很大程度上促进了化学知识的传播。随着 1898 年标志中国新式高等教育的开端——京师大学堂的设立，20 世纪初中国的教育改革，尤其是 1904 年颁布的“癸卯学制”，都促成中国期刊成为引入西方近代化学及化学工业的重要平台，中国期刊本身在此期间也得到迅速的发展。中国 1910 年之前的近代期刊并没有真正意义上的学术期刊，但是在栏目设置上已经出现了理和工的初步化分。其刊载的内容多来自日本。

第三章 《亚泉杂志》刊载之化学理论

从1857年《六合丛谈》韦廉臣(Alexander Williamson，1829～1890)在《真道实证》第1篇中论及定组成定律，1868年丁韪良在《化学入门》中较为系统地引入质量守恒定律、定比定律、当量作用定律、定组成定律等化学基本理论，到1871年伟烈亚力、玛高温(Daniel J. Macgowan，1814～1893)、傅兰雅、徐寿、华蘅芳等合译的《金石识别》不仅引入了定组成定律等化学基本定律，还引入了原子学说，1871年傅兰雅与徐寿合译的《化学鉴原》比较全面地引入了化学基本原理，包括原子学说、酸碱理论、质量作用定律等①。1871年嘉约翰与何瞭然合译的《化学初阶》第1、2卷也对化学理论有所阐述②。

但是，这些汉译书存在许多问题，首先译本比较陈旧，所采用的原本均为19世纪上半叶的西方著作，19世纪后半叶的新理论，如分子学说大多没有介绍进来，对一些定律解释也不甚清楚；其次许多基本术语翻译不理想，读者难以理解③。《亚泉杂志》引入了分子原子学说、理想气体定律等新理论，是最早在中国介绍这些化学基

---

① 韦廉臣. 真道实证. 六合丛谈，1857，2：3-6；丁韪良. 格物入门(化学卷六). 北京：京师同文馆，1868；伟烈亚力. 金石识别. 上海：江南制造局，1871；徐寿，傅兰雅. 化学鉴原. 上海：江南制造局，1871.

② 嘉约翰，何瞭然. 化学初阶. 广州：广州博济医局，1871.

③ 郭保章. 中国化学史. 南昌：江西教育出版社，2006：377-380；朱有. 中国近代学制史料(第一辑上册). 上海：华东师范大学出版社，1983；赵匡华. 中国化学史(近现代卷). 南宁：广西教育出版社，2003；吴宣易. 京师同文馆史略. 读书月刊，1933，2(4)：1-15；周嘉华，张黎，苏永解. 世界化学史. 长春：吉林教育出版社，1998；吴国盛. 科学的历程. 2版. 北京：北京大学出版社，2002.

本理论的报道。分子学说重要性由阿伏伽德罗(A. Avogardo，1776～1856)本人对这一理论的评价就可看出，“在物理学家和化学家深入地研究原子论和分子假说之后，正如我所预言，它将要成为整个化学的基础和使化学这门科学日益完善的源泉”①。本章将详细阐述其传入新化学理论的内容，研究其在中国近代化学史上的重要地位。

第一节 分子学说

《质点论》连载于《亚泉杂志》第1、2期，主要论述分子学说，采用问答形式，其原因是“惟其理繁赜，非详析而证论之，不易洞澈其意味也。故设为问答之语，亦期其明了而已”。这种形式早在1868年《化学入门》中就已采用。对分子原子学说重要性的认识，文章也作了阐述，“万物之体质，如何构造而成，格致家深求其故，而得质点理也”“实造物化育之元功，物类成形之根本”。并且，文中首次提出“假说”这一术语，并进行解释，“言学问中假此以为说，非实有此景象也。其实不然，盖此理者，处处有实证，无可疑议，愈思愈真”，“理论上如是，实际上亦无不如是”。

19世纪上半叶，科学家们对分子的概念没有准确的认知。原子论的提出者、英国化学家道尔顿(John Dalton，1766～1844)把化合物的分子看作是复杂原子，英国物理学家和化学家法拉第(Michael Faraday，1791～1867)则把“分子”“原子”当成同义语。然而，意大利化学家阿伏伽德罗在法国化学家盖-吕萨克(J. L. Gay-Lussac，1778～1850)的化合反应实验基础上于1811年提出分子学说。由于阿伏伽德罗没有提出实验论据，虽然在1814年、

① 山冈望. 化学史传：化学史与化学家传. 廖正衡，等译. 北京：商务印书馆，1995：112.

1821 年又先后发表两篇论文阐述分子假说，但其观点仍未被接受。直到 1860 年意大利化学家康尼查罗(Stanislao Cannizzaro，1826～1910)在卡尔斯鲁厄首届国际化学会议上通过其所写的《化学哲学教程提要》力证分子假说是结束当时化学式、原子量、化合价混乱，有机化学领域中分类工作无法进行局面的唯一答案，这一学说才被公认。文章主要阐述其内容，对此未作详述，仅一笔带过，“创于英人覃坦(译音)，数年后意人复修正之”，特在此补充说明。

分子假说内容是：同温同压下，相同体积的气体，含有同样数目的分子。阿伏伽德罗根据分子假说阐明了分子和原子的区别和联系，并提出原子是参加化学反应的最小质点，分子是保持物质一定特性的最小单位，分子是由原子组成的；单质分子由相同元素的原子组成，化合物分子则由不同元素的原子组成；在化学反应中，不同物质分子间各原子重新结合成新物质的分子等多项内容，从而说明了分子、原子之间的关系和内在联系，建立起统一的原子分子学说。以下就文中对这一理论的论述进行解析。

(1)物质的构造。物质是由极细的“质点”连接而成的，称为“微点”。同一物质，必然是由同样的“微点”构成的。这些“微点”的结构、性质、质量均相同，故虽然是一“微点”，但是保持了物质的“本质之性”。

(2)“微点”的形状。世界上的物质，都可以“分析”，就像“金可研之如泥，石可磨之为粉”。“人工分析”，虽然可以越分越细，但是最终不能达到分至不可再分的地步。“天然分析”可以达到，其所分出的一小份，即为“微点”，因为极为微小，无法观察到其形状。

(3)“天然分析”。所谓“天然分析”就像“以麝香一粒，置室中”，其“微点”会遍布满室，其香数年不绝，但是并不会觉得其“重量”有所减少。再举一例，“盐一撮，化于大杯水内，以针尖刺水一微滴，而此微滴中，亦必有盐少许”。这就是“天然之分析”。

(4)“微点”的不可分。物质的“微点”已经到了不可再分的极限。之所以这样说，是因为如果再分之，其分出的一小份不能独自存在。世界上的物质没有从“微点”分出而成为物质的。理论上，“微点”是两个“原点”或数个“原点”相“合成”，而“原点”比“微点”更小。

(5)“原点”与“微点”的区别。“原点”是“微点”的“支体”，就像物质是一个国家，“微点”是这个国家中的一个人，“原点”是这个人的一个“支体”。所以，“微点”必定是由数个“原点”组成，如水的“微点”由2个氢的“原点”与1个氧的“原点”组成，不存在以“原点”存在的物质，物质必定是以“微点”存在的。

(6)“原质”中“原点”与“微点”的区别。“原质”是由2个相同“形性”、相同“重率”的“原点”组成的“微点”构成，并非是由原子简单积累而成。由于该新理论的出现，“质点”“合化分之理”越来越清楚。

(7)“微点”大小与所含“原点”数量的关系(包括“有机物质”)。就一“微点”而言，其所含“原点”多则较大，少则较小。但是，这些“微点”聚集在一起时，情况就不一样，就像“同号铅字排印成书”，笔画多的字形大，笔画少的字形小，但是一字仅占一格，文字的篇幅与字的疏密和数量有关，与笔画无关。

(8)物质“体积”与“微点”的关系。物质的大小与其“微点”数量、“微点”间距离有关。无论任何物质，只要其“微点”间距离相等，“微点”数量相等，则其物质的“体积”相同。反言之，若“微点”间距离相等，物质的“体积”相等，则其“微点”数量必然相等。

文中后面又有提及这一问题，“三体积之轻，一体积之淡，合成二体积之淡轻三，是四体积之物，缩成两体积矣。化合物之体积，与其所化合原质之体积，常能减少与”，则进一步说明物质的大小与其“微点”数量、“微点”间距离有关，且“多体积经化合而体积能减少者，愈可以证物质之必有微隙矣”。

(9)“微点”间距。“微点”相连，它们之间的空隙很大，无论采用任何方法压之，其“微点”都不可能紧密地挨在一起。“微点”构成物质，并非像“多物堆积”，而是“如地球与日月诸星之相摄无异”。但是这一空隙虽然大，终究不能观察到，与木头、浮石等的空隙有很大差别，“格致家”称之为“微隙”。

(10)“微隙”存在的证据。采用一实证来说明，“以金制空球。中满水而重压之。球虽毫无破损”。水从金球中渗出，说明水的“微点”比金的“微隙”小。不加压力时，水的“微点”能自相“结合”作用，不会渗漏。这种情况由“盛水满杯，渐渐加盐，随化随加，加至许多而水尚不溢”也可看出，盐的“微点”已渗入到水的“微隙”中。

(11)“微点”之间的作用力。“微点”之间的相互作用力(“相摄之力”)称为“结力”。在日常生活中，处处可见，“水银在盘中，自成圆颗，将两颗互近，即并合”“雨在空中，自成圆形”，“盐化水中，晒乾而自成方形”，“铁条之任重而不折”，“金刚石之能破坚而不损”。这些都是“结力”的原因。

(12)“结力”与“微隙”之间的关系。“结力”大的物质结构紧密，为“定质”，“结力”小的物质结构宽松，为“流质”，没有“结力”的物质“微点”之间约束甚小，“微隙”愈大，为“气质”。举一例可看出，“一体积之水，能蒸为一千五百体积之汽，可见水之微隙，比汽之微隙，大一千五百倍矣”。

(13)影响“微点”间距的因素。物质为“气质”时，其自身没有“结力”，其“微点”在无外力(外来之抵力)的情况下必定会“扩散”。其“微点”间距，与外界的“压力”“温度”有关。

如果两种“气质”，其外界“压力”“温度”均相等，则其“微点”间距相等。若“温度”不变，“压力”变化时，压力与“微点”间距成“反比例”，“压力倍者相距半，压力半者相距倍”。若“压力”不变，“温度”变化时，温度在0℃增加或降低1℃，其“微点”间距就增加或减少0℃时的1/273。因此，两种“气质之隙”的大小可由“温度”与“压力”测之。两种“气质”，在“温度”“压力”相等时，其“体积”相等，则其所含“微点”数量也相等。

(14)阿伏伽德罗定律的证明。用一实证来说明，“水汽二体积。以电气分之。常得轻气二体积，养气一体积，此何故与。必三种气质每一体积中微点之数相等故也”。按照这样的理解，将“轻气”“养气”“水汽”每一“体积”设为1000个“微点”，则2000个“微点”的“轻气”，与1000个“微点”的“养气”，“合成”2000个“微点”的水蒸气。“原质”的“微点”为两“原点”组成。水蒸气的“微点”是由2个氢“原点”，1个氧“原点”组成的。因此，以“$轻_{二}$”“$养_{二}$”“$轻_{二}养$”分别代替其各自“微点”，其式为

$$2000轻_{二}+1000养_{二}=\!=\!=2000轻_{二}养$$

即

$$2轻_{二}+养_{二}=\!=\!=2轻_{二}养$$

如果每“体积之微点”不同，是无法解释这一现象的。凡是“化合之理”，都是如此，如“轻绿气”“铔气”“轻硫气”“硫养气”，“均可以此理推之”。

(15)化学符号、方程式与“微点”之间关系。以往译本常以“原质”名称作为元素“记号”，用于“方程式”中。若仅书写“原质”名，其为该“原质”的1个“原点”。若书写其“微点式”，则应在“左下之角注二字”(原文竖排)，这是因为物质的“微点”常含2个“原点”。此外，“数、字相连”如“$轻_{二}硫$”“$轻_{二}硫养_{四}$”，都应当数和字合在一起看做该“化合物”的“微点”。但是，“二

轻$_{二}$硫养$_{四}$”这样的式子，前面的倍数“二”，仅指其“微点”的倍数。

(16) 化学反应前后“重量”不变(质量守恒定律)。化学反应前后，“体积”会发生变化，但是“重量”没有增减。例如，“一体积之养气，重十六分。又一体积之硫雾，重三十二分。则二体积养一体积硫，共为六十四分，化合成硫养$_{二}$气二体积，共六十四分，不稍增减”。

(17)“原点重率”与“微点重率”。以 1“体积”气体在同温同压下比较，“养比轻，重十六倍，淡比轻，重十四倍，绿比轻，重三十五倍半”。由于等“体积”气体中“微点”数量相同，“原质”的每一“微点”均含两“原点”，“原质”每一“体积”的相对“重率”，即为其“原点重率”。以氢“原点重率”为 1，氧、氮、氯的“原点之重率”分别为 16、14、35.5。按照这样计算，“轻$_{二}$养”“轻绿”“淡轻$_{三}$”的“微点重率”分别为 18、36.5、17。因此，“其微点内之原点重率相合，为微点重率也”，而“微点之重率相比”，就是其气体“等体积之重率相比”，反之亦然，如各 1“体积”H_2O 与 NH_3 质量相比为“一八与一七之比”。“轻气”的“原点重率”为 1，其“微点之重率”为 2，其他气体如“养气”“淡气”，包括“轻$_{二}$养”“淡轻$_{三}$”等均可照此推算。

这里提到当时的化学家计算气体的“重率”(应为相对密度)时，以“轻气”为 1 作为“本位”(标准)，其他气体的“微点重率折半”与之相比。

(18) 非“气质”“原质”的“重率”测定。凡是不易气化的物质，可将其转化为容易气化的其他物质来进行测定。例如“炭”，“虽受极高之热，不化气质”，可将其在一定“容积”的氧气瓶中燃烧，得到与该氧气同体积的“炭养$_{二}$气”。氧气的“重率”为 16(“轻气本位”)，所得到气体的“重率”为 22，其“微点之重率”为 44，由于气体体积不变，其“微点”与原氧气相同，推得该气体

"微点"必定含有氧气"二原点"。故于该气体"微点重率"减去氧气两"原点之重率"为该气体所含"炭原点之重率"，即 12。为了证实这一数值，通过炭其他化合物验证其"原点之重率"，没有在 12 以下的，因此，推得炭的"原点之重率"为 12。

(19)"化合之质皆定质"物质的"原点之重率"测定。这种测定"定质原点之重率"的方法称为"微点比热"。"比热"是任何一物质加热，使其"物体"温度上升若干摄氏度，又用同样的"热力"加热"等体积"的水，以该物质上升 1℃所需的"热力"与水上升 1℃所需的"热力"相比。规定水所需热力为 1，该物质所需"热力"与之相比之数为"热率"。各"原质"之"热率"，与其"原点重率"相乘的数值为"原点热"。各"原质"的"原点热"数值大略相同，平均为 6.4，如水银的"热率"为 0.032，用 6.4 除之，其"原点重率"为 200；铅的"热率"为 0.031，按照该法得其"原点重率"为 206；镍的"热率"为 0.109，得其"原点重率"为 59。因此，各"原质"的"热率"测定后，就可计算出其"原点之重率"，其"热率与其原点重率，略成反比例"。

第二节　理想气体状态方程

《亚泉杂志》之前的译书，只有徐寿、傅兰雅从 Henry Watts 的《化学辞典》选译的《物体遇热改易记》中介绍了理想气体状态方程。但是，该书是 1880 年翻译的，1899 年才出版。相比之下，《亚泉杂志》的内容则更加深入、完善。

《论气体之体积》刊载于《亚泉杂志》第 3 期的"化学理论"部分，主要阐述的是理想气体状态方程，属于物理化学的范畴。理想气体状态方程，也称理想气体定律、克拉佩龙方程，是描述理想气体在处于平衡态时，压力、体积、物质的量、温度间关系的状态方程。其方程式为 $pV=nRT$。其中：p 是指理想气体的压力，V 为理想气体的体积，n 表示气体物质的量，而 T 则表示理想气体的温度，R 为摩尔气体常量。因此，此方程以其变量多、适用范围广而著称。之所以介绍该定律，是由于“凡气质与定质流质有异，常因压力与温度之不同，更变其体积甚大，故不可不知其关系”。

理想气体状态方程建立在玻意耳定律(Boyle's law)、查理定律、盖-吕萨克定律等经验定律上。玻意耳定律揭示的是一定温度下，一定质量的气体压力与体积的关系。文中对于玻意耳定律是这样阐述的，“凡气质，其热度不变，则压力某倍时，体积减某分之一。体积某倍时，其压力必减某分之一，即体积与压力，常成反比例”。1662 年，玻意耳使用 U 形玻璃管进行实验：用水银压缩被密封于玻璃管内的空气，通过加入水银量的变化改变其中空气所承受的压力。玻意耳经过观察发现，管内空气的体积随水银柱高度不同而发生变化。经过对所测数据的分析，他认为在管粗细均匀的情况下，管中空气的体积与空气柱长度 l 成正比，而空气所受压力为标准大气压与水银柱压差 Δh 的和，即在恒温下，一定量的空气所受的压力与其体积成反比。同时，另外两位科学家，贝蒂(Enrico Betti，1823～1892)和玻尔兹曼(Ludwig Boltzmann，1844～1906)也研究了氢气的体积和压力的关系，并得到了相同的结果。这一结果总结得出玻意耳定律，即温度恒定时，一定量气体的压力和它的体积的乘积为恒量。其数学表达式为：pV=恒量(n、T 恒定)或 $p_1V_1=p_2V_2$($n_1=n_2$、$T_1=T_2$)[①]。

文中对玻意耳定律的数学表达式解释为，设有气体体积为“甲”，“压力”为“子”，现在该气体体积变为“天”，“压力”为

① Rock P A，Gerhold G A. 化学原理与应用(下册). 潘家寅译. 台北：科技图书股份有限公司，1969.

"地"，则其式为

$$天地 \longequal 甲子 \quad (3\text{-}1)$$

通过式(3-1)可以看出，一定温度下，一定质量的气体体积与压力乘积为一定值，与玻意耳定律数学表达式一致。

盖-吕萨克定律(Gay-Lussac's law)揭示的是一定压力下，一定质量的气体其温度与体积的关系。1802年，法国物理学家、化学家盖-吕萨克通过实验发现气体质量和压强不变时体积随温度作线性变化，称之为盖-吕萨克定律。盖-吕萨克在物理学方面主要从事分子物理学和热力学研究，对于气体热膨胀性质的研究成果尤为突出。1801年他与道尔顿各自独立地发现了气体体积随温度改变的规律，即一切气体在压强不变时的热膨胀系数都相同。这个热膨胀系数经历半世纪后，由英国物理学家开尔文(Lord Kelvin，1824～1907)确定了它的热力学意义，建立了热力学温标。盖-吕萨克纠正了前人测定不同气体热膨胀系数差异大的问题，精确计算出气体膨胀系数是0.003 75或1/266.6(现为1/273.15)。盖-吕萨克于1802年发表了有关的论文《气体热膨胀》，文中记叙道："我的实验都是以极大的细心进行的。它们无可争辩地证明，空气、氧气、氢气、氮气、一氧化氮、蒸汽、氨气，以及粗盐酸、亚硫酸、碳酸的气体，都在相同的温度升高条件下有着同样的膨胀……我能够得出这个结论：一切普通气体，只要置于同样条件下，就可以在同样温度下进行同样的膨胀……各气体在冰点与沸点之间所增加的体积，根据一百分度的温度计，是等于原体积的100/26666。"①文中对其表述为，"压力不变，则温度之升降，与体积之增减，成正比例。每摄氏表升降一度，其体积之增减为零度时之二百七十三分之一"。现设0℃时气体体积为

① Maurice Crosland. Gay-Lussac，scientist and bourgeois. Cambridge：Cambridge University Press，1978.

“甲”，当温度为“人”时，其体积为“天”，则

$$天=甲\left[一+\frac{人}{二七三}\right]=一.〇〇三六七甲人 \quad (3\text{-}2)$$

即

$$\frac{V}{V_0}=\frac{273+T}{273} \quad (3\text{-}3)$$

式(3-3)中，V为某一温度T下的气体体积；V_0为0℃时气体体积。式(3-2)为压力不变时一定质量气体体积的计算公式，若“热度”“压力”均改变，其“体积”也随之变化，并可由该式推出。设0℃时气体体积为“甲”，压力为“子”，现温度为“人”，体积为“天”，又改变压力为“地”，体积变为“吠”。根据玻意耳定律，温度不变时，体积与压力的乘积为定值。则

$$吠地=天子 \quad (3\text{-}4)$$

将式(3-2)带入式(3-4)可得

$$吠地=一.〇〇三六七子甲人 \quad (3\text{-}5)$$

若气体体积不发生变化，即吠=甲，其压力与温度变化，则

$$地=一.〇〇三六七子人 \quad (3\text{-}6)$$

由式(3-6)可以看出，“地”与“人”成正比。式(3-6)揭示的本质是查理定律(Charles’s law)。1787年，法国科学家贾奎斯•亚历山大•凯萨•查理(Jacques Alexandre Cesar Charles，1746～1823)通过实验发现，一定质量的气体，当其体积一定时，它的压强与热力学温度成正比，即查理定律。因此，气体温度与压力、温度与体积的关系是一样的。

由于气体体积的大小与其温度和压力有着密切的关系，文中对当时采用的标准状态下的温度、压力作了介绍，“普通以零度为热度之标准，以水银柱七百六十枚厘之压力，为压力之标准”，“谓之一气压”。

19 世纪中叶，法国科学家克拉佩龙(Benoit Paul Émile Clapeyron，1799～1864)综合玻意耳定律和查理定律、盖-吕萨克定律，把描述气体状态的 p、V、T 三个参数归纳于一个方程式，即一定量气体，体积和压力的乘积与热力学温度成正比。1848 年，开尔文根据卡诺定理制定了热力学温标。19 世纪末，人们开始普遍地使用现行的理想气体状态方程：$pV=nRT$。阿伏伽德罗定律通过理想气体方程很容易导出，这个定律成为理想气体方程的一个例证。但是，对于这些关于理想气体状态方程的问题，《论气体之体积》中没有阐述。

第三节 气体液化

《论气质之凝结》刊载于《亚泉杂志》第 3 期的“化学理论”部分，属于物理化学中物态的相变理论。其内容侧重于气体的液化，这与 19 世纪 70 年代后“永久气体”液化取得突破进展有关[①]。气体液化问题是 19 世纪物理的热点之一。1894 年荷兰莱顿大学实验物理学教授卡麦林·昂内斯(Kamerlingh Onnes，1853～1926)建立了著名的低温实验室。1908 年昂内斯成功地液化了地球上最后一种“永久气体”——氦气，并且获得了接近绝对零度(零下 273.15℃，标为 0K)的低温：4.25K。气体的液化是与气体分子运动紧密相关的问题之一。其研究始于 18 世纪末，早在 1799 年，已经通过降温和压缩的方法使氨和二氧化硫液化。

物体有“定质”“流质”“气质”三种状态，这与其“微点结力”的大小不同有关。物质会因其所受的温度和压力的不同发生状态的改变，如“水受热百度则化气，零度则为水是也”。文中

① 彦华. “永久气体”液化的发展过程. 制冷，1984，3：50.

给出了关于相变的一系列概念。“定质变流质”称为“熔融”，其“温度曰融界(Schmelzpunkt)”。“流质变气质”称为“沸散”，其“温度曰沸界(Siedepunkt)”。“升散”又称“飞散”，是“定质变气质”。“气质变流质，流质气质变定质”均称为“凝结”。

对气体液化的问题是有一个认识过程的。早在19世纪以前，人们曾认为气体本质上就是气体，不能使之改变。1823年3月，法拉第用冰冻的混合物使加压的气体降温液化了氯气，他由此认为，一切气体在低温高压的情况下都是可以液化的。到了19世纪40年代，法拉第本人已经液化了当时已经发现的除氧气、氮气、氢气、一氧化碳、二氧化氮、甲烷6种气体之外的所有气体。正如文中所述，“凡气体受酷寒兼受强压，无不能凝结者”，“如铔莫尼亚气受零下四十度之热，加七气压即变流质”。当时以气体是否能液化为标准进行划分，“如轻气养气淡气等，虽遇极低之热度，最强之压力，不能凝为流质”的气体称为“永久气质”，“如铔莫尼亚等，可以凝结流质之气质”的气体称为“浓缩气质”。此时，气体液化已经发展到一定程度，甚至当时还成功进行了气体的凝华。1835年，法国蒂洛勒尔(Adrien-Jean-Pierre Thilorier，1790～1844)制得了大量的液态和固态的二氧化碳，并把固态二氧化碳和乙醚混合起来获得了更低的温度。当时气体凝华的方法是，气体“于受强力之流质中，减其压力，则其流质之一分，速欲沸散。其时将余一分之热夺去，以助其沸散时所需之热，则其余一分，即凝为定质”。

但是，永久气体的液化一直未得到解决。文中指出，“轻气、养气、淡气……皆曰永久气质”。1845年，法拉第恢复研究液化气体的工作，在低温和高压的结合效应下，使用固态二氧化碳和二乙醚作为冷却混合物。尽管使用同种混合物，且使用的压力比以前高，仍有6种气体不能被液化，它们是氢气、氧气、氮气、一氧化碳、一氧化氮和甲烷，他称之为永久气体。此外，还有五种法拉第当时并不知道的气体：氟气、氦气、氖气、氩气、氪气。但是，对于氢气、氧气、氮气、一氧化碳这几种气体，直到 19 世纪 60 年代，科学家们尽管已经尝试了一切当时可以采用的手段(压力已可加到 2790 个标准大气压)，都没有能使它们液化，文中也记有“一千八百五十二年英国内台而(Naterer)氏，曾将各气施三千六百气压，而不能达其化液之地位”，根据对应研究，应是 1854 年维也纳的拿特勒(Johann Natterer)曾把氧加到 3600 个标准大气压，仍未将氧液化。

然而，永久气体的液化在 19 世纪 60 年代末取得了极大进展。“一千八百六十九年间英人恩俗留司(Andrews)能查知一种公理。名曰极期状态(Hritischer Zustand)。据此定理。可得明气质之一种性情。盖各气必有一定之温度。在此温度以下施压力。方可凝为流质。如在此温度以上。无论加若干气压。决不能凝。此温度名曰极期温(Hritischer Temperature)。”“恩俗留司”是爱尔兰物理化学家安德鲁斯(Thomas Andrews，1813～1885)。“极期状态”是指物质的临界状态，即纯物质的气、液两相平衡共存的极限热力状态，英文为 critical conditions。“极期温”是日本译名，指物质的临界温度，即每种物质都有一个特定的温度，在这个温度以上，无论怎样增大压强，气态物质都不会液化，这个温度就是临界温度，英文是 critical temperature。安德鲁斯于 1835 年在爱丁堡大学获得医学博士学位，1845 年，被贝尔法斯特地区的北方大学聘为化学教授，他最重要的工作是气体液化，用了近 10 年的时间研究气体的压缩性。安德鲁斯用二氧化碳进行实验。在室温下，加压使二氧化碳液化，并达到气液平衡。然后将液态二氧化碳逐渐升温，发现必须增加压力才能使二氧化碳继续保持气液平衡状态，但是气液两相密度差在减小。当他不断增压、升温时，液体的二氧化碳和它上面的二氧化碳蒸气之间的界限越来越模糊不清，在 31℃时，这个界限消失了，二氧化碳始终呈气体状态。

安德鲁斯称此为“临界点”，其含义即以此为界，对每一种气体都存在一个确定的温度，超过这一温度，单纯增加压力便不可能使它液化。

对于临界点的压力，称为“极期压”（日本译名，当时英文为 Hritischer Druck），也就是临界压力，即“气质于极期温时，施以压力，该气质既受此压力，则但再低减其温度，即可凝为流质”。这一压力是一定值，“若不到极期压之地位，则温度无论如何低减”，气体“不能凝结”。气体处于临界点的体积，当时日本译名为“极期容”，英文翻译为 Hritischer volume，其大小与其“同重之流质等积”，即其“浓缩气质”的体积。

气体在临界点时的性质是，“气质与流质已无分别，但其时微点之动力，尚胜于其微点之摄力”。在这时使气体液化，应“再低减其温度，或增其压力”。

安德鲁斯将这一发现在英国皇家学会作了《论物质液态和气态的连续性》的报告，这是一个具有决定性的发现。因为它指出了液化永久气体的途径，即在加压以前必须使温度降到临界点以下。这个新观点使得杜瓦（James Dewar，1842～1923）和卡麦林・昂内斯在半个世纪之内就把所有已知的气体都成功液化。文中对安德鲁斯的实验大意进行了介绍，“在当时即用炭养$_{二}$气试验，知炭酸在三〇.九度以下之热，七十气压时，能凝为流质。三〇.九度以上，虽增若干压力，决不能凝”。

此后，永久气体液化的问题得到一一攻克。“近来法国化学士伽叶特（Cailletet）试验，得养气轻气均能凝结。故永久气质之名，遂废而不用。”1877 年，凯泰（Louis Cailletet，1832～1913）运用快速减压和低温，将氧气、氮气及一氧化碳液化。同年，皮克特（Raoul Pictet，1846～1929）用级联法（一种采用临界温度不同的气体逐级蒸发冷却而获得较低温度的技术），在−140℃（133K）和 500 个标准大气压下使氧气液化，永久气体的液化有了突破性发展。他们的液化方法虽然不同，但其原理应用至今。文中尤其对皮克特液化氧气的过程介绍得极为详细，“一千八百七十七年丕胎氏(Pictet)与化赖台氏(Faroday)将发气之质，如发养气用钾绿养$_{三}$，发轻气用蚁酸等，置于坚固之铁制曲颈甑中而加热。发气时藉其自己之压力，其气质浓缩于与甑相接之铜管中。又于管外包围炭养$_{二}$之定质，置于抽气罩中。则炭养$_{二}$飞散之时，热度降至百四十度。于此时开附于铜管之活塞，其浓缩之气质，速欲涨发，夺热颇甚。而其气质之一部分，成浓雾及小滴之形”。

1883 年乌罗布列夫斯基(S. F. von Wroblewski，1848～1888)和奥耳舍夫斯基(K. S. Olszewski，1846～1915)用林德制冷机使氧气和氮气大量液化。1875～1880 年，德国物理学家林德(K. Linde，1842～1934)利用焦汤效应，并采用循环对流冷却，制成了气体压缩式制冷机，可得到更低的温度。1895 年，英国化学工程师汉普森(Hampson)和林德独立地设计了一种大规模液化空气的方法。首先将空气压缩，并冷却至常温，再让它膨胀。在此过程中，气体会变得很冷。该冷空气用作装有压缩空气容器的气浴，直到容器中的气体也变得相当冷，然后让压缩空气膨胀，使空气变得更冷。重复这一过程，空气变得越来越冷，直到液化为止。1898 年杜瓦发明了低温液体容器——杜瓦瓶，并成功地实现了氢气的液化，它在 1 个标准大气压下的液化温度是–253℃。19 世纪末达到的最低温度是–259℃。卡麦林·昂内斯在 1908 年成功地实现了有重大影响的氦气的液化，从而消除了最后一种“永久性气体”，并达到了 1.15～4.3K(–272～–268.85℃)的低温。

文中对乌罗布列夫斯基(“物来斯基”)、奥耳舍夫斯基(“奥才斯基”)、杜瓦(“齐夺槐尔”)等人的成果作了阐述，并指出，可将“淡气”凝华成“白色之颗粒”。这些都是对当时最新科学进展的准确报道。此外，文中罗列了一些气体的临界温度和临界压力(图 3-1)，并将其与标准值进行对比，如表 3-1 所示。可以看出，文中所列气体临界点的数据是准确的。

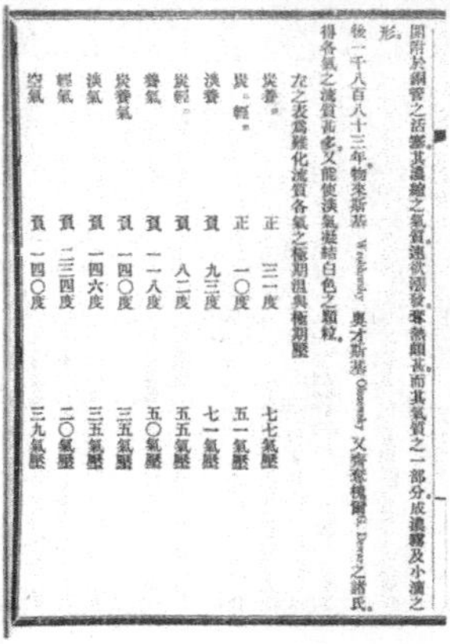
圖附於鋼管之活塞其濃縮之氣質遽欲漲發奪熱頗甚而其氣質之一部分成濃霧及小滴之形。
後一千八百八十三年物來斯基 Wroblewsky 奧才斯基 Olszewsky 又[illegible] Dewar之諸氏。得各氣之流質甚多又能使淡氣凝結白色之顆粒。
左之表爲雜化流質各氣之極期溫與極期壓

炭養。	正	三一度	七七氣壓
炭。輕。	正	一〇度	五一氣壓
淡養	負	九三度	七一氣壓
炭輕。	負	八二度	五五氣壓
養氣	負	一一八度	五〇氣壓
炭養氣	負	一四〇度	三五氣壓
淡氣	負	一四六度	三五氣壓
輕氣	負	二三四度	二〇氣壓
空氣	負	一四〇度	三九氣壓

图 3-1 《论气质之凝结》所列气体临界温度和临界压力

表 3-1 《论气质之凝结》永久气体临界温度和临界压力与标准值比较

气体	临界温度/℃	临界温度(标准值)/℃	临界压力/标准大气压	临界压力(标准值)/标准大气压
CO_2	31	31.1	77	73.0
C_2H_4	10	9.2	51	50.0
NO	−93	−92.9	71	64.6
CH_4	−82	−82.1	55	45.6
O_2	−118	−118.4	50	50.1
CO	−140	−140.0	35	34.6
N_2	−146	−147.0	35	33.5
H_2	−234	−239.92	20	12.8
空气	−140	−140.7	39	37.2

更令人惊异的是，在文中提到了超临界这一在 20 世纪 50 年代才开始进行理论和应用研究的现象，并将其与安德鲁斯的实验联系起来。安德鲁斯的二氧化碳液化实验中产生了一种特

殊的物态——超临界流体。温度及压力均处于临界点以上的液体叫超临界流体(supercritical fluid，SCF)。超临界流体由于液体与气体分界消失，是即使提高压力也不液化的非凝聚性气体。超临界流体的物性兼具液体性质与气体性质，具有较好的流动性和传递性能，二氧化碳的临界点就是 31.4℃，7.4MPa。而这一现象“在一千八百二十一年间，Cagniard de la Tour 氏已知其大概，当时谓之对沸界。其所知者，谓诸流质虽在强压力之下，苟在对沸界以上之热，必仍化为气质，意亦相同”。其中，“英人开乃特提来他尔”是法国医生德拉托尔(Cagniard de Latour，1777～1859)。1822 年，其首次报道超临界现象的存在时指出，在密封容器内，当温度上升到一定程度，气液之间的界面就会消失。

第四节 酸碱理论

《论配质、本质、盐类的区别》刊载于《亚泉杂志》第 3 期“化学理论”部分。其内容主要基于酸碱理论上的酸碱分类及其性质、相互关系，而近代酸碱理论是 1887 年阿伦尼乌斯(S. Arrhenius，1859～1927)提出了的电离理论以后才逐渐建立起来的。

在文中化合物称为“合质”，根据“其所含原质之本性而定其合质之性”，可将化合物分为“本质”“配质”“盐类质”，即碱、酸、盐。

根据文中表述，对“配质”定义为“非金类与轻气化合者”，分为三类，即“绿气族配质”“养气配质”“硫配质”。用“天”代替非金属的名称，“绿气族配质”的“公式”为“轻天”，“养气配质”的“公式”为“轻$_{甲}$天养$_{乙}$”，“硫配质”的“公式”为“轻$_{甲}$天硫$_{乙}$”。在这里，可能为了表示这样的分子式是适合一类化合物的，特地采用“公式”一词作为其分子式的表达，应是借用数学用语，显然与编者的算学背景有关。

文中对三种酸类一一作了介绍。之所以称为“绿气族配质”，是因为其分子式中的“天”只限于“绿臭碘弗四种之内”，由于这四种元素同族，称为“绿气族”，故此命名。这是“一种原质与轻气化合而成配质”，“其数不多”，“轻绿为最著”，“此外惟轻碘，轻臭，轻弗之三种”。“养气配质”的种类最多，如“硫酸”“硝酸”“燐酸”等。“硫配质”的“配质较弱”，即指酸性较弱，如“轻$_{\text{二}}$砒硫$_{\text{四}}$”。由此可以看出，酸类的酸性也可称为“配质”。

此外，对酸类的酸酐也作了说明。含氧酸和“硫配质”，“减去轻与养之分剂”，“则为无水配质”。这一“无水配质”就是该酸的酸酐。例如，“二轻淡养$_{\text{三}}$，减轻$_{\text{二}}$养等于淡$_{\text{二}}$养$_{\text{五}}$；轻$_{\text{二}}$硫养$_{\text{四}}$减轻$_{\text{二}}$养等于硫养$_{\text{三}}$；二轻$_{\text{三}}$燐养$_{\text{四}}$减三轻$_{\text{二}}$养等于燐$_{\text{二}}$养$_{\text{五}}$”。

对碱类，即“本质”定义为“金类与轻养或轻硫化合”，可分为两类，“养气本质”和“硫本质”。以“地”代替金属的名称，“养气本质”分子式为“地(轻养)$_{\text{甲}}$”，“硫本质”为“地(轻硫)$_{\text{甲}}$”。

这两类碱实质上是氢氧化物和强碱弱酸盐。“养气本质”是氢氧化物，种类最多，如“钾轻养”“钡(轻养)$_{\text{二}}$”等。“硫本质”是氢硫酸的强碱弱酸盐，如“钾轻硫”“钡(轻硫)”等。这两种碱类脱水，即除去“轻与养之分剂”或“轻与硫之分剂”，“均为无水本质”。例如，“二钠轻养减轻$_{\text{二}}$养等于钠$_{\text{二}}$养”“锌(轻养)$_{\text{二}}$减轻$_{\text{二}}$养等于锌养”“二钾轻硫减轻$_{\text{二}}$硫等于钾$_{\text{二}}$硫”等。

对于酸碱中和反应的实质，文中是这样阐述的，发生反应时，“配质之轻气与本质之金类交换，成盐类质。其轻气即与本质之轻养或轻硫相合”，即作为反应物的酸中所含 H^+和碱中所含 OH^-，结合生成水(H_2O)。例如，“二轻绿加锌等于锌绿$_{\text{二}}$加轻$_{\text{二}}$；轻$_{\text{二}}$硫养$_{\text{四}}$加锌养等于锌硫养$_{\text{四}}$加轻$_{\text{二}}$养；轻$_{\text{二}}$硫养$_{\text{四}}$加铁硫等于铁硫养$_{\text{四}}$加轻$_{\text{二}}$硫；二轻绿加铁硫等于铁绿$_{\text{二}}$加轻$_{\text{二}}$硫”。

《亚泉杂志》第 3 期的“化学理论”部分的《论盐类》对盐类的划分进行了清楚的界定，作为对《论配质、本质、盐类的区别》的补充，一并加以介绍。其将盐类分为四种，即“正盐、配盐、本盐、复盐”。所谓“正盐”，是“其配质中之轻，全与金属交换者”，如“钾$_{二}$硫养$_{四}$”。“本盐”是“其配质之轻气，未全与金属交换者”，如“钾轻硫养$_{四}$”。“配盐”是“其本质之一分，未与配质交换者”，如“铅 ”。而“复盐”则是“其配质之轻气与两种金属交换者”，如“钾钠硫养$_{四}$”。由此可以看出，“正盐”“复盐”与现在的术语是一致的，含义也基本相同。但是，“配盐”“本盐”则存在一定差异，尤其是“配盐”，应为阳离子，并不属于盐类，“本盐”应为酸式盐。所以，若酸或碱仅为一元酸或一元碱，只有正盐，若为多元酸或多元碱，可生成相应的正盐、复盐。

第五节 化学价理论

元素的化合价是决定其化学性质的重要因素，是元素性质的异同性及分类的重要依据之一。《论化学价》刊载于《亚泉杂志》第 3 期“化学理论”部分，主要介绍形成于 19 世纪的经典化合价理论中无机化合物的化合价问题。

1852 年，弗兰克兰(E. Frankland，1825～1899)根据他对金属有机化合物的研究，首先提出了化合价概念，并将它延伸到无机化合物。他指出：“假使我们考虑无机化合物的化学式，甚至一位肤浅的观察者也会感到它们构造的普遍对称性；氮、磷、砷、锑和化合物特别表现出一种倾向，即这些元素与 3 个当量或 5 个当量的其他元素生成化合物，在这两种比例下，它们的化合力得到充分的满足。因此，在三原子基团中，我们有 NO_3、

NH_3、NI_3、NS_3、PO_3、PH_3、PCl_3、SbO_3、SbH_3、$SbCl_3$、AsO_3、AsH_3、$AsCl_3$ 等；在五原子基团中有 NO_5、NH_4O、NH_4I、PO_5、PH_4I 等。关于原子这种对称配置的原因无须提出任何假说，就可以从刚才的例子中十分清楚地看出有这样的趋势或规律支配着，并且，不管所结合的原子特性如何，吸引元素(attracting element)的化合能力(combining power)(如果允许我用这个字眼的话)总是为相同数目的结合原子所满足。"[①]此处的"化合能力"后来称为化合价或原子价(quantiva-lence 或 valency，美国化学家仍用 valence)。

弗兰克兰的想法为凯库勒(Friedrich August Kekule，1829～1896)发展并加以推广。英国化学史家柏廷顿(J. R. Partington，1886～1965)说："凯库勒懂得化合价的真正意义并把它当作自己的有机分子结构理论的主导思想。在凯库勒看来，一种元素的原子或基团与另一种元素的原子相化合时，其数目由各组成部分的碱度或亲和力大小决定。"他所指的碱度或亲和力大小就相当于现在的化合价。按照凯库勒的观点，物质化合的机理是靠亲和力单位的相互需要或相互饱和而实现的。1858 年，他已经清楚地认识到碳的化合价是 4 价。

但是，凯库勒认为一个元素的化合价是恒定不变的，是一常数，这点与弗兰克兰的化合价理论是不同的。弗兰克兰、克利斯蒂安・布洛姆施特兰德(Christian Blomstrand)、阿其保・库珀(Archibald Couper)都认为一种元素的化合价是可变的。19 世纪 60 年代末，化合价经历了"化合力""取代值""原子数""亲和力单位""亲和力程度"等名称的变迁，经典化合价理论最终得以建立。

《论化学价》一文主要介绍无机化合物化合价问题。化合价

① 林德宏. 科学思想史. 2 版. 南京：江苏科学技术出版社，2004：204.

是和定比定律紧密相连的。因此，文中首先对这一定律进行阐述，“此原质之一原点，与彼原质之几原点相化合，亦有一定之例。化学中常言轻气与养化合成水。其水中之一微点，系轻气二原点，与养气一原点化合。而轻气与绿气化合成轻绿。其轻绿之微点，系轻气一原点，与绿气一原点化合。因此可想养气一原点，可抵轻气二原点。又绿气一原点，只抵轻气一原点。又如铝绿$_{\text{三}}$系铝一原点合绿三原点，而铝$_{\text{二}}$养$_{\text{三}}$为铝二原点合养三原点。可知绿之三原点，只抵铝一原点。而养之三原点，可抵铝二原点。又如若以绿与养交换，必二原点绿换一原点养”。

化合价概念的形成是和化学键息息相关的。甚至在化合价概念形成的过程中，其概念还有另一种含义，即泛指分子中原子间的相互作用。对于亲和力，文中表述如下，根据定比定律，“设想绿之一原点，与轻之一原点，其化力相等。而养一原点之化力，倍大于轻及绿一原点之化合。铝一原点之化力，大于轻及绿一原点之化力为三倍。依此遍考各原质，知其化力各有定数，各有等差”。这里的“化力”即为亲和力。由此可以看出，化合价是亲和力的数值表示，而亲和力确定原子的化学键数目。化合价只表示元素的原子结合成分子时，原子数目的比例关系；从分子结构来看，化合价就是离子键的电价数和共价键的共价数。

对于当时化合价的规定是，“以轻气之化力为准，其化力与轻相等者为一价，如绿及钾之类是。其化力倍于轻气者为二价，如养及硫之类是。其化力三倍于轻气者为三价，如淡气及铝之类是。四价五价，依此类推”。当时认为氢一个原子不可能与多于一个的其他元素原子结合，所以氢是 1 价，用来作为化合价的单位。另一元素的化合价可以用与其一个原子相化合或被其一个原子所置换的氢原子数来表示。例如，根据化学式 HCl、H_2O、NH_3，可以确定在这些化合物中氯的化合价为 1，氧、氮的化合价分别为 2、3。这是据氢化合价，还有一种是据氧化合价，文中未提及，即已知某元素的氧化物的化学式，则根据氧的化合价为 2 也可确定该元素的化合价。

这里以氢的化合价为 1，把它作为各种元素的化合价的单位，由化学式从一种元素的化合价判断其他元素的化合价，应是弗兰克兰的化合价理论中的内容。这个阶段从 19 世纪 50 年代开始延续到 20 世纪的 20～30 年代。《论化学价》将各元素的化合价详细罗列如表 3-2 所示。

表 3-2　《论化学价》中各元素化合价

化合价	元素
一价	轻锂弗钠绿钾溴铷银碘鏭
二价	铍养镁硫钙铬铁铜锌硒鍶镉锡碲钡汞铅
三价	硼淡铝燐鉰钒铬锰铁镍钴鈲砒鈦铌铟锑鋃錯镝鐓钇铽铒铥鍉镱钽金鉑铋鎵
四价	炭矽鐠鐟鈿锆钌鋕钯锡銤铱铂钍
五价	燐钒砒铌锑
六价	钼钨铀

1887 年阿累尼乌斯提出电离理论以后，人们才认为原子价有正负之分，构成化合物各原子的原子价代数和为零，所以表 3-2 中各元素的化合价并没有正负之分。但是，在《论化学价》中虽然没有明确表示化合价的正负，对于这一点却已有所提及，“凡各原质互相化合，必据此化合价而成，如甲为三价，乙为二价，则其化合之质为甲$_{二}$乙$_{三}$。甲为五价，乙为三价，则化合之质为甲$_{三}$乙$_{五}$。其相当之化合价，相消适尽”。

当发生化学反应时，不仅有前面所述的化合价“相消适尽”的要求，还要有“各质必互以同数相交换”。具体就是，硫化氢中的两个氢原子，若与一价的元素反应，则“与一价之质二原点交换”，如“银$_{二}$硫”等；若与二价元素反应，则“与二价之质一原点交换”，如“镁硫”等；若与三价元素反应，则“三倍轻$_{二}$硫之微点为轻$_{六}$硫$_{三}$，而以轻之六原点与三价之质之二原点相交换”，如“镍$_{二}$硫$_{三}$”等。正如前所述弗兰克兰指出，不论化合原子的性质如何，吸引原子的化合力总是要同样数目的原子或基才能满足。

化合价概念在理论思想方面来源于亲和力。原子依靠这种亲和力相互结合，发生化学反应。文中将化合物分为“饱足化合质”(saturated compounds)和“未饱足之化合质”(unsaturated compounds)。前者是“其各原点之化合价能相消适尽者”，如“钠绿”“炭养$_{二}$”；后者是“其原点之化合价未全用尽者”，如“炭养”“淡养”等。这种分类和化合价的稳定性有关，所谓“饱足化合质”应为稳定价态的化合物，“未饱足之化合质”为非稳定价态的化合物。但是，《论化学价》中对后者的表述，“未饱足之化合质，其构造不完全，故常轻易变化，其质不能完固”，“其所余之化合价，与他质化合，仍与一原点相化合。其微点之用，与原微点无异，故称为原基(radicals)”。由此看来，“未饱足之化合质”似乎又是基团。在一些化学反应中，基团常常作为一个整体参加反应，在反应前后保持不变。《论化学价》还进一步说明，这种“原基”的化合价并不相同，如“炭轻$_{三}$”为 1 价，“钠轻养”等碱类中的氢氧根为一价，“淡轻$_{四}$”与“一价钾钠相等”。因此，在某种意义上，非稳定价态的化合物也是一种基团，文中的“未饱足之化合质”应是非稳定价态的化合物和基团的合称。这与当时化学家的认识是一致的，凯库勒论及化合能力时指出：“基和化合物的性质必是从元素的性质导出来的。”在他提出的反应类型中，将 CO、SO_3 均作为“基”。

元素的化合价是可变的，虽然有过不同看法，但是作为化合价理论的重要部分，还是很快取得了一致意见。《论化学价》对这点也作了介绍，“原质中化合价，常有不同一者，屡屡变迁，构成多物”，“如淡气对轻气常为三价，而对养气则自一价以至五价不等”。

因此，可以看出，《论化学价》虽然其内容比较浅显，对化学反应类型和化合价变化之间关系等问题，没有作深入分析，但是，其作为近代经典化合价理论的一部分，对该理论的核心内容已作了较全面的介绍。

第六节　构造式理论

《论构造式》刊载于《亚泉杂志》第 3 期的“化学理论”部分，主要介绍有机化合物结构式，是《亚泉杂志》引入西方有机化学唯一的一篇文章。近代有机结构理论是 1861 年布特列洛夫（Александр Михайлович Ъутлеров，1828～1886）在德国“自然科学家和医生代表大会”上作的《论物质化学结构》报告中提出的。同年，凯库勒提出环状碳链理论。

《论构造式》针对有机化合物的结构式、同分异构体等内容进行阐述，其内容主要是凯库勒结构式理论。凯库勒与库珀在前人结构学说基础上，提出有机化合物分子结构理论：碳原子为 4 价，氢原子为 1 价，氧原子为 2 价等；碳原子能与其他元素结合，碳原子之间可以单键、双键或三键结合成碳链或碳环，从理论上解释了产生同分异构体的原因。

以下两种有机化合物的分子结构式均为凯库勒结构式。

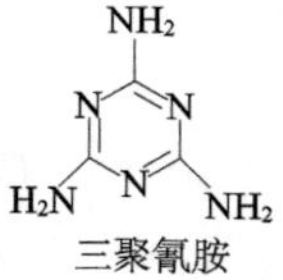
三聚氰胺

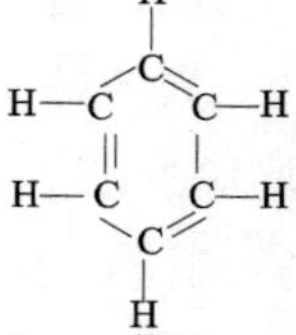
苯

1858 年，凯库勒第一次用一条短线“—”表示有机化合物的化学键。从此，元素符号加画短线“—”被用来表示原子之间按化合价相互结合的结构式。“原质之化合价，可以线表其数。其质为几价，则于其旁作几线以表之”。《论构造式》中举例如下。

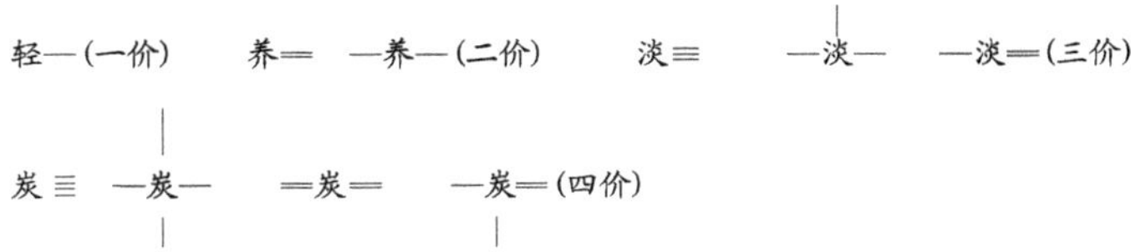

《论构造式》中还涉及了化学结构式的作用，不仅可以清楚地表示出分子结构，还可以揭示化学反应原理，即“此种构造式，不但可以明合质微点中结合之理，且可用之于方程中，以明物质化合化分之妙”。并且，举出两例加以说明，“钙之质遇水成钙(轻养)$_{二}$与轻气，其式为二轻$_{二}$养加钙═══钙(轻养)$_{二}$加轻$_{二}$。”其构造式为

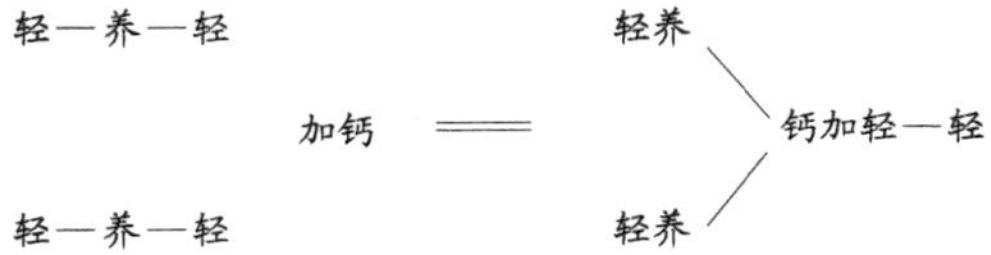

“又钙(轻养)$_{二}$烧灼生钙养与水，其式为钙(轻养)$_{二}$═══钙养加轻$_{二}$养”。其构造式为

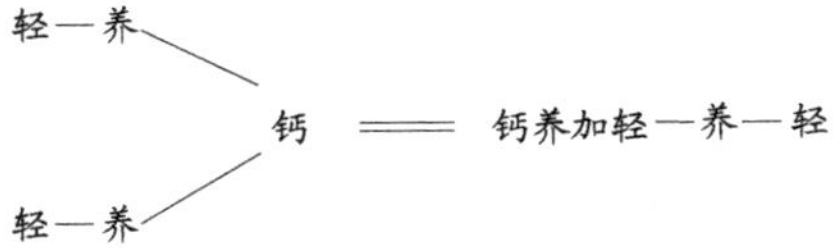

值得关注的是，《论构造式》中不仅提及同分异构体，还详细阐述了化学结构影响化学性质。这两点是布特列洛夫极为关心的。他最早正确地解释了同分异构现象，指出化学同分异构体，是那些由相同的化学元素组成，但具有不同化学结构的化合物，并成功地解释了同分异构体性质对结构的依赖性。化学结构对化学性质的影响是有机化学结构理论中极为重要的内容，即复杂物质的化学性质，决定于组成这种物质的基本质点的性质，决定于基本质点的数量和化学结构。以 C_2H_6O 为例，有两种同分异构体，

其结构式如下。

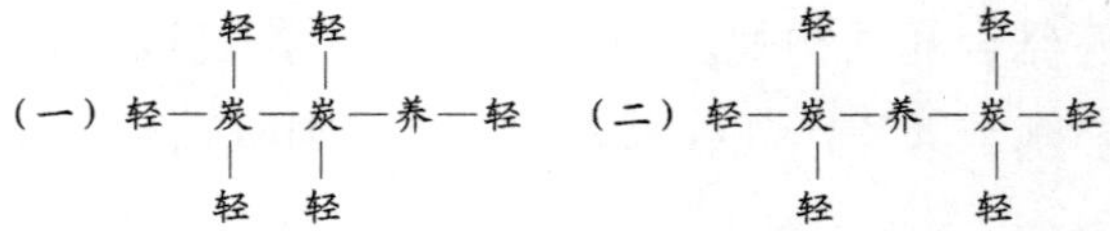

区分这两种分子式，可以采用化学反应的方法。“如钠加炭$_{二}$轻$_{六}$养，发生轻气而为钠炭$_{二}$轻$_{五}$养”或者“炭$_{二}$轻$_{六}$养加轻绿”，“虽加多量之轻绿，不生轻气，则生炭$_{二}$轻$_{五}$绿”。而前者加再多的钠，也不会生成“钠$_{二}$炭$_{二}$轻$_{四}$养”。这些反应结果都是由其结构决定的。即

19 世纪末，近代化学学科体系中的两个基本分支——有机化学和无机化学，都取得了长足的进步与发展。分子学说奠定了原子-分子论的基础，是人类认识物质世界过程中的一次重大突破。理想气体状态方程证明了分子的客观存在，对低温物理和气体分离起到巨大促进作用。永久气体的液化是低温物理的重大发展。酸碱理论是无机化学最重要的基础。化合价理论与有机化学结构理论的发展始终融合在一起。由此可以看出，科学概念都不是孤立发生发展的。这些理论均是 19 世纪 50 年代后化学界的重大发现，在之前的旧译书中没有引入中国。《亚泉杂志》首次将这些重要理论引入，弥补了这一缺憾。

《亚泉杂志》在引入新化学理论和新元素时的重点是不同的。首先，对新元素的引入不仅包括其物理、化学性质的描述，

还详述其发现起因及过程，对化学理论的引入是旨在其内容的引入。其次，《亚泉杂志》所编译的书籍源于日本，故其术语的翻译往往直接来自日文的译本，与之前的旧译书大相径庭，颇具特色，词义更为准确。从文章标题“论化合价”可见一斑。“化合价”(valenz)一词是 1868 年由威切尔哈乌斯(C. H. Wichelhaus，1842～1927)引入的，用来描述某种元素的化合价或化合能力。英国的科学文献从 1869 年开始使用化合价(valency)一词，到 1876 年，这一术语得到普遍的承认和应用。中国之前的旧译书中没有对这一术语及其理论的传入。

第四章 《亚泉杂志》刊载之元素发现(1870～1900年)

由于麦克斯韦(James Clerk Maxwell，1831～1879)和玻尔兹曼基于对于分子运动的认识建立了与热力学相适应的分子运动理论，道尔顿基于对于原子结构的认识建立了原子学说。这些元素微观理论研究的结果促进了19世纪化学的发展。元素周期表的诞生使人类对元素有了全新的规律性认识。19世纪的化学被认为是原子的科学，元素周期律是当时最重要的规律之一，发现新元素成为当时化学研究的前沿。化学家在19世纪70年代至20世纪初发现了一系列新元素，引起了整个西方化学界的震动。

《亚泉杂志》作为第一份中国人自办的以化学为主的科技期刊，刊登了一系列反映当时化学领域新学术成果的文章，尤其是西方化学元素的重大发现。这些成果均是当时旧译书或期刊中未提及的或没有详细报道的①，《亚泉杂志》将这些西方化学最新、最重要的发现完整地引入中国。

第一节 《论氩》

《论氩》一文刊载于《亚泉杂志》第8期。其主要阐述了氩

① 丁韪良. 格物入门(化学卷六). 北京：京师同文馆，1868；伟烈亚力. 金石识别. 上海：江南制造局，1871；徐寿，傅兰雅. 化学鉴原. 上海：江南制造局，1871；嘉约翰. 化学初阶. 广州：广州博济医局，1871；沈国威. 六合丛谈(附解题索引). 上海：上海辞书出版社，2006；沈国威，内田庆市，松浦章. 遐迩贯珍(附解题索引). 上海：上海辞书出版社，2005；傅兰雅. 格致汇编(合订本). 上海：江南制造局，1876.

在空气中的质量分数、体积分数、制备方法、物理性质及化学性质、溶解性及其发现。

对于元素氩的发现，《论氩》是这样阐述的：“为路特希里氏所考见。路氏初因空气所得之淡气，与由淡气化合质内分出之淡气，重率不同，精究之。遂考得此质，即以由空气中去尽养气及水汽炭强诸质之纯淡气一定体积，纳真空器中，而于一定热度与一定压力之下，测得重量二.三一〇二格。更以淡养气等类之淡气化合质同体积，入同器中，于同热度同压力之下测之，得重量二.三九九〇。而以此改算平热度(即百度表零度)平压力(风雨表七百六十密里万当即二二.二三寸时)时，一里得(法量)之质量，化学淡气重一.二五〇五格，空中淡气量一.二五七二格，实差百分之五。若果化学淡气与空中淡气其质相同，则其疏密本断不至如是之差异也。因此于曩所得空气中除去炭轻养之纯净淡气，大为置疑，以为空中淡气，必尚有少许杂质。继乃考见一新原质，而名之曰 argon。”“路特希里氏”是英国皇家研究所的著名物理学家瑞利勋爵(J. W. S. Rayleigh，1842～1919)。为了表彰其在研究一些气体密度过程中发现了氩这一重要贡献，1904 年瑞典皇家科学院诺贝尔奖委员会授予瑞利诺贝尔物理学奖。文中“重率”是密度，“平热度”是 0℃，“平压力”是指 1 个标准大气压，即 760 毫米汞柱，“里得”是法国的体积计量单位(1799 年法国制定了国际公认的体积、质量、面积、长度单位)，即“升”，“格”即质量单位“克”。瑞利发现氩的起因是空气中分离出的氮气与由氮化合物中分离的氮气密度不同。具体方法为将空气中除去氧气、水蒸气、二氧化碳等气体，所得氮气放入一真空容器，在一定温度、一定压力下测其质量。再将氮化合物分离出的氮气放入同一真空容器中，在同一温度、同一压力下测其质量，将二者换算为标准态下气体的密度。其结果是空气中分离出的氮气密度为 1.2572 克/升，氮化合物中分离出的氮气密度为 1.2505 克/升。正是这一微小差别，最终导致发现了元素氩。

瑞利在 1882～1892 年的 10 年间，一直在测定气体的密度，求算分子量和原子量，以验证普劳特假说（该假说认为，一切元素的原子都是由氢原子组成的）。在测定氮气的密度时发现，从空气中分离出来的氮气比从化合物中分离出来的氮气密度略大。前者为 1.2572 克/升，后者为 1.2505 克/升，文中的数值与之基本一致。瑞利没有忽视这一微小的差别，其实验室当时最精密的天平灵敏度可达到 0.0001 克，反复实验的结果仍然如此。他始终不能给出满意的解释。直到 1894 年，英格兰化学家、伦敦大学教授拉姆塞（Ramsey，1852～1916）欣然与瑞利合作，经过一系列实验制得氩气，通过光谱分析确证了新气体元素的存在。拉姆塞又研究了该元素的化学性质，发现无论是加热、加压、利用电火花或使用催化剂，它与任何活泼元素氟、氯、氧、硫、碳及各种金属都不发生反应，其“懒惰”之极令人惊讶。同年 8 月 13 日在牛津召开的英国科学振兴会上，瑞利和拉姆塞公布了这一重要发现。新元素被命名为 argon（氩），即“懒惰者”之意①。

泉水中含氩较多，文中记载有爱尔兰的 Beykjavik 温泉中含氩 1%，Schwary wald 之 Wildbad、约克郡、英格兰等地的硫磺泉中均有氩存在。

元素氩的英文名称、元素符号、汉译名已列在《化学原质新表》中，是无色、无味、无毒气体，化学性质极不活泼。氩在空气中含量极少，体积分数为 0.00935，质量分数为 0.013，这一数值极准确，与现在所测空气中的氩含量基本相同。文中对氩的制法、性质作了详细的阐述。其制氩之法是以空气为原料，用碱金

① Matyshev A A . ‘Prout’s law’ and the discovery of argon. Physics-Uspekhi，2005，48（2）：1265-1286; Stern S A，Festou M C，Parker J W，et al. The discovery of argon in comet C/1995 O1（Hale-Bopp）. The Astrophysical Journal，2000，544（2）：L169-L172.

属除去其中的H_2CO_3，用干燥剂吸收水蒸气，再用红热的镁与其中N_2、O_2反应，氩在此过程中由于化学性质极不活泼，不发生化学反应。这样经过初步分离出的氩气称为“粗制氩气”，反复数次在红热的镁屑中通过，使其含有的N_2、O_2充分反应，直到所得到的气体在光谱分析中看不见氮的特征谱线为止。其性质如下：与H_2比重为19.85；常压下比热为0.133；折光率0.96，较空气小；黏度1.21，比空气大；沸点–185℃，沸点以下呈凝水状；熔点为–188.5℃；极限温度为–121℃，极限压力为50个标准大气压。此外，提及氩气在常温下服从气体定律，其分子为单原子分子，原子量与分子量相同，为39.7。

文中还重点介绍了氩的光谱、溶解性。先让氩气放电，即低压气体在极间电压较高（约1000伏）时的放电现象，在放电管两端施加电压，由阴极逸出的电子在气体中发生碰撞电离和光电离，此时放电管的大部分区域都呈现弥漫的光辉，其颜色因气体压力不同而异，再用分光镜得到其光谱，即“用其分光像于试验之时，则因其行于管中之压力之大小，与其所用电流之性质，而常有差异”。“压力在一密特之下，则呈蓝色光线；三密特之压力时呈红色光线；电流最强而有二十密特之稠度时，其光线甚鲜明；若稠度增加自百至二百密特时，变其分光像之质性而呈鲜绿色之线”。其中，“密特”是法国压力的度量单位毫米汞柱（mmHg），1个标准大气压为760密特，1密特为1/760个标准大气压。但是，无论气体压力如何，其光谱中始终有两条弱线。氩气微溶于水，文中对其描述是“能溶化于水内，于常温一里得之水，溶化其四十立方仙迷”。其中，“里得”如前所述，为法国体积度量单位，即升（L），“仙迷”也为法国体积度量单位，即毫升（mL），文中已给出两者之间的换算比例，“仙迷亦法量，当为千分里得之一”。难能可贵的是，文中提到氩可以与水形成弱碱包和物，“天然之海水河水湖水雨水，均含氩少许，此少许中之一分为和合于水者，其又一分则仍为含包于水之气质”。这就说明，溶解于水的氩有一部分与水结合形成包和物，虽然不发生反应，而另一部分仍然为气体。

《论氩》不仅对氩已有的最新学术发现作了全面介绍，且对其未知的、世人关注的部分也进行了评述。由前面可知，氩化学性质极不活泼，第一个化合物是近年芬兰科学家在《自然》上发表合成稳定化合物氟氩化氢(HArF)的文章中提到的。此外，还未见其他报道。这一领域在当时是人们，尤其是化学家所关心的，并作了大量实验探索，“氩之化合物，尚属未知。虽往往有查报已得氩之化合物者，是皆出于误谬者也”。对于空气中是否含有其他惰性气体成分，给出了肯定的结论，“近来所得从空气中取得之纯氩，终不能谓之纯，因空气中所残余之氩，尚含有他种无作用之原质也”。并且，指出氩的化学性质、氩氦分离是化学家进一步研究的方向，“真正纯净之氩，与从空气中取得之氩，其性质中有无异同，尚不能确言之。固不论何法，若欲将氩中所含之歇僧谟之微迹除去之，至今尚未能也”。

第二节　《论歇僧谟》

《论歇僧谟》刊载于《亚泉杂志》第 8 期。歇僧谟是氩同族元素氦(He)的日文名称，日语ヘリゥム，英文名称 helium。《论歇僧谟》一文主要阐述了元素氦的发现、命名、已知化学性质。其发现过程如文中所述，“千八百六十八年 Lockyer 氏以分光镜为媒介，于太阳之雾气中发见。至千八百六十九年，又与 Framkland 氏共验，而与以歇僧谟之名。Palmirie 氏于千八百八十二年就倍司普司大山之喷出物中用分光镜试验，初得其存在地球之实证。至千八百九十五年，W. Ramsay 氏及 Koyset 氏因验氦而知空气及矿石中亦含有之”。其中，“Lockyer 氏”是英国天文学家洛克耶尔（N. Lockyer，1836～1920），“Framkland 氏”是英国人弗兰克兰，“W. Ramsay 氏”是英国化学家拉姆塞。

1868年法国天文学家简森（P. Janssen，1824～1907）在印度观测日全食时，发现钠原子的光谱线附近出现新的黄色谱线，波长为587.49纳米。同年，洛克耶尔从太阳光谱中也观察到这条谱线，当时没有已知的元素能产生这样的谱线。洛克耶尔为其取名为helium，源自希腊语 λιος（helios），意为太阳[①]。此后，许多人认为氦只存在于太阳上。1869年，洛克耶尔与弗兰克兰一起验证了太阳光谱中氦的存在。1880～1890年，美国地质学家希尔布兰德（W. F. Hillebrand，1853～1925）观察到，当把沥青铀矿放到硫酸中加热时，会放出一种气体。该气体既不能燃烧，也不助燃，不能使石灰水变浑浊，没有任何气味，他认为可能是氮气。受此启发，1895年，拉姆塞和另一位英国化学家特拉弗斯（M. W. Travers，1872～1961）合作，在用硫酸处理沥青铀矿时，也发现产生了这种不活泼的气体，用光谱鉴定为氦，并证实是一种稀有气体，确认了地球上氦的存在。拉姆塞进一步测定了氦的密度和C_p/C_{p0}（定压比热）值，确定了该气体为单原子分子，测得其原子量为4.2，并进一步确证了它的化学惰性[②]。此后，氦又被发现也存在于空气中。难得的是文中有一人是之前文献未提及的[③④]，1882年一位 Palmirie 氏第一次在“倍司普司”火山喷发物中查出氦。

---

① Stern S A，Festou M C，Parker J W，et al. The discovery of argon in comet C/1995 01(Hale-Bopp). The Astrophysical Journal，2000，544(2)：L169-L172.

② 山冈望. 化学史传：化学史与化学家传. 廖正衡，等译. 上海：商务印书馆，1995：485.

③ 柏廷顿 J R. 化学简史. 桂林：广西师范大学出版社，2003.

④ 艾伦·G. 狄博斯. 科学与历史. 石家庄：河北科学技术出版社，2000.

氦与氩均为惰性气体，但是其来源却差异较大，“氩者，其所在多属于地球，歇偕谟之所在，则地球上甚稀”。氦主要在“太阳及他之发光恒星之光包中，附于轻气而存者颇多”，“如 Cleveit、Vraninit、Broggerit、Monazit 等矿质中”，“有一种殒石”中。文中对其化学性质介绍有限，主要有其光谱特点、溶解度、气体密度、原子量等方面。氦的光谱“于红黄蓝紫每一色中，各现有五色之光线”。其溶解度很小，“比他种气质甚少”，在水中溶解度为 8.61 厘米^3/千克水，“十八度之温水百体积，容化其〇.七体积”。这一数据基本准确。其密度为氢气的 2 倍，原子量为 4，临界温度–267.8℃，临界压力 2.26 个标准大气压，故“吾人所能作最底之温度，即零下二百六十度，尚不化液”。

克鲁克斯（William Crookes，1832～1919），英国著名化学家和物理学家，杰出的光谱分析专家，氦是他于 1895 年通过分光镜确定的，但是，当时有人认为这是两种新气体的混合物，故氦未列入《化学元素新表》，“惟但据分光镜观察，尚恐二种新气质之混合云”。

第三节　《论钙之性情》

《论钙之性情》刊载于《亚泉杂志》第 1 期。其主要介绍了钙的制法及物理、化学性质。对于《亚泉杂志》刊载该文的意义，在文章开始就作了交代，“从近来学术之进步，于金属钙之杂质中，制出各种贵重之物，如钙矽养$_{三}$为玻璃中最要之成分，钙与炭化合之质，为燃灯之用是也。然纯粹之钙质，世人尚鲜知其质性”，“今巴里大学中摩意司然氏者，常以电气分析法，提出诸种稀有之金属著名，近又于提钙之事”。

钙，英文名为 calcium，源自拉丁文 calx，意为“石灰”，是在地球表面藏量占第五位的元素。钙由于化学性质活泼，主要以碳酸钙、硫酸钙的形式存在，从其化合物中分离出单质是一直困扰人们的难题。电池发明以后，化学家们才得到了分解活泼元素化合物的武器：利用电解的方法分离出它们的单质。文中对钙的制法作了简单追溯，“本世纪之初，仅得知石灰中存有一种金属之证。其后一千八百五十五年，始将钙绿$_{二}$与鎴绿$_{二}$之和合质中，以电气分析，得黄色小钙球。其后又数年，始将溶化钙碘，和以钠而制钙。然所得之数甚少，三百得拉暮（英权）之钙碘，仅得六得拉暮至八得拉暮之钙球而已”。1808年5月，英国化学家戴维（H. Davy，1778～1829）电解石灰与氧化汞的混合物，得到钙汞合金，将合金中的汞蒸馏后，获得银白色的金属钙。但是，这种方法获得的钙非常少，仅能作为这是一种金属的证明。钙的制法最主要的是电解法，其原理如下。

$$CaCl_2 \xrightarrow{\text{电解}} Ca+Cl_2\uparrow$$

文中所介绍的方法有两种，具有明显的优点，“比前法更可得利”。第一种方法是还原法，“因钙质在赤热时有与钠熔合之性。故于容积一里德（法量）之铁制冶罐中，容无水钙碘六百得拉暮，钠二百四十得拉暮，渐渐加热。至于全体赤热时，钠与钙碘中之碘化合，钙遂分离，其钙仍熔合于有余之钠中，乃俟此熔化之质渐冷，则钙在钠块之中央结颗粒，故易于分开之。纯钙之颗粒，成六角形。其结成之钙大约有四十得拉暮云”。第二种方法是电解法，“将钙碘加至赤热，而以电力分之。其电之阴极用纯镍制成之圆筒形，其阳极则用笔铅制成之棒形”。

钙是银白色金属，属于轻金属，硬度1.5，较柔软，熔点839℃，密度1.559克/厘米^3，沸点1483.85℃，即“在真空中加热至摄氏七百六十度则熔，在空气中加热至红则燃，冷时质渐柔软”，“重率一.五五乃至一.六”。钙的化学性质很活泼，在空气中极易氧化，与水、酸等物质能发生剧烈作用。其“赤热时能与轻气化合成钙轻$_{二}$之颗粒，又能与碘臭化合；摄氏四百度时，能与绿气化合；三百度时，能与养气化合，发光甚亮；平常热度，分水为轻养二气；白热时能化分硫养$_{二}$气；四百度能与硫黄化合，又能与烟煤合成钙炭之杂质；冷时虽不与淡气化合，而在淡气中徐徐加热，即能收吸淡气，与镁相似”。钙不论在固态或水溶液中都具有很强的还原性，是常用的还原剂，与氢气、卤素、氧气、水、硫、二氧化硫、碳、氮气均可以发生反应。

钙在空气中能与氧气和氮气缓慢作用形成一层氧化物和氮化物的保护膜，在空气中燃烧生成 CaO 和 Ca_3N_2：

$$2Ca+O_2 = 2CaO，3Ca+N_2 = Ca_3N_2$$

钙与热水剧烈反应放出氢气：

$$Ca+2H_2O = Ca(OH)_2+H_2\uparrow$$

Ca 能与卤素(F、Cl、Br、I)直接作用，加热时与 S、N_2、C 作用，生成卤化物、硫化物、氮化物和碳化物：

$$Ca+F_2 = CaF_2 \quad Ca+S \overset{\triangle}{=} CaS \quad Ca+2C \overset{\triangle}{=} CaC_2$$

钙与氢气在加热反应下生成 CaH_2，它遇水放出氢气，是一种常用的、方便的氢气发生剂：

$$Ca+H_2 \overset{\triangle}{=} CaH_2 \quad CaH_2+2H_2O = Ca(OH)_2+2H_2\uparrow$$

钙的氮化物为“透明黄色之颗粒，热至一千二百摄氏度时，始能熔化”。

第四节 《昨年化学界》之镭钋

《昨年化学界》连载于《亚泉杂志》第 3、4 期，是王琴希先生的译稿，选自日本物理学校杂志，是《亚泉杂志》为数不多的署名稿件之一。其文章分为 10 个方面内容，涉及无机化学、分析化学、有机化学等领域，主要有氢气沸点(“轻气沸度”)、臭氧的鉴别及其分子式（“阿纯识别法及其分子”）、镭和钋的发现（“发光原质”）、碘化合物鉴定酸碱法（“用碘化分硷类及酸类”）、空气中碘含量测定（“空气含碘”）、3 种过铬酸有机盐的性质（“过铬酸 perchromic acid”）、氰化物与镁的化学反应（“衰化合质遇镁之变化”）、羟胺构造式（“轻养阿米尼之构造”）、一种新有机物 $Si_3O_6H_4$ 的构造式（“米苏矽草酸”，由 Si_3Cl_8 遇水分解产生）、新有机物 CH_3NH_2Li 的合成（“锂-米以脱里阿摩尼恩”）。

这些内容 1/3 为分析化学、1/3 为无机化学、近 1/2 为有机化学，均为当时化学界最新的学术成果。其中，氢气沸点部分不仅介绍了杜瓦测定氢气沸点的方法、实验仪器，还详细阐述了其制真空管的方法。分析化学方面的内容已涉及无机化学的定量分析方法，在碘化合物鉴定酸碱法中出现“酸类求数”“求硷类之数”，并给出其化学反应方程式，在空气碘含量的测定中不仅详述其方法，更是给出不同地区空气中含碘量的具体数据。同时，由“爱甫加赖氏 Poul Boureet 查知人身内血中及肺心诸处，亦有碘质。泊而蒲而开脱 F. gallard 曾作一海草内含碘之表”可知，当时对碘的认识已达较高的水平，并具有较先进的分析方法。有机化学在 19 世纪中叶得到了蓬勃的发展。由于 1900 年第一个自由基——三苯甲基自由基被发现，有机化合物结构测定及有机化学反应和分类在这个时期成为人们关注的焦点，并取得很大进展。这里所刊载的有机化学内容均是关于新合成有机物的结构及其反应。尤其羟胺构造式、$Si_3O_6H_4$ 构造式、新有机化学物 CH_3NH_2Li 的合成三部分内容，不仅给出合成路线，还列出其化学结构式。这为进一步研究西方有机化学在我国的传播提供了可靠的资料。

这篇文章最值得一提的是对放射性化学元素镭、钋发现的报道。居里夫妇对放射性现象和新放射性元素的发现，不但导致了许多其他重大发现，还开辟了核物理和核化学研究的新领域。放射性元素的发现不仅在西方自然科学界引起了震动，对中国学者也造成了极大冲击。鲁迅在《浙江潮》发表的《论鈤》一文中写道："昔之学者曰，太阳而外，宇宙间殆无所有。历纪以来，翕然从之，怀疑之徒，竟不可得。乃不谓忽有一不可思议之原质，自发光热，煌煌焉出现于世界，辉新世纪之曙光，破旧学者之迷梦。若能力保存说，若原子说，若物质不灭说，皆蒙极酷之袭击，踉跄倾欹，不可终日。由是而思想界大革命之风潮，得日益磅礴，未可知也。"①《昨年化学界》是研究核化学在我国传播的重要文献，是最早关于放射性元素镭钋的报道，比《论鈤》一文还早3年。

(发光原质)披苦列弗拉 P. Burie Frau，爱司苦列 S. Curie 及奇贝门脱 G. Bemont，自丕岂冷特 Pechblende 中，得甚能发光之原质。此质在分析学中之性甚似铋，而名之曰薄罗纽姆 Polonium。诸人又偏究发光性物质，得第二种质。此二质性情全异，前者于其酸性水中通轻硫气则结沉质，其盐类在酸内能溶，加阿摩尼阿亦全结成；而第二种发光质，则性颇似钡，遇轻硫气、阿摩尼恩硫、阿摩尼阿等，皆结成，其硫酸化合质，酸类不能溶，其炭酸化合质，水中不溶，其绿气化合质，水中易溶，而醇及盐酸不溶。其发光性以弗葛台麦而揩 Fug Demarcay 之法观之，则见较钡线之弱光带，浪长等于三八一四.八(劳冷特 Rawland 之度)者显远强之线，故名之曰拉地由姆 Radium。此质有时存于钡中甚多云。铀钍及薄罗钮姆、拉地由姆，通以电气，则皆发如爱格司线之光，能感照片。而后二质力尤强。

其中，"披苦列弗拉 P. Burie Frau""爱司苦列 S. Curie"即为居里夫妇(Pierre Curie，1859～1906；Marie Curie，1867～1934)；"奇贝门脱 G. Bemont"是法国巴黎工业理化学校贝蒙特(G. Bé

① 自树. 论鈤. 浙江潮，1903，8：85-92.

mont，1867～1932)；“丕岂冷特 Pechblende”是沥青铀矿；“薄罗纽姆 Polonium”即为放射元素钋；“弗葛台麦而揩 Fug Demarcay”是法国化学家德马赛(Eugène Anatole Demarcay，1852～1904)，其方法是光谱分析法。1898 年居里夫人根据物质的放射性判断，她已发现一种新元素(镭)，请德马赛帮助鉴定。德马赛发现交给他的标本中有明显的钡的谱线(钡和镭同族，化学性质相似，二者往往同时存在难以分离)，但是，此外还有一种新元素的谱线，镭的存在因此得以确定。“浪长”为光谱波长。1869 年瑞典物理学家安德斯 · 埃格斯特朗(A. J. Angstrom，1814～1874)刊布“标准太阳光谱”及其 1000 多条谱线的波长，因此以其姓命名波长单位“埃”(1 埃=10^{-8} 厘米)。“劳冷特 Rawland”是美国物理学家罗兰(Henry Augustus Rowland，1848～1901)，1886～1895 年，其刊布新光谱波长表，载有从紫外区到红光区的 14 000 条谱线的波长和大致强度，波长单位仍沿用“埃”。因此，文中镭的波长为 3814.8 埃，即 381.48 纳米，这与目前公认的测量值 381.442 仅差 0.038 纳米。“拉地由姆 Radium”即为放射性元素镭。

图 4-1 居里夫人

居里夫人(图 4-1)受到法国物理学家安东尼 •亨利 •贝克勒尔(Antoine Henri Becquerel，1852～1908)发现铀放射性的吸引，开始对放射性的研究。1898 年 4 月，居里夫妇在贝蒙特的协助下，开始在沥青铀矿(图 4-2)中寻找新放射性元素。他们采用一种基于放射性的新化学研究方法，即先由传统的分析化学方法进行分离，再对分离出来的化合物进行放射性测量，由此可知被搜索的放射性化学元素的化学特性①。在分离过程中，随着放射性组分的活性逐步增大，被搜寻的放射性化学元素逐步被富集。1898 年 7 月 18 日，居里夫妇联名向法国科学院提交了研究报告《关于沥青铀矿中含有一种新的放射性物质》，宣布发现“活性高于铀的新元素”。“放射性”(radioactivity) 一词首次出现在该篇论文中。在报告中，他们指出，未知金属分析性质类似于铋。其后，他们着手对残留液进行分析，猜测其中仍可能含有其他放射性物质。1898 年 12 月 26 日，居里夫妇与合作者贝蒙特向法国科学院提交了研究报告《关于沥青铀矿中含的一种新的强放射性物质》，宣布发现了另一种新放射性元素镭②。报告中指出，这种物质放射性更强，化学性质与钋完全不同，用硫化氢、硫化铵或氨都无法使之沉淀；它的化学性质完全像“纯钡”，其硫酸盐和碳酸盐不溶于水，其氯化物易溶于水，但不溶于浓盐酸和乙醇③。由于这种新放射性物质与钡的化学性质极其相似，他们断言：它一定存在于钡盐的组分中。1910 年，钋的特征谱线是通过火焰光谱法测得，镭是居里夫人和她的同事德比尔纳合作，通过电解 $RaCl_2$ 溶液制得。这距两元素发现已有 12 年。由文中对钋、镭性质的描述可以看出，《昨年化学界》中两种放射性元素的内容应是来自居里夫妇于 1898 年先后提交给法国科学院的研究报告。

图 4-2　沥青铀矿

① 居里. 居里夫人自传. 北京：中国致公出版社，2003; 艾芙·居里. 居里夫人传. 左明彻译. 上海：商务印书馆，1984.

② Mazeron J J，Gerbaulet A. The centenary of the discovery of radium. Cancer Radiothérapie，1999，3(1)：19-29.

③ Susan Lindee. Marketing Marie. Nature，2005，434：140-142; Ronald Bachman. The Life of Marie Curie：Biographer of Scientist Address Library Audiencev. The Library of Congress Information Bulletin，1998，57：153，163.

此外，文中标有一级标题“一 无机化学”字样，文章似乎还应有其他化学领域的最新学术成果，但是遗憾的是直至终刊也未见其余部分。

第五节 《述鈳鎵鍺三原质之性情》

《述鈳鎵鍺三原质之性情》刊载于《亚泉杂志》第7期。鈳、鎵、鍺是杜亚泉对新发现的化学元素钪、镓、锗的中译名。德米特里·伊万诺维奇·门捷列夫(Dmitri Ivanovich Mendeleev，1834～1907)成功地预测了当时元素周期表中的空位——尚未发现的元素镓、钪、锗及其性质[①]。其发现过程已在上文中详述。对于编写该文的初衷，文章开始已说明，“前册杂志，揭化学周期律，又言周期律初创之时，鈳鎵鍺三原质尚未发见。惟因表中三周期内尚有三空位，预想此空位必有新原质可以补充，并预言其原点之重率及性质。后三原质查出，果与预言吻合。但此三原质之性情，旧译书中，尚未述及，故辑述之”。

一、钪

《述鈳鎵鍺三原质之性情》一文介绍了钪的来源，其氢氧化物的制备，其氧化物、硝酸盐、复盐性质。钪是1879年年初瑞典化学家尼尔森(Lars Fredrik Nilson，1840～1899)发现的，其来源于“油层奈脱”(euxwnite)，这是一种产自瑞典的较稀少的矿物黑稀金矿，在《金石识别》中有记录，其英文名称euxenite有“好客之义，以其含稀有原质最多故也”。钪是1936年分离得到单质的，之前多是研究其化合物化学性质。其氧化物Sc_2O_3为“白

① Chemistry International Group. Mendeleev's Triumph. Chemistry International，2007，29(4)：3.

色之末，遇热不熔”，“与镁养相似”，“比重三.八六，比温〇.一五三”，其制备方法是“从錮(轻养)$_{三}$及錮(淡养$_{三}$)$_{三}$加热而得之”。其氢氧化物 $Sc(OH)_3$ 通过“从其盐类之溶液中，加钠轻养或钾轻养”而得，为“胶形之质”，且不溶于碱。其硝酸盐 $Sc(NO_3)_3$ 为“柱形之颗粒”，“虽灼热亦难分解”。其硫酸复盐 $Sc_2(SO_4)_3 \cdot 3K_2SO_4$“易溶化于温水中”。

二、镓

《述錮鉫鉬三原质之性情》介绍元素镓的发现、制备，以及其氧化物、氢氧化物、硫化物、氯化物、硝酸盐、硫酸盐的制备及性质等。其发现于“千八百七十五年，Lecog de Roisbaudran 氏用分光镜从 Pierrefitte 产之锌硫矿中查出。复于他处之硫黄矿中亦见之，Linnemann 氏命名 Autsrium”。

在化学元素周期系建立的过程中，性质相似的元素成为一族已为化学家们接受。当时法国化学家布瓦博德朗(P. E. L de Boisbaudran，1838～1912)利用光谱分析发觉，似乎在铝族中铝和铟之间缺少一种元素。从 1865 年开始，他用分光镜寻找该元素，分析了许多矿物，但是都未成功。1875 年，布瓦博德朗在用光谱法分析从比利牛斯闪锌矿得到的提取物时，发现两条从未见过的新谱线，其波长在 417 纳米处，经进一步确定为一新元素。布瓦博德朗为了纪念自己的祖国法兰西，把新发现的元素命名为 gallium。镓的发现进一步证实了门捷列夫元素周期表对未知元素的预见性，“未作周期律时，预想铟铝之间必有一原质，有六十九之原点重率。因名此预想之原质为 Ekoaluminium 以补其位，又推定其性质之大概。及鉫查出之后，尚不知与预想者是否一物，迨得原点重率全相符合，始明晰。而米氏之周期律，遂得一确证”。

镓是化学史上第一个先从理论预言，后在自然界中被发现验证的化学元素，在地壳中的含量仅约 0.001%。当时所得到的单质镓很少，其“为白色坚硬固之金属”，相对密度为 5.9，“热至三十度即溶”。其光谱“在分光镜中有二条紫色光线”，化学性质“与铝相似”，但活泼性低于铝。常温下镓不与氧和水作用，“空气中仅其皮面能与养化合”，与沸水发生剧烈反应(生成氢氧化镓放出氢气)，即“遇水则生变化”。镓及其氢化物、氢氧化物都是两性的，镓作为两性金属元素，既可溶于酸，也可溶于碱，“能溶化于盐酸及钾轻养、铔轻养中”，但“不为硝酸侵蚀”。镓的制备方法“将鉦二(硫养四)三溶化于铔莫尼亚中，而以电气分析之”。文中特意提到镓铝合金，若含镓多者，“于平常热度成流质，遇水则与钠相似”。其氧化物可通过“将鉦(淡养三)三灼热”，“在轻气中将硝酸飞散”制得。其氢氧化物“以鉦(淡养三)三加硷水制之，结成絮形之物”，该化合物在“硷性水能溶，铔轻养中略难溶”。其氯化物通过将“鉦在绿气中或盐酸中灼热制之”，是一种“无色之大颗粒”，化学性质“与铝绿三相似”，“均于空气中能发烟，且潮解”。其硝酸盐与硫酸盐“皆结颗粒而易于潮解”，其中，复盐 $NH_4Ga(SO_4)_2\cdot 12H_2O$“近似明矾”。镓的硫化物可由可溶性镓盐与硫化氢反应而得。镓的氯化物 $GaCl_3$ 是一白色针状晶体，极易溶于水，易溶于苯、四氯化碳等有机溶剂中。由金属镓与干燥的氯化氢气体在 200℃反应，此时可收集 $GaCl_3$ 的升华物。但是，还伴随有 $GaCl_2$，这是因为“鉦绿三与鉦共热”可以生成，但其吸湿，不稳定，遇水分解，“百六十四度溶为清澄之流质，五百三十五度为气质”。

三、锗

《述銅鉦鉬三原质之性情》介绍了锗的发现、制法、物理性质及化学性质、化合价等。锗为“千八百八十六年 Cl. Winkler 肥克而氏所查出”，“肥氏将砂地所产之一种极稀有矿石名 trgyrodit 者，查得其为鈤硫$_{二}$三银$_{二}$硫后，Penfield 氏又得矿石名 Confieldk 者，查得其为鈤硫$_{二}$四银$_{二}$硫”。“Cl. Winkler 肥克而氏”是德国化学家克雷门斯·亚历山大·温克勒（Clemens Alexander Winkler，1838～1904）。温克勒在工业气体分析及环境问题方面颇有建树，被认为是“工业气体分析的创建者”，岩矿分析在温克勒的研究中占有很大比重，发现新元素锗是其学术生涯最辉煌的篇章。“trgyrodit”是夫赖贝格（Freiberg）附近发现的硫银锗矿（argyrodite）。1886 年 2 月，温克勒在用光谱法分析硫银锗矿组分时，8 个全分析结果均差 7%左右，因此他断定矿石中含有一种未知的新元素。他用氢气还原硫化锗制得金属锗。“锗的发现，使人想起海王星的发现。门捷列夫也指明，锗的发现是对元素周期律的正确性的一次重要证明”[①]，显示出伟大的理论力量。文中对这点表述如下，“米氏周期律中已知锡与矽之间有一原质。其原点重率约为七十三。因名此预想之原质为 Ekasilicium，今鈤之性情与米氏所预想者大有符合。因此而周期律之证愈确”。

锗属于稀散元素，没有可供工业开采的矿石，在地壳中的含量为 0.0007%，主要矿物有硫银锗矿[$4Ag_2S \cdot GeS_2$]、黑硫银锡矿[$4Ag_2S \cdot (Sn，Ge)S_2$]、锗石[$3Cu_2S \cdot FeS \cdot 2GeS_2$]、硫锗铁铜矿[$(Cu，Fe)_3(Fe，Ge，Zn，Sn)(S，As)_4$]。但是，这些独立矿藏量稀少，大量的锗分散在煤及金属硅酸盐和硫化物矿中，闪锌矿中锗的含量为 0.001%～0.1%。由文中可知，当时锗的来源还有“鏒锆之相近矿石中”（鏒为钛）。温克勒提炼锗的原理是先将硫化物矿氧化，使矿石中的硫化锗转化为二氧化锗，再用盐酸溶解

①赵匡华. 化学通史. 北京：高等教育出版社，1990：239-241.

并蒸馏，利用四氯化锗的挥发性将它分离出来。再将四氯化锗水解，使其转变为二氧化锗，最后在低于 540℃的温度用氢气还原氧化锗。然而，从硫银锗矿石中提取锗的方法是“以硫黄与苏特和矿石而灼热，熔融之，则成钠$_{二}$硫鉬硫$_{二}$等质，而消化于水中以分出之”。

锗单质是“暗灰色之粉末”，其制法为“鉬养置轻气中，或与炭相和，灼热之”。其物理性质为“灰白色之金属光辉”，“八面形颗粒”，“九百度则熔”（熔点 937.4℃），“其比重二十度时为五.四六，九百度时为〇.〇七三七，四百四十度时为〇.〇七五七”（相对密度 5.36）。锗常温下在空气中较稳定，在高温下能被氧化，灼热后“燃烧而成白色之蒸气。为鉬养$_{二}$”，熔融时“能于强硷水中溶化”。其“于寻常火焰中不现光色，在电火则能发现光像”。其在“盐酸中不溶化，与矽同”，“遇硝酸则变成鉬养$_{二}$，与锡同”，表明硅、锗、锡同族，在化学性质上具有渐变性，其化合价则“与锡相同，有二价或四价”。

锗的化学性质虽然比较稳定，但是在高温下易被氧化，其氧化物有两种，GeO 和 GeO_2，前者不稳定，“易吸养气而成鉬养$_{二}$”，后者可由“鉬或鉬硫$_{二}$焙烧而得”，或锗“遇硝酸而成”，“能溶化于百度热之九十五体积之水中”。锗与非金属反应，产物为+4 价，“鉬在绿气中受微热，即烧成淡蓝之光，而成粉末形之鉬绿$_{四}$”，“鉬在轻绿气中热之，则成鉬轻绿$_{三}$”。$GeHCl_3$ 为一“稠质”，“在空气中即变浊而分出无色之油形滴，为鉬养绿$_{二}$”。此外，锗还可与“汞绿$_{四}$共热，亦成鉬绿$_{四}$”，四氯化锗在常温下是一种发烟液体，在水中可分解为“轻绿及鉬（轻养）$_{四}$”，但是却不溶于浓硫酸，即“浓硫酸不能消化之”。文中对四溴化锗、四碘化锗也做了叙述，并给出四碘化锗的制备方法，“钾碘和鉬绿$_{四}$共热而制之”。

由文中结尾的“鉬之盐类甚多，不枚举”可看出，当时对锗的盐类了解得比较多。

18世纪70年代到19世纪初西方化学界新发现了一系列重要元素，这些元素给化学元素周期表的完善带来了突破性的发展。

《亚泉杂志》通过发表《论氩》《论歇僭谟》《昨年化学界》等一系列文章，将西方化学界在元素发现领域中的重大成果引入中国。氩和氦的发现给门捷列夫元素周期表带来严峻的考验，因为门氏的表中并没有稀有气体的空位。而且，氩和氦的惰性、0价和原子量都给原来的周期系造成某些混乱和危机，以致无法按通常意义将它们进行分类。但是，拉姆塞对周期律的意义有着深刻的理解，深信氦和氩应在周期表中占有一席之地，从而开辟一个新的元素族——零族。零族元素的出现不仅进一步证明了元素周期律的科学性和预见性，而且有力地体现了周期系的严整性、广容性和统一性。《亚泉杂志》报道了氩和氦两种元素的发现及性质，还介绍了氩元素发现的起因，并且详细地列举了氩的物理及化学性质。惰性气体的发现不仅再次证明了元素周期律的真理性和统一性，而且它们独特的化学性质也为人类认识原子结构和建立现代化学键理论奠定了坚实的实验基础。

《亚泉杂志》对镭和钋这两种放射性元素的发现及其重要化学性质的报道，距居里夫妇发现镭、钋仅两年多时间，是中国最早对放射性方面知识的引入，这对中国核化学史研究有着重要意义。镭和钋的发现被列为19世纪末物理学界的三大发现(X射线的发现、天然放射性的发现、阴极射线的定性和定量研究)之一，引起了整个科学界的重视。这一放射性现象和新放射性元素的发现及研究，不仅给科学界提供了两种用途广泛的放射性元素，更重要的是摸索出了一种提炼制取放射性元素的方法，这促进了后来大量人工合成放射性元素的成功，以及其他诸多重大发现，还开辟了核物理和核化学研究的新领域。

钪、镓、锗的发现，在《亚泉杂志》之前的译书中均未述及，其物理及化学性质更是没有详细报道。但是，这三种元素的发现，在化学史上具有极为重要的意义，充分说明元素周期律是自然界的一条客观规律，为以后元素的研究，新元素的探索，新物质、新材料的寻找，提供了一个可遵循的规律。《亚泉杂志》弥补了这一缺憾，通过联系元素周期律的发展史将这三种元素的物理及化学性质较系统地引入中国。

此外，在《鈹即鋊考》一文中详细阐述了鋊更名为铍的原因，并说明这是当时西方化学发展的结果。

《亚泉杂志》作为晚清民初以化学为主的科技期刊，能够在科学认识发展过程中敏锐地发现具有极高学术价值的科研成果，并在较短时间内将其引入中国，所产生的历史意义是巨大的。

第五章 《亚泉杂志》刊载之定性化学

《亚泉杂志》中连续刊载的《定性化学》一书由日本医科大学下山顺一郎校阅，平野一贯、河村汪编纂，是当时日本有名的化学教材[①]。下山顺一郎本人将中国传统本草学与近代生物科学结合形成日本生药学的权威，对当时的定性化学具有较大的影响[②]。袁翰青认为该文是19世纪中国出版的中文化学重要书籍[③]。目前，有关《定性分析》一文仅见对《亚泉杂志》的研究中述及，并未有专门系统的研究[④]。

杜亚泉在《亚泉杂志》第3期的"下册预告"中清楚地表明该书的来源是"速成教习学堂王君处借得"，并且，该书"本馆屡次购置迄未购得"，遂"拟按期译录"，"诸君亦必同此快睹之心"。本章针对《定性化学》中考质分试法和考质相生法与《化学鉴原》相关内容进行比较研究，厘清这一史料的重要内容及其在近代化学传播中的地位。

---

① 《化学发展简史》编写组. 化学发展简史. 北京：科学出版社，1980；本田一二. 美日科技报道史话[M]. 刘明华，译. 北京：新华出版社，2004；汤浅光朝. 科学文化史年表. 北京：科学普及出版社，1984.

② 下山顺一郎，朝比奈泰彦，藤田直市. 生药学. 东京：南江堂，1936.

③ 袁翰青. 中国化学史论文集. 北京：生活·读书·新知三联书店，1956.

④ 张子高，杨根. 介绍有关中国近代化学史的一项参考资料——《亚泉杂志》//杨根. 徐寿与中国近代化学. 北京：科学技术文献出版社，1986；苏力，姚远. 中国综合性科学期刊的嚆矢——《亚泉杂志》. 编辑学报，2001，13（5）：5-10；高峻. 中国最早的自然科技期刊——《亚泉杂志》. 出版史料，2003，02：24-25；孙凤琴. 杜亚泉及《亚泉杂志》. 河北科技图苑，1996，S1：96-97；谢振声. 我国最早的化学期刊——《亚泉杂志》. 新闻与传播研究，1987，3；徐克敏. 我国最早的科技期刊《亚泉杂志》. 中国科技期刊研究，1990，1（3）：81-84.

《定性分析》刊载于《亚泉杂志》第 4～10 期，共两万四千余字，其目录如表 5-1 所示。译者及编者杜亚泉于光绪二十六年(1900)十一月十一日为该书专门写了前言，在前言中对定性分析做了清晰的解释，“定性分析云者，盖亦考质之意也”。由此可知，《定性分析》以“俄国某府大学教授排依鲁氏所著之作 *Anleitung zur Quantitativen Analyse* 为标准”，参考众家之长而成。

该书分为两章，第一章为考质分试法，选盐类中常用的 38 种分别进行试验，“以示各本质配质相感之性”。第二章为考质相生法，即鉴定各本质、配质，分为大略试法、考本质法、考配质法。该书选择常用盐类考察其化学性质，对盐类的名称多用俗语。

表 5-1 《定性分析》目录

章节	题目	
第一章考质分试法	一食盐($NaCl$)、二苏特($Na_2CO_3 \cdot 10H_2O$)、三元明粉($Na_2SO_4 \cdot 10H_2O$)、四咸磠沙(NH_4Cl)、五咸硝(KNO_3)、六智利硝($NaNO_3$)、七燐盐(Na_2HPO_4)、八硼砂($Na_2B_4O_7 \cdot 10H_2O$)、九外国元明粉($MgSO_4 \cdot 7H_2O$)、十白石粉($CaCO_3$)、十一钡绿$_{二}$($BaCl_2 \cdot 2H_2O$)、十二鍶绿$_{二}$($SrCl_2 \cdot 6H_2O$)、十三石膏($CaSO_4 \cdot 2H_2O$)、十四铔矾($Al_2(SO_4)(NH_4)_2O_4 \cdot 24H_2O$)、十五钾$_{二}$铬$_{二}$养$_{七}$($K_2Cr_2O_7$)、十六铁(Fe)、十七碼石($MnO_2$)、十八锌(Zn)、十九镍硫养$_{四}$($NiSO_4 \cdot 7H_2O$)、二十钴(淡养$_{三}$)$_{二}$($Co(NO_3)_2 \cdot 6H_2O$)、二十一铅(Pb)、二十二铋(Bi)、二十三铜(Cu)、二十四镉(Cd)、二十五水银(Hg)、二十六银(Ag)、二十七锡(Sn)、二十八锑(Sb)、二十九砒及砒霜(As，As_2O_3)、三十钾绿养$_{三}$($KClO_3$)、三十一钠$_{二}$矽养$_{三}$(Na_2SiO_3)、三十二钾$_{二}$炭$_{二}$轻养$_{四}$($K_2C_2HO_4 \cdot H_2O$)、三十三钠$_{二}$硫$_{二}$养$_{三}$($Na_2S_2O_3 \cdot 5H_2O$)、三十四钾碘(KI)、三十五鍶硫养$_{四}$($SrSO_4$)、三十六钡硫养$_{四}$($BaSO_4$)、三十七钾衰(KCN)、三十八醋铅($(CH_3COO)_2Pb \cdot 3H_2O$)	
第二章考质相生法	甲 大略试法	一试筒中加热之感应 二木炭上吹火灼热之感应 三以苏特拌和灼热之感应 四燐盐珠之色 五火焰之色 六溶化之法

续表

章节	题目	
第二章考质相生法	乙 考本质法	一本质分类法
		二分第一类法
		三分第二类法
		四分第三及第四类法
		五分第五及第六类法
		六分第五类法
		七分第六类法
		八考水及酸类不能溶化之物质
	丙 考配质法	一查配质之法
		二考盐酸硝酸硫酸燐酸诸配质之法
		三考其余诸配质之法
		四考有机配质之法
		五考矽养二盐类
		六考含衰之杂质

第一节　考质分试法

本节主要是对常用盐类的化学性质进行说明，编者在正文旁加注了许多化学试验方法，使得读者能深入地对文中的化学知识用试验验证，并提醒读者在试验中的注意事项。现将本节内容用化学原理解释。

一、盐类

1. NaCl

一置食盐于试筒中加热，哋哋发声，更加大热则熔融。二以食盐黏于白金线，端入酒灯火焰之边缘，或吹火之外层，烧之，其火焰显黄色，此黄色火焰，以钾$_{二}$铬$_{二}$养$_{七}$之颗粒，或汞碘$_{二}$涂纸上，照之，其颗粒或纸片呈白色，或以蓝色玻片隔之，则其透过之色，不见黄色。三以食盐溶化于水，此盐水加银淡养$_{三}$，结成白色之银绿沈下，硝酸不能溶化，铔莫尼亚能溶化之，溶化后加硝酸，使有酸性，复结成银绿，其银绿遇日光渐变紫黑色。四以盐水加汞(淡养$_{三}$)$_{二}$，即结成白色之汞绿$_{二}$沈下，硝酸不能溶，加铔莫尼亚即变黑色，为汞与铔绿之和合质，名曰含汞铔绿。五以盐水加醋铅即铅(炭$_{二}$轻$_{三}$养$_{三}$)$_{二}$，结成白色之铅绿$_{二}$沈下，铔莫尼亚不能溶，沸水能溶之，冷时结成针状之颗粒为铅绿$_{二}$。六加浓硫酸，则沸而有刺激性之臭，加热，则发生轻绿气飞去。

对 NaCl 的可熔融性，焰色反应，生成氯化银沉淀、氯化汞沉淀、氯化铅沉淀，遇酸生成 HCl 气体的化学性质，做了详细的描述。其中，NaCl 和各种盐分别生成沉淀，其化学原理可用以下化学方程式说明。

在 NaCl 水溶液中加入 $AgNO_3$ 可以生成 AgCl 沉淀：

$$NaCl+AgNO_3 = AgCl\downarrow +NaNO_3$$

AgCl 不能溶于硝酸，但是可溶于氨水，生成银氨络合物：

$$AgCl+2NH_3\cdot H_2O = Ag(NH_3)_2Cl+2H_2O$$

$Ag(NH_3)_2Cl$ 加入硝酸又可生成 AgCl 沉淀，并且这种沉淀有感光效应，可以作为照相机中的感光材料使用。

在 NaCl 水溶液中加入 $Hg_2(NO_3)_2$ 可以生成白色 Hg_2Cl_2 沉淀：

$$2NaCl+Hg_2(NO_3)_2 = Hg_2Cl_2\downarrow +2NaNO_3$$

Hg_2Cl_2 不溶于硝酸，加入氨水发生歧化反应，析出金属汞：

$$Hg_2Cl_2+2NH_3\cdot H_2O = HgNH_2Cl+NH_4Cl+Hg\downarrow$$

在 NaCl 水溶液中加入 $(CH_3COO)_2Pb$ 生成白色 $PbCl_2$ 沉淀：

$$2NaCl+(CH_3COO)_2Pb = 2CH_3COONa+PbCl_2\downarrow$$

白色的 $PbCl_2$ 沉淀不溶于氨水，但是溶于沸水，并且冷却后可析出 $PbCl_2$ 晶体，其晶体为白色斜方晶体。

在 NaCl 中加入浓硫酸，可生成 HCl 气体：

$$2NaCl+H_2SO_4 = Na_2SO_4+2HCl\uparrow$$

此外，文中有“试筒临用须以蒸水洗净，又凡使定质加热之，试筒须甚干燥。而使试筒干燥之法则先于酒灯上加热，而用玻管插入吸出其气”，“白金线之端曲成小圈湿之，然后可黏欲考之质”的注解，详细介绍了洗涤、干燥试管的方法，以及如何采用铂丝蘸取物质进行焰色反应。

2. $Na_2CO_3 \cdot 10H_2O$

一于试筒中加热则有水分出。二火焰显黄色。三易溶化于水，其溶液成硷性，加轻绿则发生炭养$_{二}$气。

$Na_2CO_3 \cdot 10H_2O$ 俗名纯碱，又称苏打、碱灰，是一种重要的化工基本原料，这里主要阐述了 $Na_2CO_3 \cdot 10H_2O$ 的焰色反应及遇酸生成 CO_2 气体的性质。其化学反应如下。

$$Na_2CO_3 \cdot 10H_2O+2HCl = 2NaCl+CO_2\uparrow +11H_2O$$

值得一提的是，编者用“见一之二”清楚地表明了 NaCl、$Na_2CO_3 \cdot 10H_2O$ 使火焰显黄色是同样的原因，即 Na^+的焰色反应。但是，文中的“炭养$_{三}$气”应为 CO_2 气体。

3. $Na_2SO_4 \cdot 10H_2O$

一于试筒中加热有水分出。二火焰显黄色。三于木炭上以吹火内层灼热之生褐色之钠$_{二}$硫，此钠硫研细置白银片上，加水一二点，则周围有黑色之痕迹为银$_{二}$硫。四以水溶之加钡绿$_{二}$，结成白色之钡硫养沈下，酸类不能溶。五加醋铅，结成白色之铅硫养$_{四}$，酸类不能溶，加轻$_{二}$硫变黑色，是为铅硫。其式为

铅硫养$_四$加轻$_二$硫══轻$_二$硫养$_四$加铅硫

$Na_2SO_4 \cdot 10H_2O$ 俗名芒硝，又名格劳柏盐，无结晶水时称为元明粉，是一种白色细粒结晶或粉末。无水硫酸钠是生产硫化钠、硅酸钠等化工产品不可缺少的原料，在造纸工业、玻璃工业、染料工业、肥皂制造等方面，尤其以染料、洗涤剂用量较多。这些用途都是当时中国化工生产的主要方面，故推测引入阐述 $Na_2SO_4 \cdot 10H_2O$ 化学性质的原因就在于此。

这里主要说明 $Na_2SO_4 \cdot 10H_2O$ 的氧化还原反应、置换反应及沉淀反应。

$Na_2SO_4 \cdot 10H_2O$ 与可溶性钡盐生成的 $BaSO_4$ 沉淀不溶于酸，并且溶解度很小，但是 $Na_2SO_4 \cdot 10H_2O$ 与可溶性铅盐生成的白色 $PbSO_4$ 沉淀，其溶解度为 0.0041 克/100 克水(20℃)，可以转化为更难溶的黑色 PbS 沉淀。其化学反应如下。

$$Na_2SO_4 \cdot 10H_2O + BaCl_2 = 2NaCl + BaSO_4\downarrow + 10H_2O$$

$$Na_2SO_4 \cdot 10H_2O + Pb(CH_3COO)_2 = PbSO_4\downarrow + 2CH_3COONa + 10H_2O$$

$$PbSO_4 + H_2S = PbS\downarrow + H_2SO_4$$

但是，对于文中第三点提到的“于木炭上以吹火内层灼热之生褐色之钠$_二$硫，此钠硫研细置白银片上，加水一二点，则周围有黑色之痕迹为银$_二$硫”，以目前已有的化学知识难以解释。其化学原理可用下列化学方程式说明。

$$Na_2SO_4 \cdot 10H_2O + 4CO = Na_2S + 4CO_2\uparrow + 10H_2O$$

$$Na_2S + 2Ag = Ag_2S + 2Na$$

CO 的还原性在高温下才能得到体现，而普通木炭的火焰温度应低于 600℃，该反应从理论上看可以进行，然而由于反应速率问题，实际是很难发生的。此外，按照金属活泼性质的排序，Ag 活泼性排在 Na 后面，单质 Ag 不能置换出钠盐中的

Na，故该反应不可能发生。

4. NH_4Cl

一试筒中加热不熔融而化气飞散，凝于试筒之上截。二溶化于水加铂绿，结成黄色之质沈下。(译注：以后凡将物质溶化于水者称之曰某某水或称溶液)三錏绿水加银淡养$_{三}$，结成白色之银绿沈下。四錏绿水加钠轻炭$_{四}$轻$_{四}$养$_{六}$，结成白色之质沈下，为錏轻炭$_{四}$轻$_{四}$养$_{六}$。五錏绿加石灰水，即发生淡轻$_{三}$，其气易辨，红试纸遇之即变蓝色，以玻璃条湿盐酸或醋酸近其气，即生白雾。六查錏莫尼亚或其盐类之痕迹(如于饮水中查其含錏莫尼亚否)，用讷司雷氏之试药最佳，此试药遇錏莫尼亚或其盐类，即结成红色之质沈下，如所含錏莫尼亚极少，则其水亦略变黄色，制此药之法，为钾碘二分，加水五分，溶化之，复于此溶液中加红色之汞碘$_{二}$三、二分，溶化后更以水二十。

四(汞碘$_{二}$钾碘)加六钾轻养加二淡轻$_{三}$═══二([淡轻$_{二}$汞碘]汞养)
加十钾碘加四轻$_{二}$养

NH_4Cl 是一种无色立方晶体或白色结晶，主要用于选矿和鞣革，农用肥料及染色助剂、电镀浴添加剂，也用于镀锡和镀锌、制蜡烛、黏合等。该物质易挥发，加热至 100℃时开始显著地挥发。这里主要阐述了它的易挥发性、生成配位化合物、沉淀反应。

其中，NH_4^+或 $NH_3 \cdot H_2O$ 的检测值得一说，文中清楚地表明检验试剂为一种称为“讷司雷氏”的试剂，用于“查錏莫尼亚或其盐类之痕迹(如于饮水中查其含錏莫尼亚否)”，说明该试剂用于检测含量很小的 NH_4^+或 $NH_3 \cdot H_2O$，并给出配制比例，即 KI、HgI_2、H_2O 的质量比为 5∶2～3∶20，可看出 KI 过量，且由方程式可知反应在碱性条件下进行。由此推测该试剂为奈斯勒(Nessler)试剂，这是一种专门检测微量NH_4^+的特殊试剂。其化学原理是红色不溶性的汞盐HgI_2，在过量的I^-作用下，可溶解生成无色的配离子，该配离子的碱性溶液遇NH_4^+可生成红棕色沉淀。其化学反应方程式如下。

$$HgI_2+2I^- = [HgI_4]^{2-}$$

其后续反应文中用下列化学方程式表明：

$$4[HgI_2\ KI]+6KOH+2NH_3 = 2[NH_2HgI]HgO+10KI+4H_2O$$

但是笔者对此持有异议，其原因是文中反应式中 $HgI_2\ KI$ 不是配合物 $K_2[HgI_4]$。

其余文中涉及的化学原理可用下列方程式说明。

$$2NH_4Cl+PtCl_4 = (NH_4)_2PtCl_6$$

$$NH_4Cl+AgNO_3 = AgCl\downarrow+NH_4NO_3$$

$$NH_4Cl+NaHC_4H_4O_6 = NH_4HC_4H_4O_6\downarrow+NaCl$$

$$2NH_4Cl+Ca(OH)_2 = CaCl_2+2NH_3\uparrow+2H_2O$$

$$NH_3+HCl = NH_4Cl\text{(白雾)}$$

其中，NH_4Cl 遇 $PtCl_4$ 是否能生成$(NH_4)_2PtCl_6$不能确定，因为不是$PtCl_4$仅仅溶于水就能生成H_2PtCl_6，而是 Pt 溶于王水和 HCl 反应生成H_2PtCl_6。

5. KNO_3

一试筒中加热能熔，若更加高度之热，能放养气，其所余为钾淡养$_{\text{二}}$。二以吹管于木炭上加热，剥剥发声，所余之质，含钾炭养$_{\text{三}}$。三其火焰有茄花色，隔蓝玻片视之，现深红色。四溶化于水至饱足(凡溶化于水愈浓则其相感愈速愈灵，寻常消化物质须将物质溶化于沸水至有余，俟其冷而过淋提其不溶化及结成者方可)，加钠轻炭$_{\text{四}}$轻$_{\text{四}}$养$_{\text{六}}$，结成白色之质沈下，若其水淡，则结成稍缓，以玻条在试筒内边摩擦之，则速能结成。五钾淡养$_{\text{三}}$水加铂绿$_{\text{四}}$，结成黄色之重质沈下，即铂绿$_{\text{四}}$二钾绿，其式为

三铂绿$_{四}$加四钾淡养$_{三}$═══二(铂绿$_{四}$二钾绿加铂(淡养$_{三}$)$_{四}$)

若溶化之钾淡养$_{三}$甚淡，则结成甚缓，须多加酒精则较速。六将钾淡养$_{三}$水加等分之浓硫酸，待冷，缓缓加入铁硫养$_{四}$水，令浮于该水之上，则二水相接之界，成一红黑色之轮层，此轮层即二(铁硫养$_{四}$淡养)，其变化之式为

六铁硫养$_{四}$加二轻淡养$_{三}$加三轻$_{二}$硫养$_{四}$═══二淡养加三铁$_{二}$(硫养$_{四}$)$_{三}$加四轻$_{二}$养

七以蓝靛即炭$_{八}$轻$_{五}$淡养化水一二滴，加入钾淡养$_{三}$，更加盐酸煮沸，其蓝色消灭，变为红黄色之质，系炭$_{八}$轻$_{五}$淡养$_{二}$，名曰衣柴亲，其式为

三炭$_{八}$轻$_{五}$淡养加二轻淡养$_{三}$═══三炭$_{八}$轻$_{五}$淡养$_{二}$加轻$_{二}$养

八以钾淡养$_{三}$与铜屑混和，加浓硫酸热之，发红雾，即淡养$_{二}$。

九以钾淡养$_{三}$加钠轻养及铅屑或锌屑铁肩而热之，即发铔莫尼亚，其式为

钾淡养$_{三}$加八轻═══淡轻$_{三}$加钾轻养加二轻$_{二}$养

KNO_3是无色透明斜方或菱形晶体或白色粉末，易溶于水，能溶于液氨和甘油，不溶于无水乙醇与乙醚中，为强氧化剂，与还原剂碳、硫及钛等金属粉末接触能引起燃烧或爆炸。这里主要阐述了KNO_3的不稳定性、生成有机酸盐沉淀等性质。

KNO_3是活泼金属的硝酸盐，受热放出O_2，并生成亚硝酸盐。文中对KNO_3性质说明的第一点就是这个性质，其化学反应如下。

$$2KNO_3 \xrightarrow{\triangle} 2KNO_2+O_2\uparrow$$

文中第三点说明的是KNO_3焰色反应，现在常用其这一性质制造烟火。第四点所涉及的化学原理如下。

$$KNO_3+NaHC_4H_4O_6 = KHC_4H_4O_6\downarrow+NaNO_3$$

第五点是 KNO_3 与 $PtCl_4$ 反应生成黄色物质，其不溶于水，原方程式中产物为 $PtCl_42KCl$，笔者认为这不符合化学分子式的书写，应为 $K_2(PtCl_6)$ 晶体，故化学方程式为

$$3PtCl_4+4KNO_3 = 2K_2(PtCl_6)\downarrow+2Pt(NO_3)_4$$

这里要说明的是，$PtCl_4$ 遇水会发生强烈水解，但其水解产物却未能查出。

第六点是一种鉴定 NO_3^- 的反应，称为棕环反应。其原理是利用 Fe^{2+} 和 NO_3^- 的氧化还原反应产物 NO 和 $FeSO_4$ 生成不稳定的深棕色亚硝基化合物。其化学反应式为

$$8FeSO_4+2KNO_3+4H_2SO_4 = 3Fe_2(SO_4)_3+2[FeNO]SO_4+K_2SO_4+2H_2O$$

文中化学方程式未出现 $[FeNO]SO_4$，是因为这种亚硝基化合物不稳定，加热时，一氧化氮即从溶液内完全逸出。

第七点中的蓝靛是一种染色剂，其分子式为 $C_{16}H_{10}N_2O_2$，系统命名为 2-(1, 3-二氢-3-氧代-2H-吲哚-2-亚基)-1, 2-二氢-3H-吲哚-3-酮，而文中分子式为 C_8H_5NO，这是间氰基苯甲醛，并非蓝靛。蓝靛在酸性情况下遇氧化剂生成靛红 $(C_8H_5NO_2)$，即文中的“衣柴亲”。

第八点化学反应方程式如下。

$$Cu+2KNO_3+2H_2SO_4 = CuSO_4+2NO_2\uparrow+K_2SO_4+2H_2O$$

第九点未能推出其化学反应过程。

这一节中还详细地介绍了饱和溶液的制备，“溶化于水至饱足”，“寻常消化物质须将物质溶化于沸水至有余，俟其冷而过淋提其不溶化及结成者方可”，并说出了反应物浓度与反应速率之间的关系，“凡溶化于水愈浓则其相感愈速愈灵”，即浓度越高，反应速率越大。

6. $NaNO_3$

一以钠淡养$_{三}$加热于木炭上，剥剥发声，其所余之质，含钠$_{二}$炭养$_{三}$，故其残渣以水湿之，置红试纸上变蓝色，又加轻绿能发炭养$_{二}$气。二有钠之感应（见一之三）。三有淡轻养$_{三}$之感应（如五之六）。

$NaNO_3$是一种白色细小结晶，间或带淡灰色、淡黄色，易溶于水和液氨，微溶于甘油和酒精，易潮解。其主要用于化学工业、玻璃、冶金、机械、染料等行业。其化学性质与KNO_3部分相似，都属于活泼金属的硝酸盐类。这里主要介绍了它的焰色反应等性质。

7. Na_2HPO_4

一试筒中加热，有水分出，其溶液有硷性。二以燐盐水加银淡养$_{三}$结成黄色之银$_{三}$燐。三燐盐水中加醋铅，结成白色之铅$_{三}$（燐养$_{四}$）$_{二}$沈下，淡轻养$_{三}$能溶化之。四燐盐水中加钙绿$_{二}$或钡绿$_{二}$，结成白色之钙轻燐养$_{四}$或钡轻燐养$_{四}$，遇轻绿能溶化，溶化之水，加铔莫尼亚至有硷性，即分出钙$_{三}$（燐养$_{四}$）$_{二}$或钡$_{三}$（燐养$_{四}$）$_{二}$，其式为

三钙轻燐养$_{四}$加三淡轻$_{三}$══钙$_{三}$（燐养$_{四}$）$_{二}$加（淡轻$_{四}$）三燐养$_{四}$

五燐盐水中加铔绿或淡轻$_{二}$，及镁硫养$_{四}$，结成白色之颗粒，为镁（淡轻$_{四}$）燐养$_{四}$，淡轻$_{三}$不能溶，酸类能溶之。六以淡轻养$_{三}$溶化铔钼养，加入磷盐少许，加热，结成黄色之质沈下，淡养$_{三}$不能溶化，淡轻$_{二}$及轻$_{二}$燐养$_{四}$能溶化之，此结成之质，以铔莫尼亚溶化之，加镁硫养$_{四}$及铔绿，结成镁（淡轻$_{四}$）燐养$_{四}$沈下。

Na_2HPO_4是无色单斜晶系结晶或白色粉末，溶于水，其水溶液呈弱碱性，1%水溶液的pH为8.8～9.2。35.1℃时熔融并失去5个结晶水，可用作软水剂、织物增重剂、防火剂，并用于釉药、

焊药、医药、颜料、食品工业及制取其他磷酸盐。文中第一点由 Na_2HPO_4 的化学性质可以说明，第二点至第六点可说明如下。

$$Na_2HPO_4+3AgNO_3 = Ag_3PO_4\downarrow+2NaNO_3+HNO_3$$

金属 Ag、Pb 的磷酸盐溶解度都比较小，反应会向生成正盐的方向进行。第三点的反应原理也是如此。

$$2Na_2HPO_4+3(CH_3COO)_2Pb = Pb_3(PO_4)_2\downarrow +4CH_3COONa+2CH_3COOH$$

$$Pb_3(PO_4)_2+6HNO_3 = 3Pb(NO_3)_2+2H_3PO_4$$

金属 Ca、Ba 的磷酸盐及其酸式盐溶解度都比较小，其规律是磷酸二氢盐>磷酸氢盐>磷酸盐，故可生成相应的酸式盐沉淀。

$$Na_2HPO_4+CaCl_2 = CaHPO_4\downarrow+2NaCl$$

$$CaHPO_4+2HCl = CaCl_2+H_3PO_4$$

$$3CaCl_2+2H_3PO_4+6NH_3 = Ca_3(PO_4)_2\downarrow+6NH_4Cl$$

$MgNH_4PO_4$ 是一种白色结晶性沉淀，不溶于 $NH_3 \cdot H_2O$，可溶于酸。

$$Na_2HPO_4+NH_3\cdot H_2O+MgSO_4 = MgNH_4PO_4\downarrow+Na_2SO_4+H_2O$$

$(NH_4)_2MoO_4$ 是一种灵敏的常用于检测磷的试剂，$(NH_4)_3PO_4\cdot 12MoO_3$ 是一种黄色沉淀。

$$12(NH_4)_2MoO_4+Na_2HPO_4+23HNO_3 = (NH_4)_3PO_4\cdot 12MoO_3\downarrow +21NH_4NO_3+2NaNO_3+12H_2O$$

8. $Na_2B_4O_7 \cdot 10H_2O$

一试筒中加热，即涨大成泡，而难出其水。二木炭上热之，先涨次融，终成透明玻璃状之块。三硼砂溶化于水至饱足，微有硷性，加浓硫酸待冷，结成片形有光之颗粒，为硑(轻养)$_{三}$。四浓硼砂水中加钙绿$_{二}$或钡绿$_{二}$，结成白色之钙硑$_{四}$养$_{七}$或钡硑$_{四}$养$_{七}$，能溶化于多水。五加轻绿使有酸性，浸入姜黄纸，干之成红褐色。六取硼砂置小皿中，加酒精及硫酸少许，燃火搅之，其火焰绿色，若吹灭而再燃之，其色愈显，此试验欲其较为显著，将硼砂末与各里司里尼混搅成浆，以白金线黏入，火焰更明。七有钠之感应(见一之二)。

四硼酸钠盐 $Na_2B_4O_5(OH)_4 \cdot 8H_2O$，工业上一般把它的化学式写成 $Na_2B_4O_7 \cdot 10H_2O$，为无色半透明晶体或白色结晶粉末，质坚硬，无臭，味咸。特别的是，$Na_2B_4O_7 \cdot 10H_2O$ 加热后首先熔化，然后膨胀失去结晶水，878℃时变为玻璃状物质。作为一个强碱弱酸盐，可溶于水，在水溶液中水解而显颇强的碱性：

$$B_4O_7^{2-}+H_2O = [HB_4O_7]^-+OH^-$$

工业上可用于制作玻璃、搪瓷等，农业上可用作微量元素肥料。文中第一点、第二点、第三点一部分可由 $Na_2B_4O_7 \cdot 10H_2O$ 以上性质得到解释。

第三点至第七点的化学原理主要是强酸制弱酸，反应方程式如下。

$$Na_2B_4O_7+H_2SO_4+5H_2O = 4H_3BO_3+Na_2SO_4$$

$$Na_2B_4O_7+CaCl_2 = CaB_4O_7\downarrow+2NaCl$$

$$Na_2B_4O_7+2HCl+5H_2O = 4H_3BO_3+2NaCl$$

H_3BO_3 和甲醇或乙醇在浓 H_2SO_4 存在的条件下，生成硼酸酯，硼酸酯在高温下燃烧挥发，产生特有的绿色火焰，此反应可用于鉴别硼酸、硼酸盐等化合物。第六点中 $Na_2B_4O_7$ 先和 H_2SO_4 反应生成 H_3BO_3，其后反应如下。

$$H_3BO_3+3CH_3CH_2OH \xrightarrow{\text{浓}H_2SO_4} B(CH_3CH_2O)_3+3H_2O$$

但是未能推出各里司里尼是何物质。第七点由其注释也可知是钠盐的焰色反应。

9. $MgSO_4 \cdot 7H_2O$

一试筒中加热，有水分出。二和以苏特，置木炭上以吹火内层灼热之，生褐色之硫块。三其溶液加钠轻养或铔莫尼亚，结成白色之镁(轻养)$_{\text{二}}$。四加钠$_{\text{二}}$炭养$_{\text{三}}$，结成白色之质沈下，为四镁炭养$_{\text{三}}$镁(轻养)$_{\text{二}}$。五加钠轻炭养$_{\text{三}}$，即结成，再加钠$_{\text{二}}$轻燐养$_{\text{四}}$，结成镁铔燐养$_{\text{四}}$，其或为

$$\text{镁硫养}_{\text{四}}\text{加铔轻炭养}_{\text{三}}\text{加钠}_{\text{二}}\text{轻燐养}_{\text{四}} = \text{镁铔燐养}_{\text{四}}\text{加镁}_{\text{二}}\text{硫养}_{\text{四}}\text{加轻}_{\text{二}}\text{养加炭养}_{\text{二}}$$

六于浓溶液中加中立性铔$_{\text{二}}$炭养$_{\text{三}}$，即结成镁炭养$_{\text{三}}$铔$_{\text{二}}$炭养$_{\text{三}}$。

七有轻$_{\text{二}}$硫养$_{\text{四}}$之感应(见一之四)。

$MgSO_4 \cdot 7H_2O$ 又名泻盐、硫苦、镁黄氧，白色或无色结晶体，在不同温度下可有三水合物和六水合物。其易溶于水，微溶于乙醇，不溶于酒精或氨水中，在空气(干燥)中易风化为粉状，加热至 80℃就开始分解，逐渐脱去结晶水变为无水硫酸镁，广泛用于制造肥料、皮革、印染用品、颜料、瓷器、火柴、炸药等。文中第一点由 $MgSO_4 \cdot 7H_2O$ 的性质可以解释。第三点至第七点化学原理主要是涉及镁盐沉淀及其溶度积。

$$MgSO_4+2NaOH = Mg(OH)_2\downarrow +Na_2SO_4$$

镁盐沉淀常见的主要有 $MgCO_3$、$Mg(OH)_2$、$MgNH_4PO_4$，其溶度积分别是

$$K_{sp}(MgCO_3)=6.82\times10^{-8}$$
$$K_{sp}(Mg(OH)_2)=1.8\times10^{-11}$$
$$K_{sp}(MgNH_4PO_4)=2.5\times10^{-13}$$

由此可看出，其溶度积依次减小，沉淀转换的原则是溶度积大的向溶度积小的沉淀转换。所以，第四点至第五点均为这一原理的应用，即并未生成 $MgCO_3$，而是生成 $Mg(OH)_2$ 和 $MgNH_4PO_4$。

$$MgSO_4+Na_2CO_3+H_2O = Mg(OH)_2\downarrow +Na_2SO_4+CO_2\uparrow$$

$$MgSO_4+NH_4HCO_3+Na_2HPO_4 = MgNH_4PO_4\downarrow +Na_2SO_4+CO_2\uparrow +H_2O$$

$$MgSO_4+(NH_4)_2CO_3 = MgCO_3\downarrow +(NH_4)_2SO_4$$

第四点生成产物中有“镁炭养三”，笔者认为是不存在的。第五点生成产物中有“镁二硫养四”，应为Na_2SO_4。第六点生成产物中有“铔二炭养三”，应为$(NH_4)_2SO_4$。第七点应该不是“见一之四”，有可能是见三之四。但是，笔者认为这些可能是当时笔误。

10. $CaCO_3$

一试筒中热之无变化。二木炭上热之，发炭养二成钙养，故其残渣有硷性（见六之一）。三不溶于水，于轻绿中发炭养二气而溶化，其炭养二气能令澄清之石灰水变白，或以玻箸沾钡（轻养）二水近其气，即变白。四可制钙绿二，以大理石或灰石，加盐强，发炭养二气，俟发尽，再煮沸过淋，即成钙绿二水。五钙绿二水中加钠轻养，结成白色为钙（轻养）二，能于多水中溶化。六钙绿二水中，径加淡轻三不结，然添加铔二炭养二或钙二炭养三，即成白色之钙炭养三。七钙绿二水中，加钠二轻燐养四，结成白色之钙轻燐养四（见七之四），醋酸不能溶。八铔草酸，即铔二炭二养四，加入钙绿二水中，结成白色之钙炭二养四，不能溶解于醋酸，即炭二轻四养二，盐酸硫酸能溶之，此溶液加淡轻三仍结成。九钙绿二水之浓者，加硫酸，能结成白色之钙硫养四，能溶于多水或轻绿中，再加酒精，再结成。十钙绿二烧于火中，红色带黄。十一钙绿二水加钾二铬二养七及二轻弗矽弗四即结成。

$CaCO_3$是无味、无臭的白色粉末，有无定形和结晶形两种形态，结晶形中又可分为斜方晶系及六方晶系，呈柱状或菱形。难溶于水和醇。在空气中稳定，有轻微的吸潮能力。用于填料、冶金，以及制造玻璃、石棉、日用化工等方面。

$CaCO_3$遇热较稳定，在高温下煅烧可以分解。

$$CaCO_3 \xrightarrow{\triangle} CaO+CO_2\uparrow$$

其产物 CaO 是碱性氧化物。文中第三、第四点主要阐述$CaCO_3$遇 HCl 可生成$CaCl_2$，并产生CO_2气体，反应如下。

$$CaCO_3+2HCl = CaCl_2+CO_2\uparrow+H_2O$$

“澄清之石灰水”，即 $Ca(OH)_2$，与 CO_2 可生成 $CaCO_3$ 沉淀，$Ba(OH)_2$与CO_2也可生成碳酸盐沉淀，第三点与第六点是同一化学原理，即

$$Ca^{2+}+CO_3^{2-} = CaCO_3\downarrow$$

第五点$Ca(OH)_2$的溶解度较小，可溶性强碱与钙盐可生成$Ca(OH)_2$沉淀，当稀释后即可溶解。第八、第九点化学原理如下。

$$\begin{array}{l}COONH_4\\ |\\ COONH_4\end{array} + CaCl_2 = \left.\begin{array}{l}COOH\\ COOH\end{array}\right\rangle Ca\downarrow + 2NH_4Cl$$

$CaSO_4$微溶于水，则

$$CaCl_2+H_2SO_4 = CaSO_4+2HCl$$

第十点是 Ca^{2+}的焰色反应，Ca^{2+}在火焰中燃烧呈砖红色，即文中的“红色带黄”。第十一点化学反应原理如下。

$$7CaCl_2+7H_2SiF_6+K_2Cr_2O_7 = 7CaSiF_6\downarrow+2KCl+2CrCl_3+3Cl_2\uparrow+7H_2O$$

11. $BaCl_2 \cdot 2H_2O$

一试筒加热，有水分出。二木炭上加热，能溶化，其残渣有硷性。三其火焰有黄绿色。四溶化于水甚浓，加钠轻养，结成钡(轻养)$_{二}$，能溶化于沸水。五其浓液加铔莫尼亚，不能结成，若添加钠$_{二}$炭养$_{三}$，即成白色之钡炭养$_{三}$沈下。六又加硫酸，结成白色之钡硫养$_{四}$沈下，酸类不能溶化(见三之四)。七又加石膏水，即钙硫养$_{四}$水，即变浊成钡硫养$_{四}$。八又加钠$_{二}$

轻燐养$_{\text{四}}$，结成白色之钡轻燐养$_{\text{四}}$，盐强水不能溶化(见七之四)。九又加轻弗$_{\text{四}}$二轻绿，结成白色之质。十又加钾$_{\text{二}}$铬$_{\text{二}}$养$_{\text{七}}$，结成黄色之钡铬养$_{\text{四}}$，能溶化轻绿中，此溶液中加淡轻$_{\text{三}}$，再结成，其式为

$$\text{钡绿}_{\text{二}}\text{加钾}_{\text{二}}\text{铬}_{\text{二}}\text{养}_{\text{七}} = \text{钡铬养}_{\text{四}}\text{加铬养}_{\text{三}}\text{加二轻绿}$$

十一有绿气之感应(见一之二)。

$BaCl_2$是无色有光泽的单斜晶体，有毒，可熔融，在 113℃时失去结晶水，露置空气中能吸收水分，溶于水，几乎不溶于盐酸，在无水乙酸中失去其结晶水，但并不溶解。其用于制造钡盐、杀虫剂和颜料、纺织工业和皮革工业中的媒染剂等，以及机械工业中淬火及金属加工等。文中第一点及第二点由以上性质可以解释。第三点是焰色反应，Ba^{2+}在火焰中显黄绿色。

钡盐多不溶于水，尤其 $BaSO_4$ 溶解度很低，是碱土金属硫酸盐中最小的，且不溶于酸、氨水等。第四点至第十点多为沉淀反应，其原理如下。

$$BaCl_2+2NaOH = Ba(OH)_2+2NaCl$$

$Ba(OH)_2$是一强碱，易溶于沸水，冷水中溶解度较小。

$$BaCl_2+Na_2CO_3 = BaCO_3\downarrow +2NaCl$$

$$BaCl_2+H_2SO_4 = BaSO_4\downarrow +2HCl$$

$$BaCl_2+CaSO_4 = BaSO_4\downarrow +CaCl_2$$

$$BaCl_2+Na_2HPO_4 = BaHPO_4\downarrow +2NaCl$$

第九点笔者推测的化学方程式与原文略有出入，笔者认为是 $BaCl_2$ 与 HF 反应生成白色 BaF_2 沉淀，但是该沉淀可溶于盐酸，但文中反应物是“$HF_4 \cdot 2HCl$”，未能推出该物。

第十点笔者推出的化学方程式在产物上和原文有出入，原文化学方程式是

$$BaCl_2+K_2Cr_2O_7 = BaCrO_4\downarrow+2KCl+CrO_3$$

当然原文中产物是 HCl 而不是 KCl，但这点应该是笔误。笔者认为反应是

$$K_2Cr_2O_7+2BaCl_2+H_2O = 2BaCrO_4\downarrow+2KCl+2HCl$$

同时，这个反应也有很大可逆性，受溶液 pH 的影响很大。重铬酸盐和铬酸盐在水溶液中存在下列平衡：

$$2CrO_4^{2-}\text{(黄色)}+2H^+ = Cr_2O_7^{2-}\text{(橙红色)}+H_2O$$

一般在酸性溶液中以 $Cr_2O_7^{2-}$为主，中性和碱性溶液中以 CrO_4^{2-}为主。由于 $BaCrO_4$ 的 K_{sp} 值很小，因此在 $K_2Cr_2O_7$ 溶液中加入 $BaCl_2$，上述平衡向生成 CrO_4^{2-}的方向移动，生成 $BaCrO_4$ 黄色沉淀。

12. $SrCl_2 \cdot 6H_2O$

一试筒中热之，有水分出。二于吹火试验，其感应与钡绿相同(见十一之二)。三火焰有洋红色。四鎴绿$_{二}$之溶液，与钠轻养及淡轻$_{三}$及钠$_{二}$炭养$_{三}$及钠$_{二}$轻燐养$_{四}$相感，皆似钡绿。五又加轻$_{二}$硫养$_{四}$，结成白色之鎴硫养$_{四}$沈下，酸类不能溶。六又加钙硫养$_{四}$，即石膏水，一二时后始混浊。七加矽弗$_{四}$二轻弗及钾$_{二}$铬$_{二}$养$_{七}$，能结成。

$SrCl_2$ 是无色透明晶体，溶于乙醇，不溶于氨水，在干燥空气中风化，在潮湿空气中潮解，热至 60℃失去 4 分子结晶水，可用于制造红色焰火、电镀，以及锶盐制备和制药工业。

Ba 和 Sr 在元素周期表中同属ⅡA 族元素，在化学性质上有相似之处。第一点至第六点由以上性质可以解释，与 $BaCl_2$ 相似。第七点则与 $CaCl_2$ 第十一点相似，其原因是 Sr 与 Ca 亦为同族。

13. $CaSO_4 \cdot 2H_2O$

一试筒中加热有水分出。二和苏特于炭上灼热，生硫肝(即

褐色硫块)。多水内及稍强水能溶化之。三其溶液加铔$_{\text{二}}$炭$_{\text{二}}$养$_{\text{四}}$，结成白色之钙炭$_{\text{二}}$养$_{\text{四}}$沈下。四其溶液加钡绿$_{\text{二}}$，结成白色之钡硫养$_{\text{四}}$沈下。五其溶液加酒精，即炭$_{\text{二}}$轻$_{\text{六}}$养，结成白色之钙硫养$_{\text{四}}$沈下。

$CaSO_4 \cdot 2H_2O$ 是无色正交或单斜晶体。常用于制作石膏模型、粉笔、工艺品、建筑材料，日常点豆腐可用它作为凝结剂。$CaSO_4$ 溶解度不大，其溶解度呈特殊的先升高后降低状况。

$CaSO_4 \cdot 2H_2O$ 高温下跟碳作用可生成 CaS 和 CO_2，由于 CaS(纯品为白色)混有杂质，表现为黑色或黑褐色，第二点中的硫肝应该是 CaS。第三点化学方程式为

$$CaSO_4 + \begin{array}{c} COONH_4 \\ | \\ COONH_4 \end{array} = \begin{array}{c} COO \\ | \\ COO \end{array} \rangle Ca\downarrow + (NH_4)_2SO_4$$

第四点在上文中已说过，这里不再赘述。第五点是指 $CaSO_4$ 不溶于 CH_3CH_2OH。

14. $Al_2\,(SO_4)\,(NH_4)_2O_4 \cdot 24H_2O$

一试筒中加热有水分出。二和苏特于炭上灼热生硫肝。三其溶液加铔轻养，结成白色之铝$_{\text{二}}$(轻养)$_{\text{六}}$，多加则能溶。四其溶液加钠轻养，结成白色之铝$_{\text{二}}$(轻养)$_{\text{六}}$，多加则溶，再加铔绿复结成。五其溶液加钠$_{\text{二}}$炭养$_{\text{三}}$，发炭养$_{\text{二}}$而结成白色之铝$_{\text{二}}$(轻养)$_{\text{六}}$，其式为

三钠$_{\text{二}}$炭养$_{\text{三}}$加铝$_{\text{二}}$(硫养$_{\text{四}}$)$_{\text{三}}$铔$_{\text{二}}$硫养$_{\text{四}}$加三轻$_{\text{二}}$养═══二铝$_{\text{二}}$(轻养)$_{\text{六}}$加三炭养$_{\text{二}}$加三钠$_{\text{二}}$硫养$_{\text{四}}$加铔$_{\text{二}}$硫养$_{\text{四}}$

六加铔硫，发轻$_{\text{二}}$硫气而结成白色之铝$_{\text{二}}$(轻养)$_{\text{六}}$沈下，其式为

三铔$_{\text{二}}$硫加铝$_{\text{二}}$(硫养$_{\text{四}}$)$_{\text{三}}$铔$_{\text{二}}$硫养$_{\text{四}}$加六轻$_{\text{二}}$养═══铝$_{\text{二}}$(轻养)$_{\text{六}}$加三轻$_{\text{二}}$硫加四铔$_{\text{二}}$硫养$_{\text{四}}$

七有硫酸之感应(见三之四)。又有铔轻养(即铔莫尼亚)之感应(见九之五)。

首先应说明的是原文中 $Al_2(SO_4)(NH_4)_2O_4 \cdot 24H_2O$ 应为 $Al_2(SO_4)_3(NH_4)_2SO_4 \cdot 24H_2O$，硫酸铝铵，又称铵明矾，无色玻璃状八面结晶至白色颗粒或粉末，无臭略带甜味，有强收敛性。可用于发酵粉加工、油炸食品、果蔬保鲜保脆、护色、净水环保、消毒、橡胶加工、制革、洗衣粉加工、饲料加工、铅笔制作。$Al_2(SO_4)_3(NH_4)_2SO_4$ 是一复盐，在水中可以电离出 Al^{3+}和 NH_4^+，电离方程式为

$$Al_2(SO_4)_3(NH_4)_2SO_4 = 2Al^{3+} + 2NH_4^+ + 4SO_4^{2-}$$

因此，$Al_2(SO_4)_3(NH_4)_2SO_4$ 具有铝盐的性质。对于原文第三点，$Al_2(SO_4)_3(NH_4)_2SO_4$ 中加入 $NH_3 \cdot H_2O$，应该不会产生白色沉淀 $Al(OH)_3$，因为 $NH_3 \cdot H_2O$ 是一弱碱，不足以使 Al^{3+}沉淀，同时，往生成的 $Al(OH)_3$ 中加入过量的 $NH_3 \cdot H_2O$ 也不会溶解。第四点至第六点均为 Al^{3+}的两性反应，而第五点及第六点包括复分解反应，其化学原理如下。

$$Al^{3+} + NH_4^+ + 4OH^- = Al(OH)_3\downarrow + NH_3 \cdot H_2O$$

$$Al(OH)_3 + OH^- = AlO_2^- + 2H_2O$$

$$AlO_2^- + NH_4^+ + 2H_2O = Al(OH)_3\downarrow + NH_3 \cdot H_2O$$

第六点化学原理如下。

$$3(NH_4)_2S + Al_2(SO_4)_3(NH_4)_2SO_4 + 6H_2O = 2Al(OH)_3\downarrow + 3H_2S\uparrow + 4(NH_4)_2SO_4$$

第七点指明 $Al_2(SO_4)_3(NH_4)_2SO_4$ 具有 SO_4^{2-}、NH_4^+的性质，直接可从其电离方程式得以验证。

15. $K_2Cr_2O_7$

一试筒中加热，溶成暗红色之液。二炭上灼热，稍有声响，其残渣为铬$_{二}$养$_{三}$及钾$_{二}$炭养$_{三}$。三黏于燐盐或硼砂之珠，入吹火中，其珠呈绿色。四其溶液红黄色，加钲$_{二}$硫，结成褐色之铬$_{二}$(铬养$_{四}$)$_{三}$，而分出硫黄，其溶液含有黄色之钾$_{二}$铬养$_{四}$。其式为

五钾$_{二}$铬$_{二}$养$_{七}$加三(淡轻$_{四}$)$_{二}$硫═══铬$_{二}$(铬养$_{四}$)$_{三}$加硫$_{三}$加五钾
铬养$_{四}$加六淡轻$_{三}$加三轻$_{二}$养

又其溶液多加铔$_{二}$硫而热之，分出绿色之铬$_{二}$(轻养)$_{六}$，其式为

钾$_{二}$铬$_{二}$养$_{七}$加三(淡轻$_{四}$)$_{二}$硫加轻$_{二}$养═══铬$_{二}$(轻养)$_{六}$加硫$_{三}$加
二钾轻养加六淡轻$_{三}$

五其溶液加醋铅即铅(炭$_{二}$轻$_{三}$养$_{二}$)$_{二}$。结成黄色铅铬养$_{四}$，淡硝强不化，钠轻养能溶化之。六其溶液加汞$_{二}$(淡养$_{三}$)$_{二}$，结成红褐色之銾$_{二}$铬养$_{四}$。七其溶液加银淡养$_{三}$，结成红褐色之银$_{二}$铬养$_{四}$。八其溶液遇硫养$_{二}$气，即还原而成绿色之盐，其式为

三钾$_{二}$铬$_{二}$养$_{七}$加十二硫养$_{二}$═══二(钾$_{二}$硫养$_{四}$加二铬$_{二}$(硫养$_{四}$)$_{三}$)
加钾$_{二}$硫养$_{四}$

若再加硫酸，其还原较为迅速，其式为

钾$_{二}$铬$_{二}$养$_{七}$加三硫养$_{二}$加轻$_{二}$硫养$_{四}$═══钾$_{二}$铬$_{二}$(硫养$_{四}$)$_{四}$加轻$_{二}$养

九加浓轻绿加热，发生绿气，其液绿色，变为铬$_{二}$绿$_{六}$，加亚尔个保尔 Alkohale(译注亚尔个保尔，一种有机物质之统名，其类甚多，其通性为炭轻$_{四}$之轻一原点与轻养交换如炭轻$_{三}$(轻养)及炭轻$_{二}$(轻养)$_{二}$及炭轻(轻养)$_{三}$之类)一二滴，其还原甚速。十前条绿色之溶液，加钠轻养，即结成绿色之铬$_{二}$轻养硫。多加则溶，此硷性之溶液中，加热再能结成。十一加铔轻养，结成灰蓝色之铬$_{二}$(轻养)$_{六}$，多加溶化而显红色。十二加铔$_{二}$硫，亦能结铬$_{二}$(轻养)$_{六}$。十三加钠$_{二}$炭养$_{三}$，结成绿色之盐。

$K_2Cr_2O_7$ 是橙红色板状结晶，与可燃物接触则着火，在500℃以上氧化，生成铬酸与 Cr_2O_3，为用途极广的铬化合物，用于铬酸混合液和重铬酸滴定等实验室应用，工业上的铬酸盐、重铬酸盐制造、有机合成、电镀、照相、印刷，以及制造电池、

安全火柴、化学研磨剂、防腐剂、颜料、媒染剂等。其不潮解，不溶于醇，溶于水，是强氧化剂。

原文中第二点由以上性质得以解释，第三点是 $K_2Cr_2O_7$ 的硼砂珠反应，即显绿色。第四点至第十一点化学反应原理如下。

$$5K_2Cr_2O_7+3(NH_4)_2S = Cr_2(CrO_4)_3\downarrow+3S\downarrow+5K_2CrO_4+6NH_3\uparrow+3H_2O$$

$$K_2Cr_2O_7+3(NH_4)_2S+H_2O = 2Cr(OH)_3\downarrow+3S\downarrow+2KOH+6NH_3\uparrow$$

大多数金属的铬酸盐都难溶，主要以 Ag^+、Pb^{2+}、Ba^{2+}的铬酸盐为代表。第五点至第七点均是铬酸盐的沉淀反应，只是生成的 $PbCrO_4$ 具有两性，还可继续与 NaOH 反应。

$$K_2Cr_2O_7+2(CH_2COO)_2Pb+H_2O = 2PbCrO_4\downarrow+2CH_3COOK+2CH_3COOH$$

$$PbCrO_4+4NaOH = Na_2[Pb(OH)_4]+Na_2CrO_4$$

$Hg_2(NO_3)_2$、$AgNO_3$ 反应化学方程式同上，但是不具有两性。

$K_2Cr_2O_7$ 在酸性环境下表现出较强的氧化性，可以将 SO_2 氧化成 SO_4^{2-}。

$$K_2Cr_2O_7+3SO_2+H_2SO_4 = K_2Cr_2(SO_4)_4\downarrow(\text{铬钾矾})+H_2O$$

第九点的产物中原文为 Cr_2O_6，笔者认为 $CrCl_3$ 更符合该化学反应方程式，即

$$K_2Cr_2O_7+14HCl(\text{浓}) = 2KCl+2CrCl_3+3Cl_2\uparrow+7H_2O$$

$$CrCl_3+3NaOH = Cr(OH)_3\downarrow+3NaCl$$

$Cr(OH)_3$ 具有两性，可溶于过量的 NaOH，故

$$Cr(OH)_3+NaOH = NaCrO_2+2H_2O$$

同时，$CrCl_3$ 还可与 $NH_3\cdot H_2O$ 反应，生成 $Cr(OH)_3$，即

$$CrCl_3+3NH_3\cdot H_2O = Cr(OH)_3\downarrow+3NH_4Cl$$

第十二点化学反应方程式笔者推测如下，第十三点未能解释。

$$2CrCl_3+3(NH_4)_2S+6H_2O = 2Cr(OH)_3\downarrow+6NH_4Cl+3H_2S\uparrow$$

16. $NiSO_4 \cdot 7H_2O$

一镍硫养$_四$能溶化于水，其溶液绿色，加钠轻养，结成绿色之镍(轻养)$_二$。二加铔轻养，亦结成绿色之镍(轻养)$_二$，多加则变蓝色而溶化。三加钠$_二$炭养$_三$，结成绿色之本性盐，为二镍炭养$_四$三镍(轻养)$_二$。四加铔$_二$炭养$_三$，结成绿色之质，多加则溶化。五加铔$_二$硫，结成黑色之镍硫，盐酸不能溶，取镍硫少许，以燐盐珠入吹火外层烧之，显红色，冷之黄色或黄红色。

七水硫酸镍为绿色结晶，能溶于水和醇，有毒。含水硫酸镍在空气中易风化，失去水分后变为白色。其作为一种重要的镍盐，主要应用于电镀镍、化学镀镍及充电电池行业，另外还用作有机合成的催化剂、金属着色剂、还原染料的媒染剂等，同时也是生产其他镍盐及氢氧化镍的原料。其中，电镀、化学镀及充电电池领域用量最大。其常见的化学反应原理不多，这里就原文涉及的进行解释。

$$NiSO_4+2NaOH = Ni(OH)_2\downarrow+Na_2SO_4$$

$NiSO_4+2NH_3 \cdot H_2O = Ni(OH)_2\downarrow+(NH_4)_2SO_4$（多加则生成蓝色$[Ni(NH_3)_6]^{2+}$）

$$NiSO_4+Na_2CO_3 = NiCO_3\downarrow+Na_2SO_4$$

原文这个反应是有误的，其产物是 Ni_2CO_3 和 Na_2SO_4，而不是“二镍炭养$_四$三镍(轻养)$_二$”一种物质。

$NiSO_4+(NH_4)_2S = NiS\downarrow+(NH_4)_2SO_4$ （NiS 不溶于盐酸）

17. $K_2C_2O_4 \cdot H_2O$

一入试管中加热，先有水分出，次变黑色，终放蓝色之焰，因发炭养气而燃烧故也，其燃余之质为钾$_二$炭养$_三$，有硷性，遇酸类则泡沸。二与锰养$_{二}$混和，加水后再加少许硫酸，即泡沸而发生炭养$_{二}$。三以水化之，加钙绿$_{二}$，结成白色之钙炭$_{二}$养$_{四}$(参见十之四)，铔轻养及炭$_{二}$轻$_{四}$养$_{二}$不能溶化，轻绿能溶化之。四加醋铅即铅(炭$_{二}$轻$_{三}$养$_{二}$)$_{二}$，结成白色之铅炭$_{二}$养$_{四}$，硝酸不能溶化。五将干燥之本盐入试筒，加浓硫酸热之，发生炭养$_{二}$即炭养之和合气质，此气质引入石灰水中，结白色之钙炭养$_{三}$，又点火则生蓝色之焰。

$K_2C_2O_4 \cdot H_2O$ 为白色单斜晶体，相对密度 2.127(3.9℃)，在 160℃失去结晶水，溶于水。其主要用于制药和漂白草帽等，也用作化学试剂、织物去垢剂。由碳酸钾与草酸作用而制得。灼烧后转化成碳酸钾。文中所涉及的化学反应原理如下。

$$K_2C_2O_4 = K_2CO_3 + CO\uparrow$$

$$K_2C_2O_4 + MnO_2 + 2H_2SO_4 = 2CO_2\uparrow + MnSO_4 + K_2SO_4 + 2H_2O$$

第三点与第四点是同一化学反应原理，即

$$C_2O_4^{2-} + X^{2-} = XC_2O_4\downarrow$$

X 分别为 Ca^{2+}、Pb^{2+}，前者草酸盐不溶于 $NH_3 \cdot H_2O$ 和 CH_3COOH，溶于 HCl，后者草酸盐不溶于 HNO_3。

$$K_2C_2O_4 + H_2SO_4 = CO_2\uparrow + CO\uparrow + K_2SO_4 + H_2O$$

该反应产生的 CO_2 气体和 CO 气体，分别使用石灰水及点火的方法来证实。

18. $Na_2S_2O_3 \cdot 5H_2O$

一试管中加热，分出其水，余为钠$_{二}$硫及钠$_{二}$硫养$_{四}$，能溶化于水，其溶液加少许轻绿即发轻$_{二}$硫气，加钡绿$_{二}$则结成钡硫养$_{四}$，又加银淡养$_{三}$结成黑色之银$_{二}$硫，又加钠$_{二}$铁(淡养)炭淡$_{五}$，呈紫色。二以水化之，加盐酸，少待即分出黄色之硫，并发硫养$_{二}$之气，热之，则变化愈速。三加醋铅，结成白色之铅硫$_{二}$养$_{三}$，

热之，变黑色之铅硫，其式为

铅硫$_{二}$养$_{三}$加轻$_{二}$养══铅硫加轻$_{二}$硫养$_{四}$

四加钡绿$_{二}$，结成白色之钡硫$_{二}$养$_{三}$，能溶化于多水。五加铁$_{二}$绿$_{六}$，呈红色为铁$_{二}$(硫$_{二}$养$_{三}$)$_{三}$，露置之，则其色消失，其式为

铁$_{二}$(硫$_{二}$养$_{三}$)$_{三}$══铁硫$_{四}$养$_{六}$加铁硫$_{二}$养$_{三}$

$Na_2S_2O_3 \cdot 5H_2O$ 俗称海波(hypo)、次亚硫酸钠或大苏打，无色单斜结晶，易溶于水，溶于松节油及氨，不溶于乙醇。在33℃以上干燥空气中易风化，在潮湿空气中有潮解性，且被空气中的氧氧化、二氧化碳碳酸化，具有还原性。其主要用作纸浆和棉织品漂白后的除氯剂，食品工业中的螯合剂、抗氧化剂，医药工业中洗涤剂、消毒剂。硫的常见化合价是–2、0、+4、+6。$Na_2S_2O_3$ 中的两个 S 原子的平均价态是+2 价(一为 0 价，一为+4 价)，是中等强度的还原剂。文中第一点化学反应原理如下。

$$Na_2S_2O_3+H_2O = Na_2S+H_2SO_4$$

在碱性条件下，它能与亚硝酸铁氰化钠 $Na_2[Fe(CN)_5NO]$ 生成紫色配合物，利用此特征反应检出 S^{2-}。

$$S^{2-}+[Fe(CN)_5NO]^{2-} = [Fe(CN)_5NOS]^{4-}$$

$$Na_2S_2O_3+2HCl = 2NaCl+S\downarrow+SO_2\uparrow+H_2O$$

第二点再次提到化学反应速率问题，清楚地说明温度越高，反应越快。第三点至第五点均为同一类型反应。

$$S_2O_3^{2-}+X^{2+} = XS_2O_3\downarrow$$

X^{2+}分别为 Pb^{2+}、Ba^{2+}、Fe^{3+} ($Fe_2(S_2O_3)_3$)，略有不同。

19. KCN

一以水化之，加盐酸，则分出轻衰，为衰酸，放苦扁桃油之香气，最毒，嗅时须注意。二钾衰水中加银淡养$_{三}$，结成白色

之银衰，多加钾衰及钲轻养，能溶化，硝强不能化。三钾衰水中，加铁$_{二}$绿$_{六}$及铁硫养$_{四}$及钠轻养，加热，再加轻绿使酸，则生普蓝质，其式为

六钾衰加铁石硫养$_{四}$═══四钾衰铁衰$_{三}$加钾$_{二}$硫养$_{四}$

三钾$_{四}$铁衰$_{六}$加二铁$_{二}$绿$_{六}$═══四铁衰$_{三}$三铁衰$_{二}$加十二钾绿

四前条之普蓝质，滤出之，以水洗涤，入试管，加钠轻养，则分出铁$_{二}$(轻养)$_{六}$，滤之，其滤液含有钾$_{四}$铁衰$_{六}$，故加轻绿使酸，则更生普蓝质，其式为

四铁衰$_{三}$三铁衰$_{二}$加十二钠轻养═══二铁$_{二}$(轻养)$_{六}$加三钠$_{四}$铁衰$_{六}$

三钠$_{四}$铁衰$_{六}$加二铁$_{二}$(轻养)$_{六}$加十二轻绿═══四铁衰工三铁衰$_{二}$
加十二钠绿加十二轻$_{二}$养

五钾衰水加黄色之钲$_{二}$硫$_{二}$，重煎汤干，则变钾衰硫，其式为

钾衰加钲$_{二}$硫$_{二}$═══钾衰硫加钲$_{二}$硫

此钾衰硫溶化于水加铁$_{二}$绿$_{六}$，呈红色(参看十六之十一)。

KCN，白色等轴晶系块状物或粉末，剧毒，易溶于水、乙醇，微溶于甘油、甲醇和液氨。在水中溶解后即水解。水溶液可溶解多种金属而成络合物，熔融物可腐蚀玻璃及石英。可用于矿石浮选提取金和银、电镀、热处理钢、化学分析、有机腈类产品制造、制药、照相、丙烯腈和有机玻璃生产、蚀刻及石印等，也用作柠檬除霉剂等。所涉及的化学反应原理如下。

$$\mathrm{KCN+HCl=\!=\!=HCN+KCl}$$

第二点中的产物 AgCN 可溶于过量的 KCN，生成络合物 $K[Ag(CN)_2]$。

$$\mathrm{KCN+AgNO_3=\!=\!=AgCN\downarrow+KNO_3}$$

$$\mathrm{AgCN+KCN=\!=\!=K[Ag(CN)_2]}$$

第三至第五点笔者推其化学反应方程式为下列所示，“普蓝

质”就是 $Fe_4[Fe(CN)_6]_3$。

$$18KCN+3FeSO_4+4FeCl_3 = Fe_4[Fe(CN)_6]_3\downarrow +12KCl+3K_2SO_4$$

$$Fe_4[Fe(CN)_6]_3+12NaOH = 4Fe(OH)_3\downarrow +3Na_4[Fe(CN)_6]$$

$$KCN+(NH_4)_2S_2 = KSCN+(NH_4)_2S$$

二、单质

1. Fe

一以铁丝一小段，吹火灼热，即烧成铁$_{三}$养$_{四}$。二以铁丝加盐酸热之，发轻气而溶化，其铁中所含之炭质能分出，以盐酸加多数之铁，至发气已尽，热之，成中立性之铁绿$_{二}$水之性，照下各条试之。三加钠轻养或铔轻养，结成白色带绿之铁(轻养)$_{二}$，此结成之质，遇空气即收养气而变绿色，久则渐变红褐色之铁$_{二}$(轻养)$_{六}$。四加钠$_{二}$炭养$_{三}$，结成白色之铁炭养$_{三}$，遇空气则变褐色。五加铔$_{二}$硫，结成黑色之铁硫，再加轻绿，即发轻$_{二}$硫气而溶化，其质为铁绿$_{二}$。六铁绿$_{二}$水有淡绿色，加硝酸少许煮沸，发淡养气而为黄红色之铁$_{二}$养$_{三}$水，其铁$_{二}$养$_{三}$水之试验如下。七加钠轻养或铔轻养或钠$_{二}$炭养$_{三}$，均结成红褐色之质。八加轻$_{二}$硫，则有白色之硫黄分出。九加铔$_{二}$硫，则结成黑色之铁硫及硫。十加钾$_{四}$铁衰$_{六}$，结成暗蓝色之普蓝原质，为铁$_{四}$铁(炭养$_{六}$)$_{三}$，若二价铁如铁绿$_{二}$等之水内，加钾$_{六}$(铁衰$_{六}$)$_{二}$，结成暗蓝色之铁$_{五}$炭淡$_{十二}$，三价铁则不能结成。十一加钾衰硫，则现血红之色，无结成，其质为铁$_{二}$(衰硫)$_{六}$。十二钡炭养$_{三}$与铁养盐类相和，加水而搅之，即发炭养$_{二}$气，而结成褐色之铁$_{二}$(轻养)$_{六}$。十三取以上自三至六诸试验中结成之质，黏于燐盐珠，入吹火内层，呈绿色，入外层则红色，冷之则无色。

Fe，银白色，具铁磁性金属。有 α、β、γ、δ 四种变体。导电、导热性能均好。化学性质较活泼，有还原性，溶于稀酸，在浓硝酸或冷浓硫酸中可被钝化。其与硫、氯共热发生反应，高温下能与碳、硅、磷反应。铁的矿物有赤铁矿、褐铁矿、磁铁、黄铁矿等，用氢气还原纯氧化铁可制得纯铁。铁及其化合物主要用于制造磁铁、染料和磨料，还原性铁粉大量用于冶金。文中主要介绍 Fe 的+2 价氯盐和+3 价硝酸盐，其化学反应原理如下。

$$4Fe+3O_2 = 2Fe_2O_3$$

$$4Fe+6HCl = 2FeCl_3+3H_2\uparrow$$

这是第二点谈到的反应，其中特别说明，如果使用的铁不纯，其杂质在这个反应中由于不发生反应可以分离出来。且如果使用的 Fe 过量，则

$$Fe+2FeCl_3 = 2FeCl_2+Cl_2\uparrow$$

此时，将 $FeCl_2$ 保留下来做下面的试验。第三点是

$$FeCl_2+2NaOH = Fe(OH)_2\downarrow+2NaCl$$

这里提到 $Fe(OH)_2$ 白色沉淀若久置，可被空气中的 O_2 氧化成红褐色 $Fe(OH)_3$ 沉淀。

从第三点至第五点的沉淀产物均为+2 价铁盐，其磷盐珠反应为绿色，这在第十三点中提到。

$$FeCl_2+Na_2CO_3 = FeCO_3\downarrow+2NaCl$$

$$FeCl_2+(NH_4)_2S = FeS\downarrow+2(NH_4)Cl$$

$$FeS+2HCl = FeCl_2+H_2S\uparrow$$

第六点的反应如下，其产物应为 $Fe(NO_3)_3$，不是文中的"铁$_{二}$养$_{三}$"，该产物用于后续试验。

$$3FeCl_2+4HNO_3 = 2FeCl_3+Fe(NO_3)_3+NO\uparrow+2H_2O$$

$$Fe(NO_3)_3+3NaOH = Fe(OH)_3\downarrow+3NaNO_3$$

$$2Fe(NO_3)_3+H_2S = 2Fe(NO_3)_2+S\downarrow+2HNO_3$$

$$2Fe(NO_3)_3+(NH_4)_2S = 2FeS\downarrow+S\downarrow+2NH_4NO_3$$

第十点及第十一点均为 Fe^{3+}、Fe^{2+}与一些特定的络合物生成络合物沉淀，这种反应可作为 Fe^{3+}、Fe^{2+}的特征反应。

$$4Fe(NO_3)_3+3K_4Fe(CN)_6 = Fe_4[Fe(CN)_6]_3\downarrow$$（深蓝色）

$$3FeCl_2+2K_3Fe(CN)_6 = Fe_3[Fe(CN)_6]_2\downarrow$$（深蓝色）

$$Fe(NO_3)_3+3KSCN = Fe(SCN)_3\text{（血红色）}+3KNO_3$$

第十二点是一复分解反应，$FeCl_3$ 是强酸弱碱盐，$BaCO_3$ 是强碱弱酸盐，二者相遇，Fe^{3+} 与 CO_3^{2-} 相互水解分别生成 $Fe(OH)_3$ 沉淀、放出 CO_2 气体。

2. Cu

一加硝酸则发淡养气而溶化，其铜(淡养$_{三}$)$_{二}$溶液中，以铁丝或锌片插入，即有生铜分出。二加钠轻养，结成蓝色之铜(轻养)$_{二}$，煮沸则变黑色之铜养。三加铔莫尼亚水，结成蓝绿之质，多加则现暗蓝色而溶化为铜(淡养$_{三}$)$_{二}$四淡轻$_{三}$。四加轻$_{二}$硫，结成黑色之铜硫，其结成之质，和以钠轻养，以吹火在木炭上灼热使熔，其残块入乳鉢研细，以水淘汰之，则有光明之红铜细末。五加铔$_{二}$硫，结成黑色之铜硫，酸类不溶化，其结成之质，以燐盐珠黏入吹火外层，呈绿色，冷则现蓝色，入吹火内层，呈不透明之红色，为铜$_{二}$养。六加钾$_{四}$铁衰$_{六}$，结成红褐色之铜$_{二}$铁衰硫，酸类不能溶化。七加轻硫养$_{三}$，更加钾衰硫或铔衰硫，结成白色之铜$_{二}$(衰硫)$_{二}$。

Cu，淡红色金属，原子序数 29，原子量 63.546，有两种天然稳定同位素：铜 63 和铜 65。Cu 有延展性，热导率和电导率都很高，具有耐腐蚀性，化学性质不活泼，主要用于电气工业、电镀。其合金具有不同的机械性能，氯化亚铜和氯化铜是化学工业和石油工业常用的催化剂。文中主要说明+2 价铜盐的性质，其涉及的化学反应原理如下。

$$3Cu+8HNO_3 = 3Cu(NO_3)_2+2NO\uparrow+4H_2O$$

$$Zn+Cu(NO_3)_2 = Zn(NO_3)_2+Cu$$

$$Cu(NO_3)_2+2NaOH=Cu(OH)_2\downarrow+2NaNO_3$$

$Cu(OH)_2$是一淡蓝色沉淀，性质不稳定，加热至90℃可分解，即

$$Cu(OH)_2\xrightarrow{\triangle}CuO+H_2O$$

$$Cu(NO_3)_2+4NH_3\cdot H_2O=[Cu(NH_3)_4](NO_3)_2\downarrow+4H_2O$$

第五点与第四点涉及的化学反应属于同一类型，即

$$Cu(NO_3)_2+H_2S=CuS\downarrow+2HNO_3$$

$$2Cu(NO_3)_2+K_4Fe(CN)_6=Cu_2[Fe(CN)_6]\downarrow+4KNO_3$$

当铜盐与KSCN反应时，如果有亚硫酸或其他还原剂存在于溶液中，则立即有白色的硫氰化亚铜生成(也称硫氰酸亚铜)。

$$2Cu(NO_3)_2+H_2SO_3+2KSCN+H_2O=2CuSCN\downarrow+2HNO_3+K_2SO_4$$

3. Hg

一加硝酸微热之，其銾能溶化为汞$_{二}$(淡养$_{三}$)$_{二}$，其溶液可以下各条试之。二插入铜片，则汞能分出。三加轻$_{二}$硫，则分出灰色之汞。四加轻$_{二}$硫或铔$_{二}$硫，则有汞及汞硫结成黑色。五加钠轻养，结成黑色之汞养。六加铔轻养，结成黑色之质，为淡汞$_{二}$轻$_{二}$淡养$_{三}$。七加盐酸，结成白色之汞$_{二}$绿$_{二}$。八加碘水，结成黄色之銾$_{二}$碘$_{二}$。九汞$_{二}$(淡养$_{二}$)$_{二}$溶液，加硝强及盐强热之，则变为汞(淡养$_{三}$)$_{二}$，加入铜片，则汞分出，以下各条为试汞(淡养$_{三}$)$_{二}$之法。十加锡绿$_{二}$，初分出白色之汞$_{二}$绿$_{二}$。更多加锡绿，则生灰色之汞。十一加钠轻养，结成白色之本性盐类，多加则变黄色之汞养，取其结成之质，和以干燥苏特，入试筒加热，则汞飞升，凝于试筒之上截，以铁丝或玻丝摩拭之，易见。十二加铔轻养，结成白色之淡$_{二}$汞$_{三}$轻$_{二}$(淡养$_{三}$)$_{二}$。十四加轻$_{二}$硫或铔$_{二}$硫少许，结成白色之质为二銾硫汞(淡养$_{三}$)$_{二}$，多加，则变黑色之汞硫。十五加钾碘，结成红色之汞碘$_{二}$，多加则溶化。十六加盐酸则亦能结成。

Hg，银白色液态金属，在常温下可挥发，不溶于水、盐酸、稀硫酸，溶于浓硝酸，易溶于王水及浓硫酸。主要用于制造汞盐，也用于仪表工业。随饮水进入人体和动物体内的汞及其化合物毒性很大，日本所发生的水俣病，是一种中毒性神经疾病，是工业污染引起的有机汞中毒事件。文中主要对+1 价、+2 价可溶性汞盐的化学性质进行阐述，其涉及的化学反应如下。

第一点是首先将单质 Hg 转化为 $Hg_2(NO_3)_2$，并在第二点应用金属活泼性排序进行了置换反应。

$$6Hg+8HNO_3(稀) = 3Hg_2(NO_3)_2+2NO\uparrow+4H_2O \quad (Hg\ 过量)$$

$$Cu+Hg_2(NO_3)_2 = Cu_2(NO_3)_2+Hg$$

将第一点反应中的 $Hg_2(NO_3)_2$ 保留进行下列试验。第三点与第四点化学反应原理相同，故对第四点不作说明。

$$Hg_2(NO_3)_2+H_2S = HgS+Hg\downarrow+2HNO_3$$

$$Hg_2(NO_3)_2+2NaOH = HgO+Hg\downarrow+2NaNO_3+H_2O$$

第六点反应中产物为 $NHg_2H_2NO_3$，实际产物应为 NH_2HgNO_3，这表明此时对基团—NH_2 尚不清楚。第六点至第八点反应化学方程式如下。

$$Hg_2(NO_3)_2+2NH_3 = NH_2HgNO_3+Hg\downarrow+NH_4NO_3$$

$$Hg_2(NO_3)_2+2HCl = Hg_2Cl_2\downarrow+2HNO_3 \quad (Hg_2Cl_2\ 甘汞，白色)$$

$$Hg_2(NO_3)_2+2HI = Hg_2I_2\downarrow+2HNO_3 \quad (Hg_2I_2\ 草绿色)$$

第九点将 $Hg_2(NO_3)_2$ 反应生成产物 $Hg(NO_3)_2$，第十至十五点是对 $Hg(NO_3)_2$ 的化学反应进行说明。其化学反应原理如下。

$$3Hg_2(NO_3)_2+8HNO_3 \xlongequal{\triangle} 6Hg(NO_3)_2+2NO+4H_2O$$

$$Cu+Hg(NO_3)_2 = Cu(NO_3)_2+Hg$$

$$2Hg(NO_3)_2+SnCl_2 = HgCl_2\downarrow(白)+Sn(NO_3)_4$$

$$Hg_2Cl_2+SnCl_2(过量) = 2Hg\downarrow+SnCl_4$$

$$Hg(NO_3)_2+2NaOH = HgO+2NaNO_3+H_2O$$

第十二点的原文反应产物为“淡$_{二}$汞$_{三}$轻$_{二}$(淡养$_{三}$)$_{二}$”，笔者

认为应为 $HgNH_2NO_3$，即氨基氯化汞。

$$Hg(NO_3)_2+2NH_3\cdot H_2O = HgNH_2NO_3\downarrow+NH_4NO_3+2H_2O$$

$$2Hg(NO_3)_2+(NH_4)_2S = Hg(NO_3)_2\cdot HgS\downarrow\text{（黄色）}+NH_4NO_3$$

$$Hg(NO_3)_2+2KI = HgI_2\downarrow\text{（棕红色）}+2KNO_3$$

$$HgI_2+2KI = K_2[HgI_4]\text{（无色）}$$

4. Sn

一以吹火于木炭上热之，先熔融，次变白色之锡养$_{二}$。二加浓轻绿水，而加热，则发轻气而溶化，为锡绿$_{二}$，此锡绿水可以下各条试之。三加锌则锡分出，有结颗粒形之锡。四加钠轻养，结成白色之锡(轻养)$_{二}$，多加则溶化。五加铔轻养，结成白色之锡(轻养)$_{二}$，多加不溶化。六加钠$_{二}$炭养$_{三}$，发生炭养$_{二}$气而结成白色之锡(轻养)$_{二}$。七加轻$_{二}$硫，结成褐色之锡硫。八加铔$_{二}$硫，结成褐色之锡硫，能渐渐溶化于黄色铔$_{二}$硫$_{二}$中(铔$_{二}$硫经时日则变黄色铔$_{二}$硫$_{二}$)溶后多轻绿，结成黄色之锡硫$_{二}$，其式为

$$\text{锡硫加铔}_{二}\text{硫}_{二} = \text{锡硫}_{二}\text{加铔}_{二}\text{硫}$$

九将锡加硝强热之，则变白色不溶化之锡养$_{二}$，澄清而倾去其水，其存留之锡养$_{二}$，加水淘汰而洗涤之，加浓盐强少许煮沸，得锡绿$_{四}$之溶液，可以下各条试之。十加钠轻养，结成白色之锡养$_{二}$轻$_{二}$养，多加则溶化。十一加铔轻养，结成白色之锡养$_{二}$轻$_{二}$养，多加不溶化，取其结成之质，和以苏特，于木炭用吹火灼热，生白色有光之小锡球。十二锡绿$_{四}$之溶液中，加多水，则结成白色之锡养$_{二}$轻$_{二}$养。十三加汞绿$_{二}$，不能结成，此即锡绿$_{四}$与锡绿$_{四}$之区别(参看二十五之十)。十四加轻$_{二}$硫，生黄色之锡硫$_{二}$，能溶化于铔$_{二}$硫水。

Sn，原子序数 50，原子量 118.71，有 14 种同位素，其中 10 种是稳定同位素。金属锡柔软，易弯曲。锡的化学性质很稳

定，在常温下富有展性，特别是在 100℃时，其展性非常好，可以展成极薄的锡箔。文中主要针对+2 价、+4 价锡以及锡的两性进行说明，其涉及的化学原理如下。

$$Sn+O_2\xlongequal{\triangle}SnO_2$$ （SnO_2 白色，SnO 黑色）

$$Sn+2HCl=\!=\!=SnCl_2+H_2\uparrow$$

$$Zn+SnCl_2=\!=\!=ZnCl_2+Sn$$

$$SnCl_2+2NaOH=\!=\!=Sn(OH)_2\downarrow+2NaCl$$

$$Sn(OH)_2+2NaOH=\!=\!=Na_2[Sn(OH)_4]$$

$$SnCl_2+2NH_3\cdot H_2O=\!=\!=Sn(OH)_2\downarrow+2NH_4Cl$$

由第五点化学反应方程式可以看出，$Sn(OH)_2$ 虽呈两性，但不溶于 $NH_3\cdot H_2O$，这是因为 $NH_3\cdot H_2O$ 的碱性较弱，不足以与 $Sn(OH)_2$ 发生反应。

$$SnCl_2+Na_2CO_3+H_2O=\!=\!=Sn(OH)_2\downarrow+2NaCl+CO_2\uparrow$$

$$SnCl_2+H_2S=\!=\!=SnS\downarrow+2HCl$$

$$SnCl_2+(NH_4)_2S=\!=\!=SnS\downarrow+2NH_4Cl$$

$$SnS_2+(NH_4)_2S=\!=\!=(NH_4)_2SnS_3$$

$$Sn+4HNO_3(浓)=\!=\!=H_2SnO_3\downarrow+4NO_2\uparrow+H_2O$$

H_2SnO_3 称水合二氧化锡，也叫稀酸，该反应生成 β 锡酸，化学性质不活泼，不溶于酸，几乎不溶于碱。

$$H_2SnO_3+4HCl=\!=\!=SnCl_4+3H_2O$$

$$SnCl_4+4NaOH=\!=\!=SnO_2H_2O\downarrow+4NaCl+H_2O$$

$$SnCl_4+6NaOH(过量)=\!=\!=Na_2[Sn(OH)_6]+4NaCl$$

这里生成锡酸为 α-锡酸，化学性质活泼，能溶于酸碱。

$$SnCl_4+4NH_3\cdot H_2O=\!=\!=SnO_2H_2O\downarrow+4NH_4Cl+H_2O$$ （α-锡酸）

$$SnCl_2+2H_2O\xlongequal{\triangle}SnO_2H_2O\downarrow+2HCl$$ （β-锡酸）

$SnCl_4$ 与 HgCl 不反应。

$$SnCl_4+2H_2S=\!=\!=SnS_2\downarrow+4HCl$$

三、氧化物

1. MnO_2

一入试筒中加强热，则生养气，以半烬之木片近筒口，即燃成火焰。二水及硫酸硝酸均不能溶化，遇盐酸发生绿气而溶化。三加浓盐酸热之，发绿气至已尽，滤去所余之锰养$_{二}$，其淋出之水内，加钠$_{二}$炭养$_{三}$，至不溶化而结成，其结成之质，加醋酸一二滴，更能溶化，再加钠炭$_{二}$轻$_{三}$养$_{二}$煮沸，如锰养中含有铁，此时必有醋酸铁沈下，可淋出以轻绿溶化，按十六之九、十两条试之，有铁之感应，而淋出铁质之后，其水中当有锰绿$_{二}$，可以下各条试之。四加钠轻养或铔轻养，结成白色之锰(轻养)$_{二}$，遇空气则变褐色之锰$_{二}$养$_{三}$。五加钠$_{二}$炭养$_{三}$或铔$_{二}$炭养$_{三}$，结成白色之锰炭养$_{三}$。六加铔$_{二}$硫，则结成红色含水之锰硫，溶解于盐酸，多加铔硫或铔轻养热之，则变绿色。七硝酸及广丹即铅$_{三}$养$_{四}$混合，稍加锰养$_{二}$煮沸，静置之，俟沉清，其上面澄清之水成红色，即轻锰养$_{四}$也，其式为

二锰养$_{二}$加铅$_{三}$养$_{四}$加六轻淡养$_{三}$══二轻锰养$_{四}$加三铅(淡养$_{三}$)$_{三}$加二轻$_{二}$养

或

二锰硫养$_{四}$加五铅养$_{二}$加六轻淡养$_{三}$══二轻锰养$_{四}$加二铅硫养$_{四}$加三铅(淡养$_{三}$)$_{三}$加二轻$_{二}$养

八锰养$_{二}$黏于燐盐珠，入吹火外层烧之，呈紫石英色，入内层无色。九锰养$_{二}$及钠$_{二}$炭养$_{三}$混和，加钾$_{二}$炭养$_{三}$少许，置铂片上或铂丝端溶之，生蓝绿色之钠$_{二}$锰养$_{四}$与钾$_{二}$锰养$_{四}$，其式为

五锰养$_{二}$加四钠$_{二}$炭养$_{三}$加二钾$_{二}$炭养$_{三}$══四钠$_{二}$锰养$_{四}$加钾$_{二}$锰养$_{四}$加四炭养$_{二}$加二淡

MnO_2 是黑或棕黑色粉末。在 1473K（1200℃）高温下失一部分氧生成 MnO。MnO_2 稳定，难溶于水、弱酸、弱碱；与浓 H_2SO_4 反应有氧气生成；与浓 HCl 反应有 Cl_2 生成；与熔融 KOH 在空气中反应生成锰酸钾（K_2MnO_4）。MnO_2 用于制干电池、玻璃和陶瓷的着色剂、锰等。文中主要谈 MnO_2 反应产物 $MnCl_2$ 的化学反应。第一、二点由以上性质可以解释，最重要的是第三点，已经具备初步混合物分离鉴定的步骤。

$$MnO_2+4HCl(浓)=MnCl_2+Cl_2\uparrow+2H_2O$$

$$MnCl_2+Na_2CO_3=MnCO_3\downarrow+2NaCl$$

$$MnCO_3+2CH_3COOH=Mn(CH_3COO)_2+CO_2\uparrow+H_2O$$

若 MnO_2 含有 Fe^{2+}，再加 CH_3COONa，则

$$Fe^{2+}+2CH_3COO^-=Fe(CH_3COO)_2\downarrow$$

再分离出沉淀 $Fe(CH_3COO)_2$，然后加入 HCl，即

$$Fe(CH_3COO)_2+2HCl=FeCl_2+2CH_3COOH$$

再按照上文中 Fe^{2+} 的特征反应可以确定。这是一个较完整的 MnO_2 和铁盐混合物的分离鉴定方法。

$$MnCl_2+2NaOH=Mn(OH)_2\downarrow+2NaCl$$

$Mn(OH)_2$ 在空气中可以氧化。第五点与第三点部分化学原理一样，这里不再赘述。

$$MnCl_2+(NH_4)_2S=MnS\downarrow+2NH_4Cl$$

$$MnS+2HCl=MnCl_2+H_2S\uparrow$$

$$MnCl_2+2NH_3\cdot H_2O=Mn(OH)_2\downarrow+2NH_4Cl$$

$Mn(OH)_2$ 受热可分解，产生绿色 MnO。第七点从原文看应该是一氧化还原反应，其化学反应方程式如下。

$$2MnO_2+Pb_3O_4+6HNO_3=2HMnO_4+3Pb(NO_3)_3+2H_2O$$

或

$$2MnSO_4+5PbO_2+6HNO_3=2HMnO_4+2PbSO_4\downarrow+3Pb(NO_3)_3+2H_2O$$

根据方程式可以看出，该反应应是+2 价锰或+4 价锰与PbO_2在酸性环境下反应，并且不存在+3 价的 Pb 离子。第八点是MnO_2的磷盐珠反应。第九点是在空气中MnO_2与Na_2CO_3、K_2CO_3熔融反应生成Na_2MnO_4、K_2MnO_4，这个反应是可以发生的，但是原文中的反应方程式如下。

$$5MnO_2+4Na_2CO_3+K_2CO_3 = 4Na_2MnO_4+K_2MnO_4+5CO_2\uparrow+2N$$

其产物中不可能有 2N 或者N_2。

2. As，As_2O_3

一将砒在木炭上以吹火热之，放白色之砒$_{二}$养$_{三}$气，有蒜臭。三将砒加少许硝强水加热，生不溶化之砒$_{二}$养$_{三}$，加多量之硝酸，则生易溶解之轻$_{三}$砒养$_{四}$。五将砒霜和炭末少许，于试筒中加热，则生黑色之皮为砒，若以钾养代木炭，则较显。七将砒霜溶化于水，加轻$_{二}$硫呈黄色，更加轻绿，则分出黄色之砒$_{二}$硫$_{三}$，此砒$_{二}$硫$_{三}$能溶化于铔轻养及铔$_{二}$硫，加酸类再结成砒$_{二}$硫$_{三}$。九砒$_{二}$养$_{三}$水内将银淡养$_{三}$水，无结成，若添加一滴之铔轻养，即结成黄色之银$_{三}$砒养$_{三}$，能溶化于铔轻养及硝酸中，其银$_{三}$砒养$_{三}$在硷性水内煮沸之，即有银分出，其式为

三银$_{三}$砒养$_{三}$加六淡轻$_{三}$加三轻$_{二}$养═══银$_{三}$砒养$_{四}$加二(淡轻$_{四}$)$_{二}$砒养$_{四}$加六银

十砒$_{二}$养$_{三}$加硝酸热之，则溶化而为砒酸，即轻$_{三}$砒养$_{四}$也，可以各条试之。十一多加轻$_{二}$硫热之，则结成砒$_{二}$硫$_{三}$沈下。十三多加铔轻养或铔绿，及镁硫养$_{四}$，即成白色之镁铔砒养$_{四}$。

砷(As)，银灰色发亮的块状固体，质硬而脆，不溶于水、碱液、多数有机溶剂，溶于硝酸、热碱液，剧毒。主要用于制取合金的添加物，制造特种玻璃、涂料、医药等。砷的化合物有固体、液体、气体三种，有三种同素异形体：黄砷、黑砷和

灰砷，物理性质有所差别，但化学性质却完全相同。砷蒸气冷却后晶体分子是 As_4，为正四面体结构。砷能生成氧化数为–3、+3 和+5。–3 和+3 的化合物具有还原性，+5 的化合物有氧化性。文中涉及的化学原理如下。

$$4As+3O_2 \xlongequal{\triangle} 2As_2O_3$$

$$As+5HNO_3 \xlongequal{} H_3AsO_4+5NO_2\uparrow +H_2O$$

$$As_2O_3+3C \xlongequal{} 2As+3CO\uparrow$$

As_2O_3 又名砒霜，剧毒，微溶于水，两性偏酸的分子晶体，常温下为 As_4O_6，对应水合物 $As(OH)_3$ 或 H_3AsO_3，作为 As 重要的氧化物，文中对其化学性质作了详细的阐述，所涉及的化学反应原理如下。

$$As_2O_3+3H_2S \xlongequal{} As_2S_3\downarrow +3H_2O\text{（酸性）}$$

$$As_2O_3+6NH_3\cdot H_2O \xlongequal{} 2(NH_4)_3AsO_3+3H_2O$$

$$As_2O_3+6AgNO_3+6NH_3\cdot H_2O \xlongequal{} 2Ag_3AsO_3\downarrow\text{（黄）}+6NH_4NO_3+3H_2O$$

$$3Ag_3AsO_3+4NH_3\cdot H_2O \xlongequal{} Ag_3AsO_4+2(NH_4)_2AsO_4+6Ag\downarrow +2H_2O$$

$$3As_2O_3+4HNO_3+7H_2O \xlongequal{} 6H_3AsO_4+4NO\uparrow$$

$$2H_3AsO_4+5H_2S \xlongequal{} As_2S_3\downarrow +2S\downarrow +8H_2O$$

$$H_3AsO_4+NH_3\cdot H_2O+MgSO_4 \xlongequal{} MgNH_4AsO_4\downarrow +H_2SO_4+H_2O$$

第二节 考质相生法

一、大略试法

大略试法是指通过加热、灼烧、与纯碱混合灼烧、磷盐珠试验、焰色反应、测试溶解性等方法，对所要鉴别的物质进行初步判别。这些方法主要是观察所产生的现象，对物质的部分组成或其类别有所感知。其中，与纯碱混合灼烧即熔融或半熔(烧结)法，碳酸钠是最常用的溶剂之一，难溶物与碳酸钠熔融时，分解为难溶物阴阳离子对应的钠盐。之后，用酸处理分解为相应的盐类及酸。

一生褐色之硫块，为硫化合之质(见三之三)。二生灰色之金属粉末，炭外无矿衣即霜者为铁、镍、钴(三者皆有吸铁性)、钼、钨、铂等。三生金属颗粒不生矿衣者，其金属红色为铜(其时吹火焰有绿色)，白色者为银(其时微生暗红色之矿衣)或锡(添加硼砂或钾衰则分出更易，锡粒经红热至久变黄色，冷则变白色之锡养$_2$)，黄色者为金。四生金属粒又生矿衣者，其粒有箔性，矿衣黄色者为铅，其矿衣以内火热之能飞去，而火呈蓝色，若其粒坚脆，矿衣白色者，为锑(参看二十八之二)，其矿衣以外火热之呈绿色易灭，若其粒坚脆，矿衣冷时黄而热时暗黄者，为铋，但铋之矿衣，比铅更显其黄色，以内火热之，虽亦飞散而火焰不变色。五生矿衣不生金属粒者，矿衣白色为砒(有蒜臭)，甚易飞散，热则发淡蓝色之光而飞去，若其矿衣冷时白色而热时黄色者为锌(内火中黄色消灭，外火则否)，矿衣红褐色者为镉，其色须俟冷时定之。

磷盐珠试验(microcosmic salt bead test)、焰色反应是比较准确的分析方法。所谓磷盐珠试验是利用金属氧化物或盐类与磷酸氢铵钠($NaNH_4HPO_4 \cdot 4H_2O$)在一起熔融时，形成具有特征颜色的熔珠来进行定性鉴定试验。它属于干法分析，磷盐珠在氧化焰中熔融，热时观察氧化焰颜色，呈现各种不同的颜色，通过颜色的辨认来鉴别各种金属。

文中先对磷盐珠试验顺序进行阐述，“先将欲考之质少许，醮入燐盐珠，以吹火烧之，先入外层，后入内层”，又对磷盐珠如何制作作了说明，“其珠以扁平式为佳，于白金线之端曲成一圈，以便醮入火中，又将燐盐热之，得异性燐盐，则不之如燐盐之多发泡沫，且不易离脱白金线较便”。将各金属磷盐珠颜色罗列如表 5-2 所示。

表 5-2　《定性分析》中各金属磷盐珠试验

火焰	绿色	蓝色	黄色	红色	茄花色	灰色	不能溶之明珠
外焰	Cu、Cr(绿带黄)、U(热时)	Co、Cu(冷时)	Ag、Bi(冷时无色)、U(冷时带绿)、Pb、Cd、Ti(冷时无色)、Fe、Ni(冷后黄色)	Fe(热时红褐色、冷时淡色或无色)、Ni(冷时淡色或无色)	Mn	—	SiO_2
内焰	Cr、Mo、U、Fe	Co、W	Ti(冷时茄花色)、Ni	Cu(冷时红褐色不透明)	Ti(冷时)	Ni、Bi、Ag、Pb(冷时)	SiO_2

焰色反应即多种金属或它们的化合物灼烧时的火焰呈现出特殊的颜色。焰色反应是金属原子或离子的特征属性。文中对焰色反应的操作步骤也加以说明，“以轻绿润湿物质，黏于白金线端，而入灯火之外层，或吹火之外层，灼之”。金属焰色反应如表 5-3 所示。

表 5-3　《定性分析》中各金属焰色反应

黄色	红色	绿色	蓝色	茄皮色
Na	Sr、Li、Ca(带黄色)	Ba(带黄色)、Tl	$CuCl_2$(其余之铜盐类皆绿色)	K

溶解性指物质在溶剂里溶解能力的大小，即每份(通常是每份质量)溶剂(有时可能是溶液)所能溶解的溶质的最大值。溶解过程是物理变化，溶解性是由 20℃时某物质的溶解度决定的，可分为难溶(不溶)(<0.01g/100g 水)、微溶(0.01～1g/100g 水)、

可溶(1～10g/100g 水)、易溶(>10g/100g 水)。溶解性是物质很重要的一项物理性质，利用物质的溶解性，可以判断气体收集方法及混合物分离方法。两种物质在水中溶解性明显不同时，可用过滤法分离。达到(化学)平衡的溶液便不能容纳更多的溶质(当然，其他溶质仍能溶解)，称之为饱和溶液。溶解度并不是一个恒定的值。一种溶质在溶剂中的溶解度随它们的分子间作用力、温度、溶解过程中所伴随的熵的变化以及其他物质的存在及多少变化，有时还与气压或气体溶质的分压有关。溶剂通常分为两大类：极性溶剂、非极性溶剂。溶剂种类与物质溶解性的关系可以被概括为“溶其所似”。意思是说，极性溶剂能够溶解离子化合物及能离解的共价化合物，而非极性溶剂则只能够溶解非极性的共价化合物。例如，NaCl 是一种离子化合物，它能在水中溶解，却不能在乙醇中溶解。

文中的溶解性不仅有物理过程，还有化学过程。就是利用物质的溶解性，分别针对定质(固体化合物)、流质(液态物质)、金属进行鉴别。对于定质，依次用水、极稀盐酸、稀盐酸、浓盐酸、硝酸、王水(浓盐酸与浓硝酸按体积比例为 3∶1 配制)的顺序溶解，直至将其溶解，不能溶于酸的，用本质第五分类法进行分析。对于液体，应先测其酸碱性，再干燥，最后用大略试法鉴别。对于金属，先用硝酸酸化，不溶者为铂或金等，但是溶化后生成的硝酸盐大多不能溶于硝酸，可溶于水。此外，文中提到溶解后溶液中多余的酸类处理对后续的鉴定非常重要，例如“盖硝强余存，甚妨碍轻$_{二}$硫之作用也”，“可蒸烘而除之”。但是并非所有的酸类都可以这样做，“如砒之溶于轻绿者，烘去其轻绿，则砒绿$_{三}$亦飞散”，可以“注加钾绿养$_{三}$或硝酸，令变为不能飞散之砒$_{二}$养$_{五}$”。对盐类溶解性规律也有所阐述，“溶化于水者，为硷金属盐类居多”，“燐酸盐类，必溶化于酸”，即指钾盐、钠盐均溶化于水，磷酸盐可溶于酸。并且，对溶液中离子有无去除必要提出一条原则，即“物之溶化于盐酸及溶化于硝酸者，若并合时无结成，不妨并合，不必分别”。

二、考本质法

作者对碱类鉴定设计出一套完整的分析方法，其方法是将需要鉴定的物质先后分别加入酸性的 H_2S、$NH_3 \cdot H_2O$、$(NH_4)_2S$、Na_2HPO_4，利用沉淀反应的方法将其分开。其后再针对第一类至第六类金属进行分析。本节主要分析其鉴定及分离流程，物质的具体物理化学性质、试验方法步骤、化学反应原理在上文中已作详细分析，这里不做过多阐述，旨在厘清其分析方法的设计理念。

1. 本质分类法

文中将金属分为 6 种，第一类，K^+、Na^+、Li^+、NH_4^+；第二类，Mg^{2+}、Ba^{2+}、Sr^{2+}、Ca^{2+}；第三类，Cr^{3+}、Al^{3+}；第四类，Fe^{2+}、Co^{2+}、Ni^{2+}、Zn^{2+}、Mn^{2+}；第五类，Ag^+、Hg^{2+}、Bi^{2+}、Cu^{2+}、Cd^{2+}；第六类，As^{3+}、Sb^{3+}、Sn^{2+}。对这 6 类金属离子的初步分离流程如下所示。

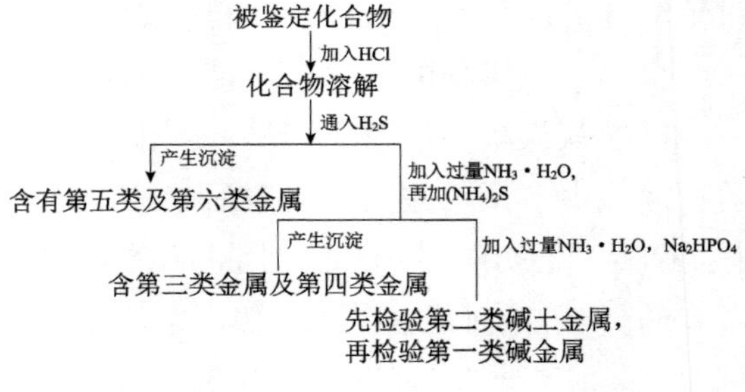

2. 第一类金属分析法（K^+、Na^+、Li^+、NH_4^+）

所谓第一类金属，即碱金属，是第一主族元素，笔者根据

原文将 NH_4^+归类于此。文中采用两种方法进行鉴定，一种是焰色反应，另一种是湿试法。其鉴定流程如下。

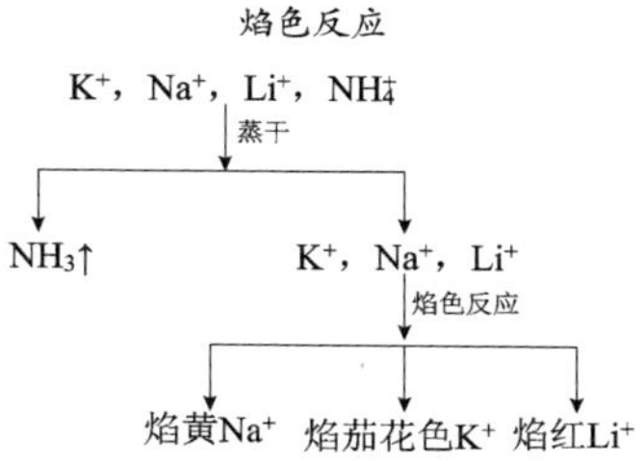

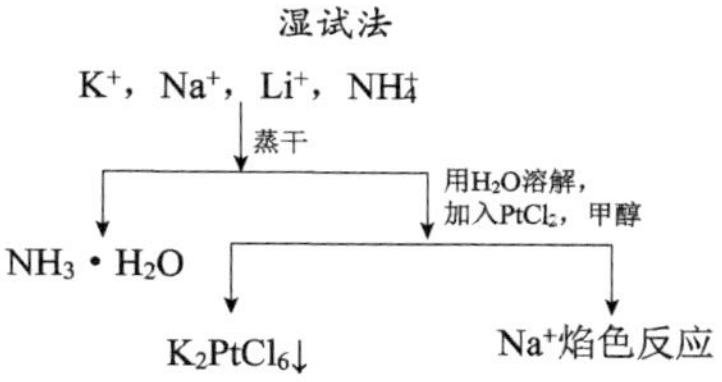

由于 K^+、Na^+、Li^+同时存在，焰色反应时 Na^+会对另两种离子形成干扰，文中就这点特意提到，“如含有钠时，钾之茄花色不能见，非隔蓝玻璃视之不易辨”，“同时有钠存在则难于鉴别，与钾同，遇此等处可以分光镜验之最易辨”。同时，对 NH_4^+通过在原溶液中加入 NaOH，生成刺激性气体可以检验。

3. 第二类金属分析法（Mg^{2+}、Ba^{2+}、Sr^{2+}、Ca^{2+}）

Fe^{2+}不如 Fe^{3+}稳定，在分析中常将 Fe^{2+}氧化成 Fe^{3+}再进行鉴定，如何区别二者，文中提到一方法，如下所示。

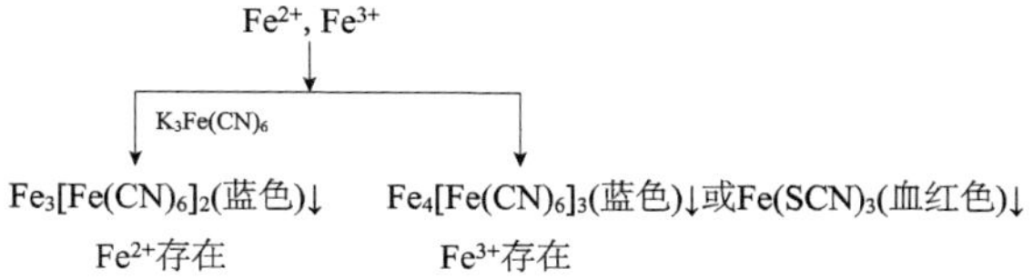

但是，这种鉴定方法要求该化合物中不含其他也能形成络合物的金属离子或能将 Fe^{2+} 氧化成 Fe^{3+} 的氧化剂。

对第二类金属进行分析如下。

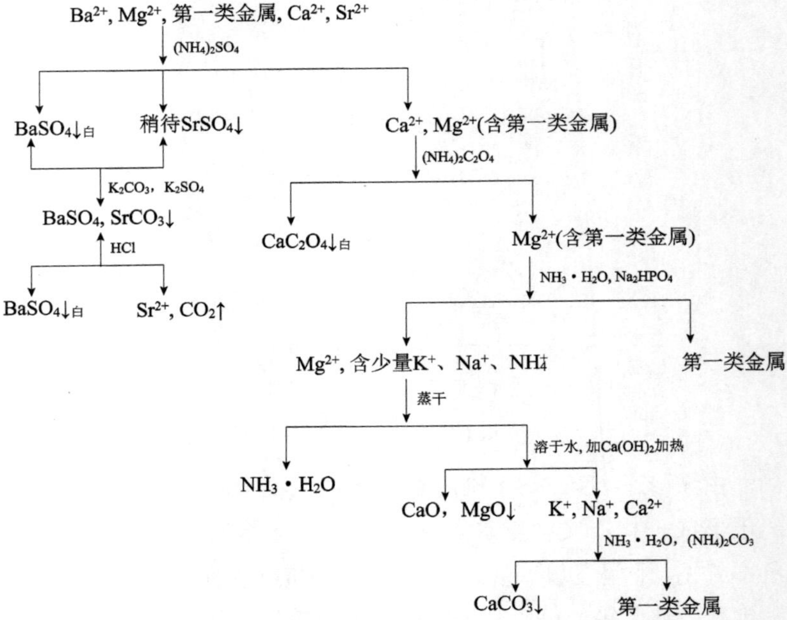

4. 第三类及第四类金属分析法(Cr^{3+}、Al^{3+}、Fe^{2+}、Co^{2+}、Ni^{2+}、Zn^{2+}、Mn^{2+})

对第三、第四类金属分析过程如下所示。

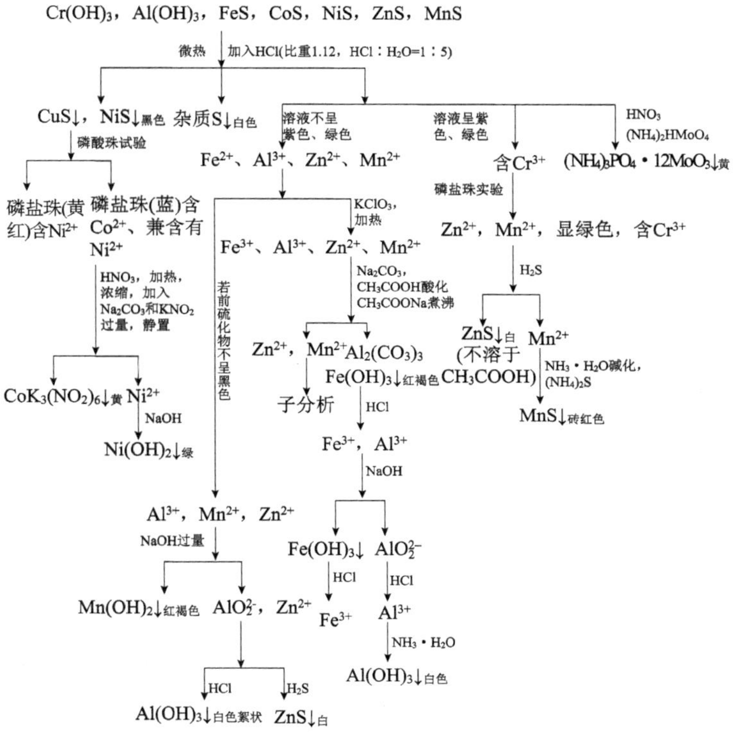

对于检测第四类金属中的 Co^{2+}、Ni^{2+}分析过程中形成的硫化物有两种方法，现将其中一种分析方法表示如下所示。

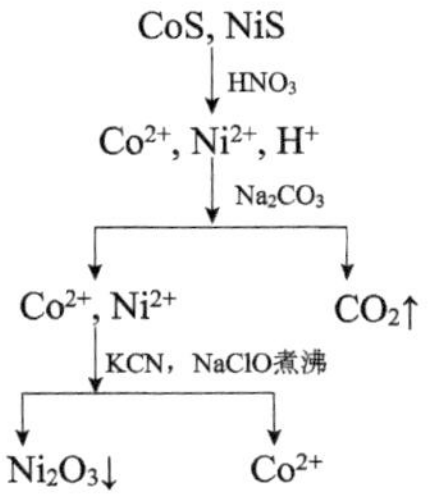

由于当时所用的 NaOH 不纯，常含有 Al^{3+}、SiO_2 等杂质，故此处的 NaOH 必须知其不含 Al^{3+}，否则用 $Ba(OH)_2$ 代替。

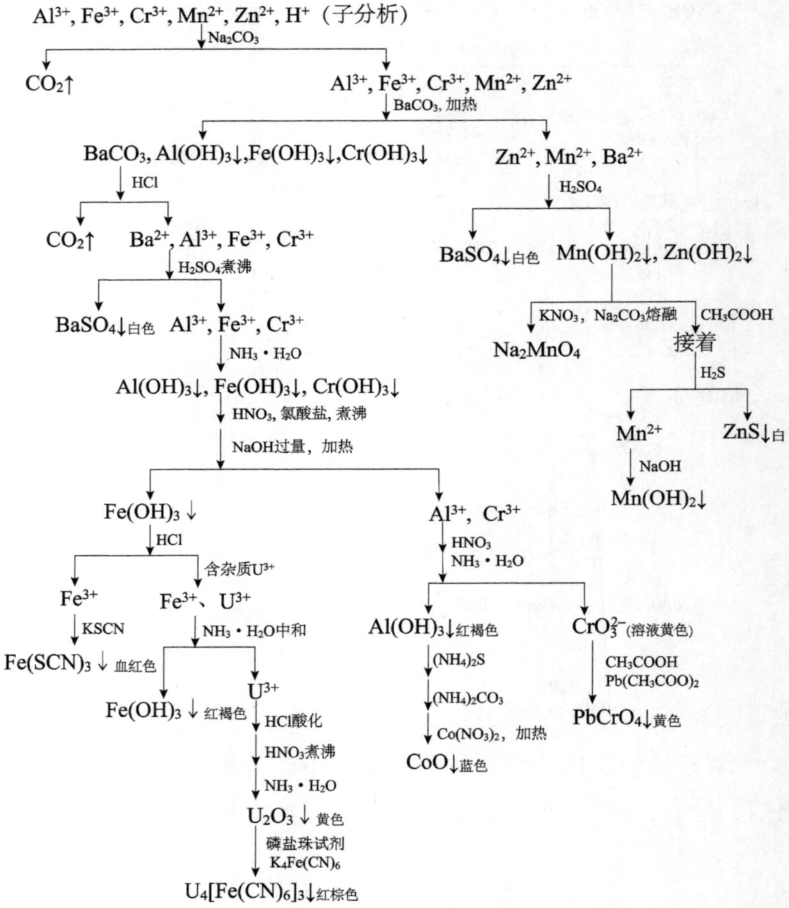

5. 第五类、第六类金属分析法（Ag^{+}、Hg^{2+}、Bi^{2+}、Cu^{2+}、Cd^{2+}、As^{3+}、Sb^{3+}、Sn^{2+}）

文中对第五、第六类金属的不同性质予以区分，“于酸性水内溶化之质，加水令稀而结成者，为本性之铋盐类，及锑盐类”，“淡水或酸性水内溶化之质，加轻绿而结成者，为银绿及铅绿$_{\text{二}}$及汞$_{\text{二}}$绿$_{\text{二}}$”，“硷性水溶化之质，加轻绿而结成者，为银绿及铅绿及砒$_{\text{二}}$硫$_{\text{三}}$及锡硫$_{\text{二}}$等”，“铅养之溶化于钠轻养中者，又银绿及砒$_{\text{二}}$硫$_{\text{三}}$之溶化于铔莫尼亚者，皆由轻绿而结成”，“钠$_{二}$锑$_{二}$硫$_{四}$之溶化于水者，加轻绿则生轻$_{二}$硫气而结成锑$_{二}$硫$_{五}$”，“含衰之盐类之溶化于水者，逢轻绿亦结成”。但是，为了先将其与第一至第四类金属分开，采用转化为硫化物的方法。重金属硫化物不仅难溶，而且多具有特征颜色，在分析化学中常利用它们不同的难溶性和特征颜色，进行阳离子的分离和鉴定。由于第五类及第六类金属的硫化合者，大都有颜色，如含有铬或铁，溶液开始显红黄色，通入硫化氢气体则变紫色或绿色，并且析出白色单质硫。由此可以初步判断被鉴定物中是否含有第五、第六类金属。第五、第六类金属分离的流程如下。

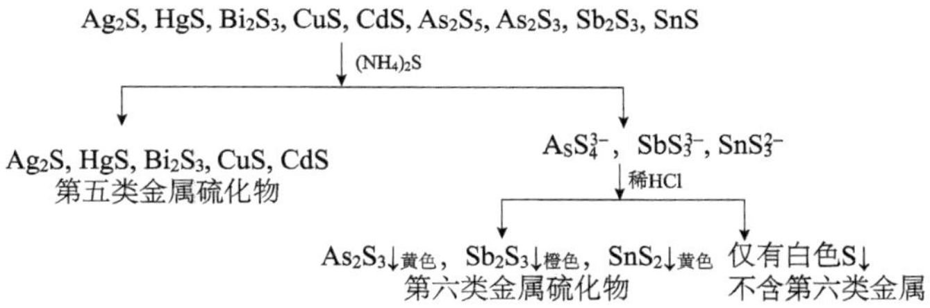

6. 第五类金属分析法(Ag^{+}、Hg^{2+}、Bi^{3+}、Cu^{2+}、Cd^{2+})

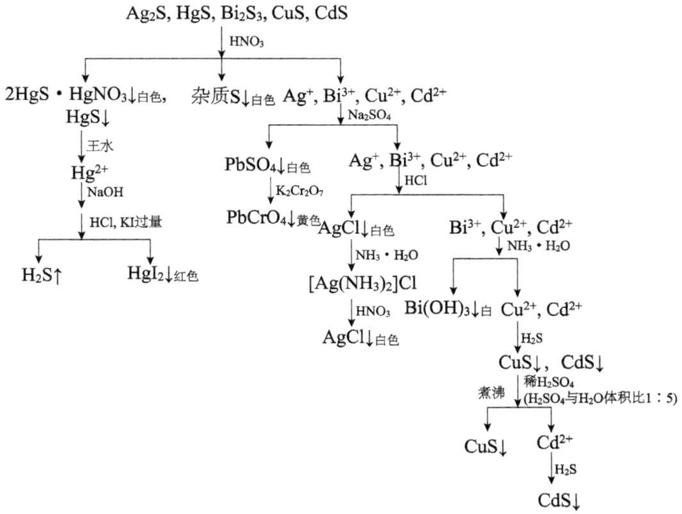

7. 第六类金属硫化物分析法(As^{3+}、Sb^{3+}、Sn^{4+})

这里特别提到 As_2O_3、As_2O_5 所对应的酸根离子之间的相同点与区别。其相同的地方是所形成的盐，除阳离子是碱金属能溶于水外，其余均不溶于水，仅能溶于酸。其不同之处为 AsO_4^{3-} 与 $NH_3 \cdot H_2O$、$MgSO_4$ 反应可以生成白色 $MgNH_4AsO_4$，AsO_3^{3-} 则不行；与 $AgNO_3$ 反应，分别生成黄色 Ag_3AsO_3 沉淀和红褐色 Ag_3AsO_4 沉淀。此外，As_2O_3 可溶化于 NaOH 溶液中，作为还原剂，使 $CuSO_4$ 还原为红色的 Cu_2O，As_2O_5 则不行。

文中详细说明了分别为+2 价、+4 价态锡离子与+3 价、+5 价态锑离子形成氧化物性质的不同，由于与上文中内容重复，这里不作赘述。仅将其中 Sb_2O_5 与 KI 发生氧化还原反应的方程式列出。

$$Sb_2O_5+4KI+10HCl = 2I_2+2SbCl_3+4KCl+5H_2O$$

砷化合物多具有挥发性，在分解试样时，必须有氧化剂存在，使砷呈+5 价状态，As_2O_3 常应用高锰酸钾、氯酸钾或含溴的盐酸溶液溶解。

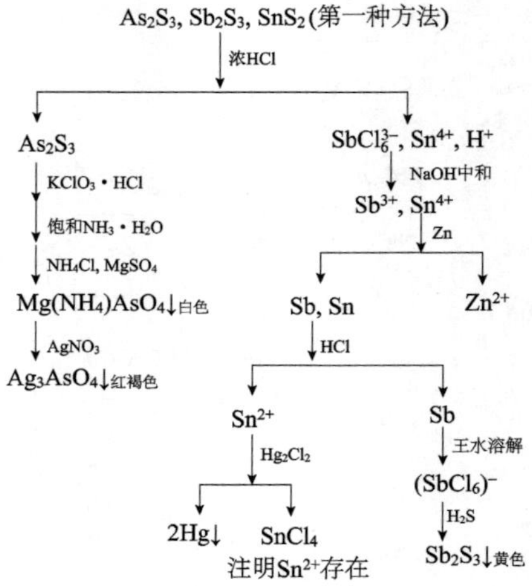

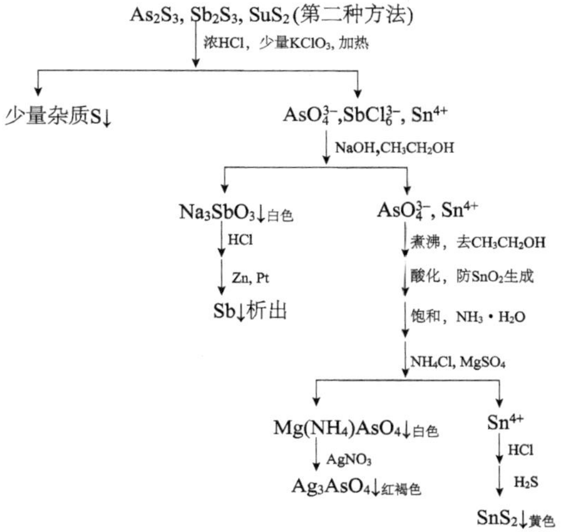
As₂S₃, Sb₂S₃, SuS₂ (第二种方法)
浓HCl，少量KClO₃, 加热
少量杂质S↓
AsO₄³⁻,SbCl₆³⁻, Sn⁴⁺
NaOH,CH₃CH₂OH
Na₃SbO₃↓白色
HCl
Zn, Pt
Sb↓析出
AsO₄³⁻, Sn⁴⁺
煮沸，去CH₃CH₂OH
酸化，防SnO₂生成
饱和，NH₃ · H₂O
NH₄Cl, MgSO₄
Mg(NH₄)AsO₄↓白色
AgNO₃
Ag₃AsO₄↓红褐色
Sn⁴⁺
HCl
H₂S
SnS₂↓黄色

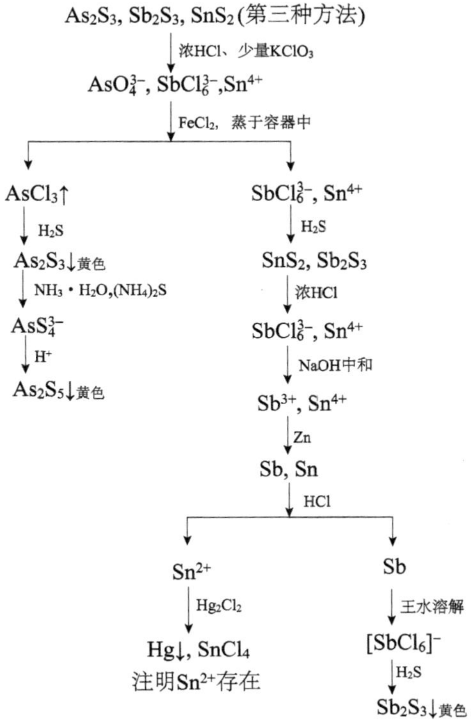
As₂S₃, Sb₂S₃, SnS₂ (第三种方法)
浓HCl、少量KClO₃
AsO₄³⁻, SbCl₆³⁻,Sn⁴⁺
FeCl₂，蒸于容器中
AsCl₃↑
H₂S
As₂S₃↓黄色
NH₃ · H₂O,(NH₄)₂S
AsS₄³⁻
H⁺
As₂S₅↓黄色
SbCl₆³⁻, Sn⁴⁺
H₂S
SnS₂, Sb₂S₃
浓HCl
SbCl₆³⁻, Sn⁴⁺
NaOH中和
Sb³⁺, Sn⁴⁺
Zn
Sb, Sn
HCl
Sn²⁺
Hg₂Cl₂
Hg↓, SnCl₄
注明Sn²⁺存在
Sb
王水溶解
[SbCl₆]⁻
H₂S
Sb₂S₃↓黄色

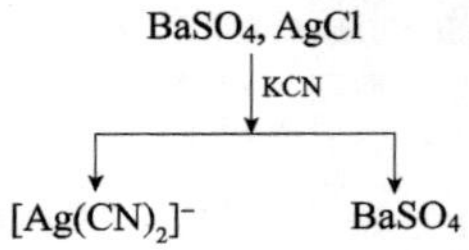

8. 不溶于水及酸类物质

文中将不溶于水和酸类的物质分为 6 类，如表 5-4 所示。

表 5-4 《定性分析》中不溶于水和酸类的物质分类

第一类	第二类	第三类	第四类	第五类	第六类
$BaSO_4$、$SrSO_4$、$CaSO_4$、$PbSO_4$	$AgCl$、$AgBr$、AgI、$PbCl_2$、$PbBr_2$、PbI_2	Cr_2O_3、Fe_2O_3、Al_2O_3、SnO_2 等	CaF_2	C、S	硅酸盐

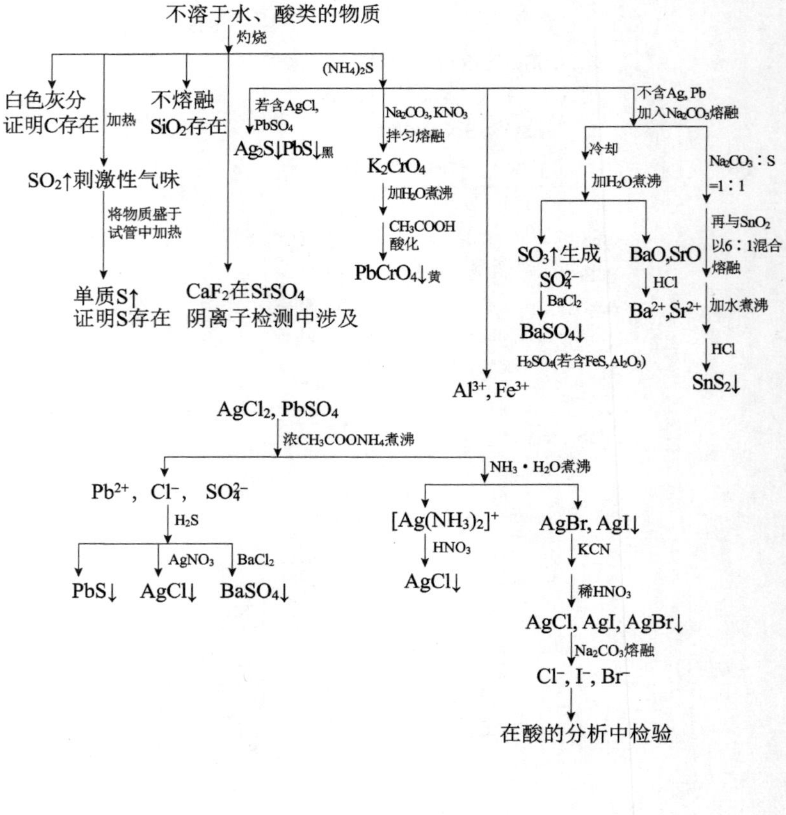

炭在通氧或在空气中燃烧完毕后留下的白色或灰白色的物质称为灰分。灰分随炭化温度、原材料种类、树皮所含的比例、炭化方式等不同而不同。炭化温度越高，灰分含量越大。

白色 $PbSO_4$ 难溶于水，也不溶于硝酸，却可溶于饱和醋酸铵溶液，其反应方程式为

$$PbSO_4+2CH_3COONH_4 = (CH_3COO)_2Pb+(NH_4)_2SO_4$$

三、考配质法

1. 查配质之法

按照该酸是否溶于水进行分类。第一类 HNO_3、$HClO_3$、HNO_2、H_2SO_4，除 $BaSO_4$、$SrSO_4$、$CaSO_4$、$PbSO_4$ 外，HCl 类除 AgI、PbI_2、HgI_2 等外，HCOOH、CH_3COOH 类盐均溶于水；第二类 CO_2、Cr_2O_3、As_2O_3、P_2O_5、SO_2、SiO_2、B_2O_3、$(COOH)_2$ 对应的碱金属盐溶于水，除硅酸盐外其余的盐类仅能溶于酸；第三类碱金属的硫化物溶于水。此外，CO_2、H_2S、SO_2 对应酸根遇到 HCl 会产生气体，其中，产生的 CO_2 用澄清石灰水鉴定，H_2S 用湿润的 $PbNO_3$ 试纸鉴定，SO_2 用湿润的 AgCl 试纸鉴定。

这三点是利用阴离子形成沉淀达到分离目的，重要的是文中给出了其规律，即氯化盐、硝酸盐、亚硝酸盐、硫酸盐的不溶性盐分别是 AgI、PbI_2、$BaSO_4$、$SrSO_4$，甚至还包括有机酸乙酸等；碳酸盐、铬酸盐、砷酸盐、磷酸盐（碱金属盐除外）等只能溶于酸。此外，文章还详细地说明沉淀反应后，溶液若含有 CO_3^{2-}、S^{2-}、SO_3^{2-}，加入 HCl 可以产生气体，根据气体不同的性质可以分别鉴定之。无机盐通过这样的初步分离，又将阴离子分为五大类：盐酸、硝酸、硫酸、磷酸系统；其余阴离子，包括碘化氢及溴化氢系统、氯及溴及碘系统、溴化银及碘化银及氯化银系统、氟化氢系统、硅氟酸系统、二氧化硫及硫

代硫酸系统、高氯酸系统、次氯酸系统、硝酸系统、三氧化二硼系统；有机配质系统；硅酸盐系统；含 CN^-系统。

2. 盐酸硝酸硫酸磷酸

《定性分析》中的“二迷以脱里阿美尼试剂”即二苯胺，常用来鉴定 NO_3^-。硫化氢气体在酸性条件下与水中的砷生成黄色硫化砷沉淀。由于硫化氢在酸性环境中不会被氧化成单质硫，因此通过生成的硫化砷将水中的砷去除。

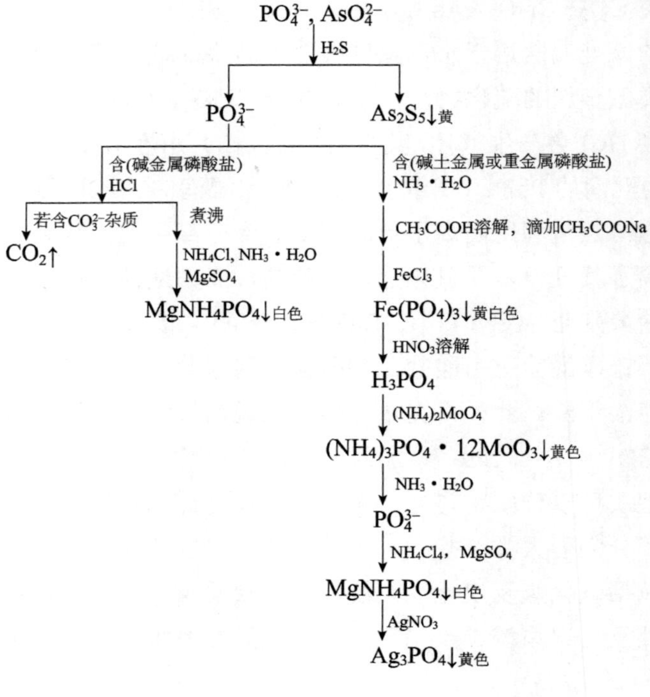

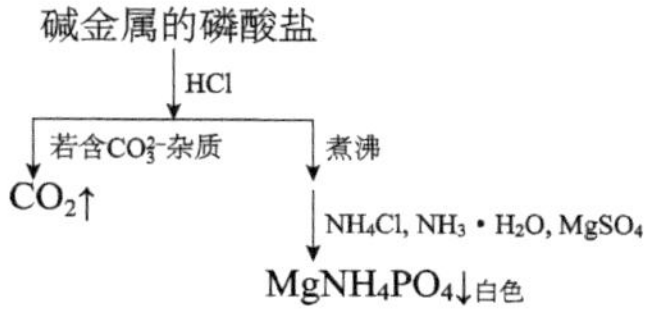

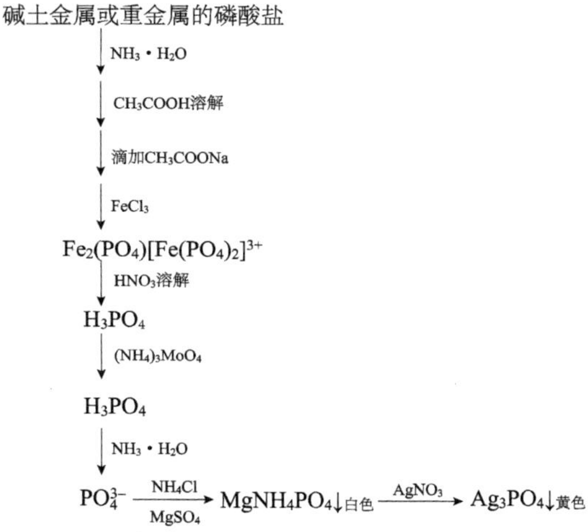

3. 考其余诸配质之法

文中对不溶于水的物质先加入浓硫酸，根据反应现象进行初步判别。

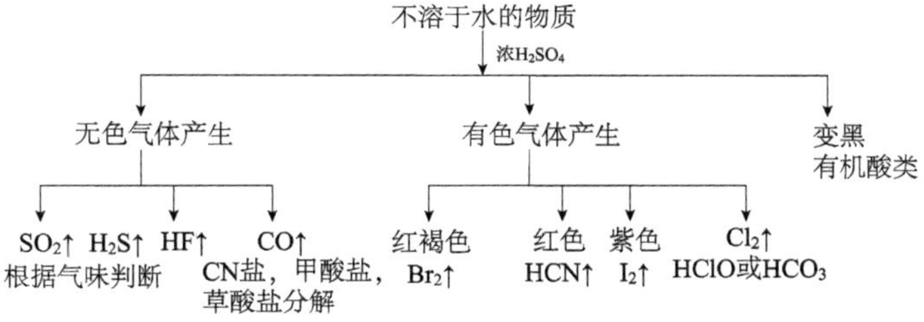

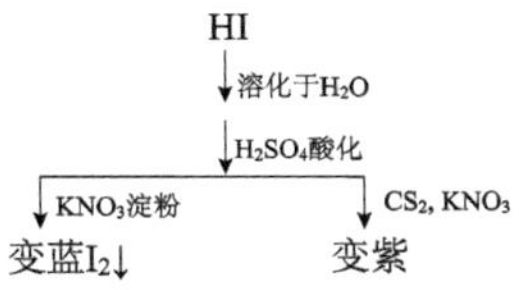

文中对 HF 的鉴别阐述得非常详细，现将其摘录如下：

将所考之质之细末，纳小玻管中，加浓硫酸热之。如含弗者，即发生轻弗，侵蚀玻璃而管不透明。又检弗者用下法亦妙，即将其细末入白金锅中，加浓硫酸调之成稠质，以表面玻璃涂蜜蜡，以针尖画成记号，即以涂蜡之面，覆白金锅，而表面注水。将白金锅施微热后，取其表面，拭去其蜡，以酒精洗净。如含弗者，则其作记号之处，为轻弗所侵蚀，其痕迹甚显。

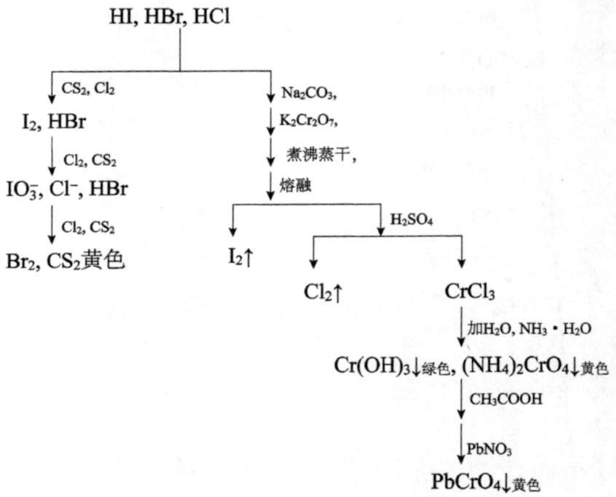

文中阐述了硅氟酸及硅氟酸盐的鉴别。硅氟酸盐除了 K、Na、Ba 盐外均不溶于水，与浓 H_2SO_4 共热分解出 HF、SiF_4 气体，其中 HF 能腐蚀玻璃。干燥的硅氟酸盐加热可产生 SiF_4 气体，通入水中形成胶状的硅酸。此外，硅氟酸盐和碱反应、与 Na_2CO_3 共热均可产生氟化物，其化学反应方程式如下。

$$K_2SiF_6+4NaOH = SiO_2\downarrow +2KF+4NaF+2H_2O$$

$$Na_2SiF_6+2Na_2CO_3 = 6NaF+SiO_2+2CO_2\uparrow$$

硫代硫酸盐除钡盐、铅盐外，其余均溶于水，检验该类盐可参考上文中 $Na_2S_2SO_3$ 的第二、第三点的检验方法，即与盐酸反应生成单质 S 及 SO_2，与 $Pb(CH_3COO)_2$ 反应并加热生成黑色

PbS 沉淀。氯酸盐、硝酸盐混合物的鉴定方法利用上文中 KNO_3 的第九点、$KClO_3$ 的第七点反应进行。氯酸盐还可通过加入热的浓硫酸生成黄绿色的 ClO_2 气体，或加入蓝靛、硫酸，通入 SO_2 气体，蓝靛褪色这两种方法鉴定。

$$4KClO_3+4H_2SO_4 = 4KHSO_4+4ClO_2\uparrow+O_2\uparrow+2H_2O$$

次氯酸盐是强氧化剂，利用与酸反应生成 O_2，或与 $MnSO_4$ 反应生成褐色 MnO_2 进行鉴定。硝酸盐与亚硝酸盐的鉴定可以利用其化学性质上的不同，在硝酸盐中加入浓硫酸产生 NO_2 气体，将其溶于水中生成硝酸，加入 KI 还原出单质 I_2，使淀粉呈蓝色，其化学反应方程式如下。

$$2H_2SO_4+4KNO_3 = 4NO_2\uparrow+O_2\uparrow+2K_2SO_4+2H_2O$$

$$3NO_2+H_2O = 2HNO_3+NO\uparrow$$

$$6KI+8HNO_3 = 3I_2+2NO\uparrow+6KNO_3+4H_2O$$

或加入 $FeSO_4$、H_2SO_4 生成褐色溶液，亚硝酸盐则不能产生这样的现象，其化学反应方程式如下。

$$4H_2SO_4+2KNO_3+6FeSO_4 = 3Fe_2(SO_4)_3+K_2SO_4+2NO\uparrow+4H_2O$$

在亚硝酸中加入 $KMnO_4$、H_2SO_4，$KMnO_4$ 褪色，其化学反应方程式如下。

$$5HNO_2+2KMnO_4+3H_2SO_4 = 5KNO_3+2MnSO_4+K_2SO_4+3H_2O$$

硼酸盐可按照上文中 $Na_2B_4O_7$ 的第五、第六点鉴定。在可溶性的钨酸盐或钼酸盐中，增加酸度往往形成聚合的酸根离子。在 $(NH_4)_2MoO_4$ 和 Na_2WO_4 的溶液中分别加入适量的盐酸，则析出难溶于水的钼酸（H_2MoO_4）和钨酸（H_2WO_4）。

$$(NH_4)_2MoO_4+2HCl = H_2MoO_4\downarrow（白）+2NH_4Cl$$

$$Na_2WO_3+2HCl = H_2WO_4\downarrow（黄）+2NaCl$$

MoO_4^{2-}、WO_4^{2-} 可以与 H_2S 作用，生成硫化物。

$$MoO_4^{2-}+3H_2S+2H^+ = MoS_3\downarrow+4H_2O$$

$$WO_4^{2-}+3H_2S^++2H^+ = WS_3\downarrow+4H_2O$$

MoS_3 和 WS_3 能溶于 $(NH_4)_2S$ 中形成硫代酸盐。

$$MoS_3+S^{2-}=\!=\!=MoS_4^{2-}$$

$$WS_3+S^{2-}=\!=\!=WS_4^{2-}$$

4. 考有机配质之法

草酸（$(COOH)_2$）的鉴定方法在第五章第一节 $CaCO_3$ 性质中第八点已述，即加入 $CaCl_2$，在第五章第一节 $K_2C_2H_2O_4$ 性质中第二点至第五点也提及此方法。酒石酸盐（$M_2C_4H_4O_6$）可先加入 CH_3COOH 酸化，再加入 CH_3COOK，生成不溶于水的 $KHC_4H_4O_6$。柠檬酸（$C_6H_8O_7$）可加入澄清石灰水，煮沸生成难溶于水的 $Ca_3(C_6H_5O_7)_2$。琥珀酸（旧译作瑟格西尼克酸，$C_4H_6O_4$），其钡盐、钙盐均不溶于乙醇，能溶于水，鉴定时可加入 $FeCl_3$，生成褐色 $FeOHC_4H_4O_4$ 沉淀，该沉淀加入氨水，有 $Fe(OH)_3$ 析出，滤液中有琥珀酸，加入 $BaCl_2$，在乙醇溶液中生成 $BaC_4H_4O_4$。醋酸（CH_3COOH）的鉴定除了可以利用上文 $Pb(CH_3COO)_2$ 中第四点的化学反应外，还可加入 $FeCl_3$，生成褐色 $Fe(CH_3COO)_3$ 沉淀。

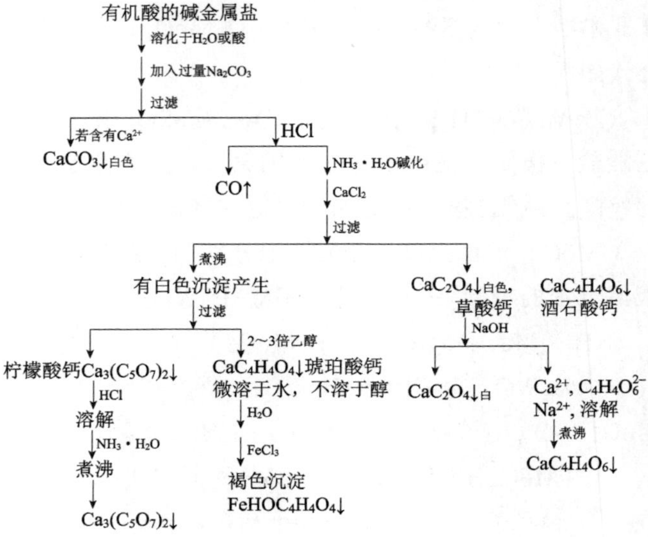

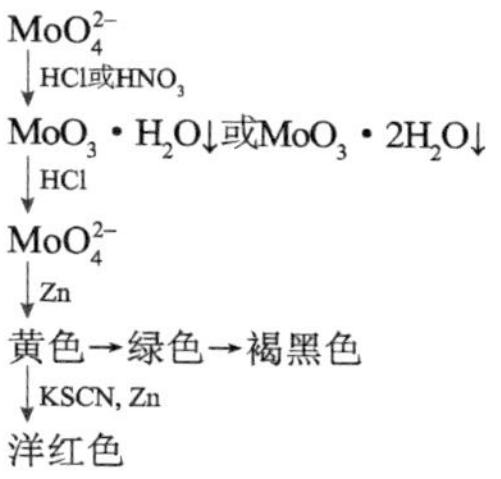
MoO_4^{2-}
HCl或HNO_3
$MoO_3 \cdot H_2O\downarrow$或$MoO_3 \cdot 2H_2O\downarrow$
HCl
MoO_4^{2-}
Zn
黄色→绿色→褐黑色
KSCN, Zn
洋红色

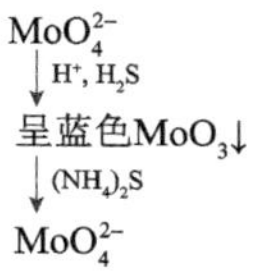
MoO_4^{2-}
H^+, H_2S
呈蓝色$MoO_3\downarrow$
$(NH_4)_2S$
MoO_4^{2-}

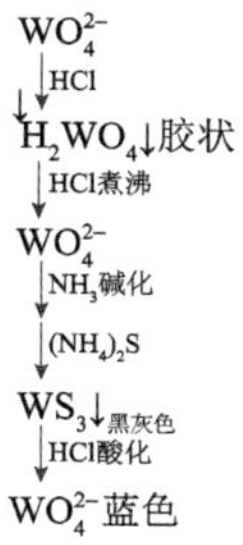
WO_4^{2-}
HCl
$H_2WO_4\downarrow$胶状
HCl煮沸
WO_4^{2-}
NH_3碱化
$(NH_4)_2S$
$WS_3\downarrow$黑灰色
HCl酸化
WO_4^{2-}蓝色

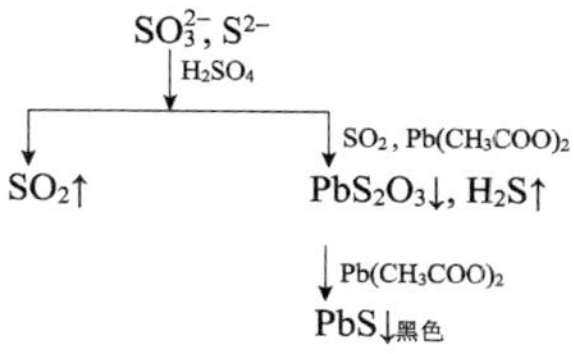
SO_3^{2-}, S^{2-}
H_2SO_4
SO_2, $Pb(CH_3COO)_2$
$SO_2\uparrow$
$PbS_2O_3\downarrow, H_2S\uparrow$
$Pb(CH_3COO)_2$
$PbS\downarrow$黑色

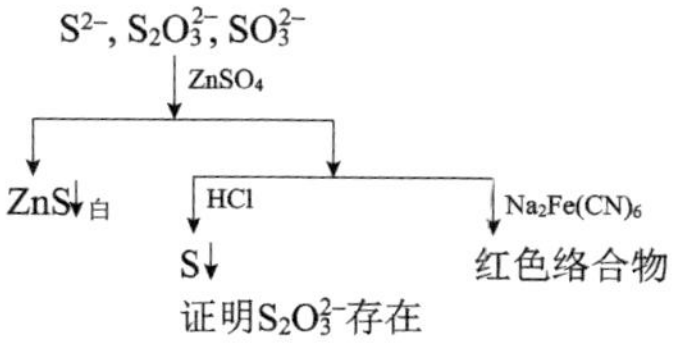
$S^{2-}, S_2O_3^{2-}, SO_3^{2-}$
$ZnSO_4$
$ZnS\downarrow$白
HCl
$Na_2Fe(CN)_6$
$S\downarrow$
证明$S_2O_3^{2-}$存在
红色络合物

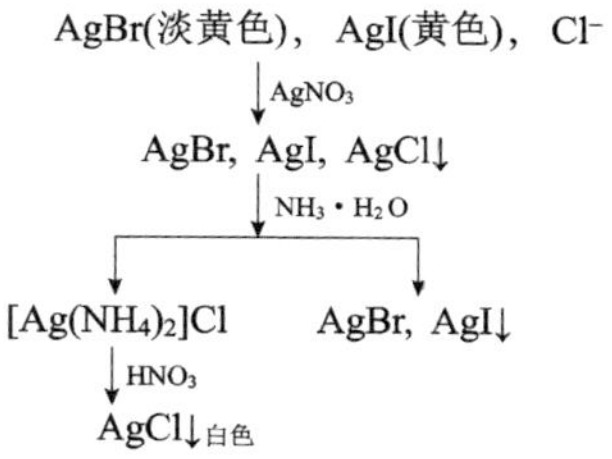
AgBr(淡黄色)， AgI(黄色)， Cl^-
$AgNO_3$
AgBr, AgI, $AgCl\downarrow$
$NH_3 \cdot H_2O$
$[Ag(NH_4)_2]Cl$
AgBr, $AgI\downarrow$
HNO_3
$AgCl\downarrow$白色

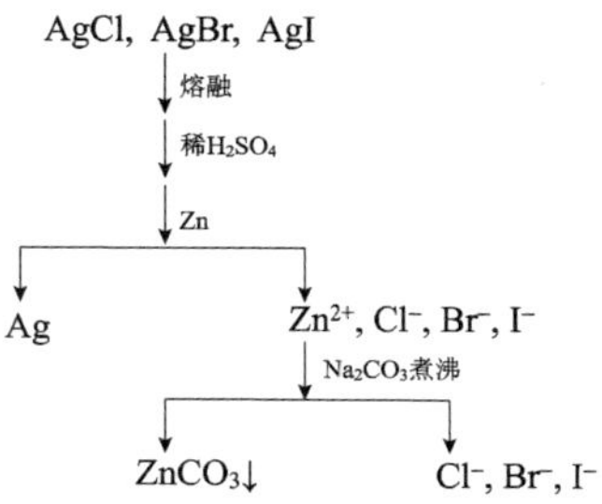
AgCl, AgBr, AgI
熔融
稀H_2SO_4
Zn
Ag
Zn^{2+}, Cl^-, Br^-, I^-
Na_2CO_3煮沸
$ZnCO_3\downarrow$
Cl^-, Br^-, I^-

5. 考矽养=盐类

物质中含 SiO_2 时，可采用大略试法中的磷盐珠试验查出。

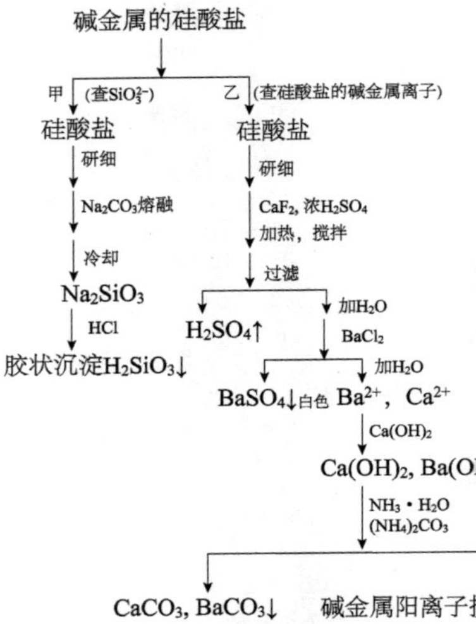

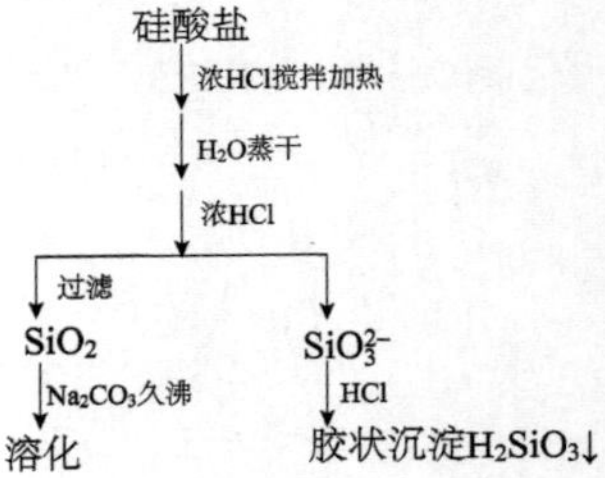

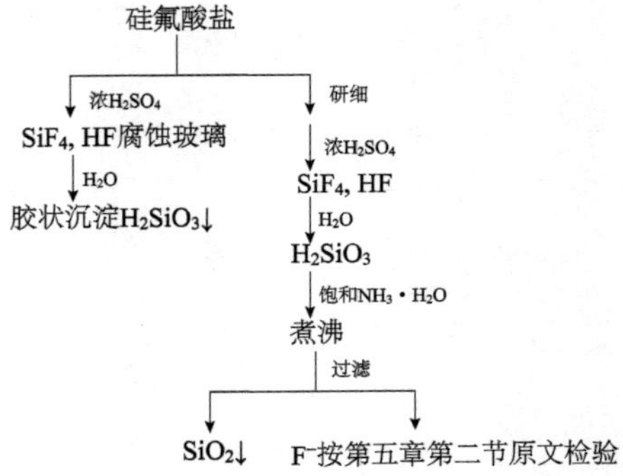

当 HCOOH、CH_3COOH 与其他不易挥发的酸类物质混合时，则

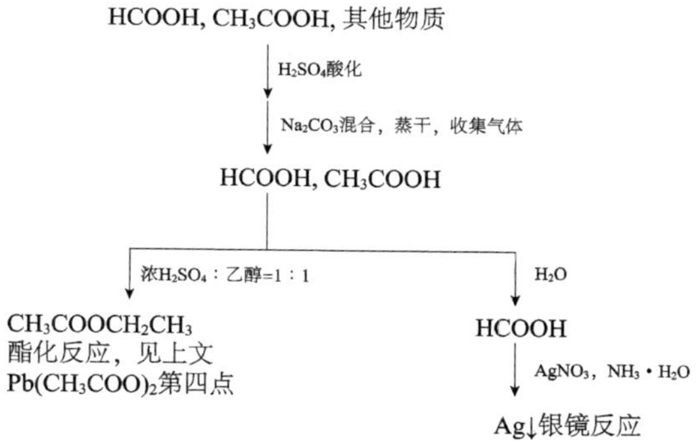

当甲酸盐、乙酸盐混合时，则采用如下方法。

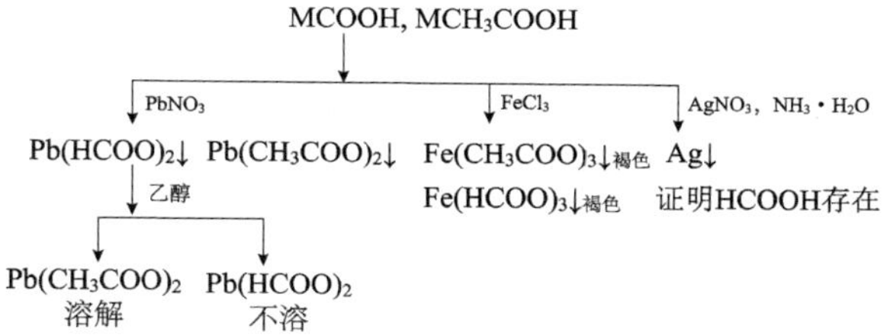

对于甲酸盐固体，其具有下列性质。

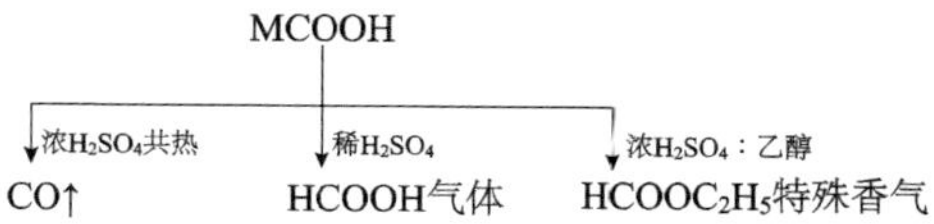

6. 考含衰之杂质

“衰”即氢氰酸根离子，氰化物中能溶于水的只有氰化汞和其碱金属盐。氢氰酸盐最常见的鉴定方法是加入盐酸，产生具有特殊苦杏仁味的 HCN 气体。但是，含 CN^-的络合物不适用这一方法，例如 $K_4[Fe(CN)_6]$，加入盐酸不会产生大量的 HCN 气体，因为$[Fe(CN)_6]^{4-}$仅能电离出少量的 CN^-。氢氰酸盐中除碱金属盐外，其余盐类在灼烧时均能分解出 CN^-。

氢氰酸的碱金属盐可通过第五章第一节介绍 KCN 中的第

三点进行鉴定，对于生成的 HCN 气体可以加入 NaOH 后再按照上述方法鉴定。对含有 CN^-的固体，可将其与 Na_2CO_3 熔融后，加水煮沸再按照上述方法鉴定。鉴定氰化汞中的 CN^-，先通入 H_2S，除去溶液中的 Hg^{2+}，加入 $AgNO_3$ 生成 AgCN 沉淀，加热分解产生 HCN 气体。其化学反应方程式如下。

$$Hg^{2+}+H_2S=\!=\!=HgS\downarrow(\text{黑})+2H^+$$

$$CN^-+Ag^+=\!=\!=AgCN\downarrow$$

$$2AgCN+CO_2+H_2O=\!=\!=Ag_2CO_3\downarrow+2HCN\uparrow$$

若鉴定微量 CN^-，可将其溶液中加入$(NH_4)_2S$、NaOH 煮沸蒸干，生成多硫化物$(NH_4)_2S_2$，再加入 $FeCl_3$ 一滴，呈血红色。其化学反应方程式与第五章第一节介绍 KCN 中的第五点相同。若鉴定含 CN^-的络合物，如普蓝质 $Fe_4[Fe(CN)_6]_3$，可采用第五章第一节介绍 KCN 中的第四点反应即可。

为了研究平野一贯《定性分析》一书对日本近代分析化学的影响，本书采用文本分析的方法，对《定性化学》的考质分试法和考质相生法相关内容作详细解析。《定性化学》提出化学反应速率理论、沉淀理论、金属活泼性理论等重要化学原理，以及独特的对无机化合物的本质、配质进行系统分类。其化学反应原理涉及棕环反应、置换反应、复分解反应、沉淀反应、焰色反应、歧化反应、氧化还原反应等。其对日本定性化学的发展具有重要意义。

《定性分析》是一部关于近代分析化学的重要书籍，不同于徐寿、傅兰雅翻译德国富里西尼乌斯的《化学求数》和《化学考质》。它将 38 种常见而重要的盐化学性质进行详细的阐述，再采用系统分析法，即对一份称样分解后，经过分离或掩蔽的方法消除干扰离子对测定的影响，再系统地、连贯地进行数个项目的依次测定。其分析系统极为严密，在系统分析中从试样分解、组分分离到依次测定的程序安排非常合理。其涵盖了定性分析的全部核心内容，并将无机化学和分析化学有机地结合起来。

与以往旧译书不同，在《定性分析》的编后记中，杜亚泉写道："虽旧译已有考质、求数二书，但分析之门法较多，亦不可不择他本以参究。予屡欲译其书而卷帙繁重。今得平野、河村二氏之书译入杂志。此书较之丹柴所藏生田氏之书，条理稍逊，但卷帙少而法亦备。"由此可以看出，以前旧译书读者难以理解，而《定性化学》却由于内容相对简练更易于接受。

第六章 《亚泉杂志》刊载之元素周期律

元素周期律的发现，是化学史上最伟大的事件，它使自然界的元素不再相互孤立，而是成为有着内在联系的统一体，并将化学研究从大量个别零散事实和无规律的罗列中解脱出来，奠定了无机化学的基础。《亚泉杂志》对这一化学史上重大发现的传播，在中国近代化学史上具有重要的研究意义。

由于元素周期律是关于化学元素的理论，其传入的内容形式与化学元素汉译名称有着密切的关系，且《亚泉杂志》对元素汉译名称的统一作了重要贡献，故本章将对《亚泉杂志》中的《化学原质新表》和《化学周期律》这两部分息息相关的内容进行专门介绍。

第一节 元素汉译名称的统一

近代西方化学元素名称的汉译始自 19 世纪中叶。19 世纪末以来的相当长时期内，翻译工作是由熟稔汉语的西方传教士与中国人共同完成的。20 世纪初以后，逐渐由掌握一定化学知识的中国学者直接从事这一工作。丁韪良、玛高温、华蘅芳、嘉约翰、何瞭然、傅兰雅、徐寿、毕利干曾为此做出贡献[①]。

---

① 丁韪良. 格物入门. 北京：京师同文馆，1868；玛高温，华蘅芳. 金石识别. 南京：江南制造局，1871；嘉约翰，何瞭然. 化学初阶. 广州：博济医局，1871；傅兰雅，徐寿. 化学鉴原. 南京：江南制造局，1871；毕利干. 化学指南. 北京：京师同文馆，1873.

以上大多为通过图书媒介传播西方化学名词术语的代表人物，而通过期刊媒介传播近代西方化学名词术语，始于杜亚泉主编的《亚泉杂志》。在此之后，通过期刊进行化学名词术语汉译传播的还有鲁迅在《浙江潮》、任鸿隽和吴承洛在《科学》、梁国常在《学艺》等期刊发表的论著[①]。

目前，专门论述化学元素汉译名称统一的论著并不多见，仅见何涓的《化学元素名称汉译史研究述评》[②]，多属于化学名词或科技术语统一的研究，对清末时期的元素汉译名称统一工作并未涉及，尤其对杜亚泉在其中的贡献更是鲜有研究。本节将通过梳理19世纪50年代至20世纪初晚清中国化学元素汉译史的脉络，以及杜亚泉《化学原质新表》的内容，厘清杜亚泉对这一工作的重要贡献以及《化学原质新表》在元素汉译史上的重要地位。

一、19世纪50年代至20世纪初晚清中国化学元素汉译史的脉络

杜亚泉作为清末时期化学元素汉译名称统一的集大成者，其工作是建立在前人大量的探索和研究上的。

西方化学元素主要是根据人名、地名、国名、神名、天体名等命名的。例如，汞，Hg（hydrargyrum），是由拉丁语 hydra（水）和 argyrum（银）组成的，英语为 mercury，是罗马神话中众神的信使，说明该金属有流动性，古代就已发现这一元素；钆，

① 鲁迅. 集外集. 北京：人民文学出版社，1959：16-21；任鸿隽. 化学元素命名说. 科学，1915，1(1)：157；任鸿隽. 无机化学命名商榷. 科学，1920，5(4)：347；梁国常. 无机化学命名商榷. 学艺，1921，3(6)：1-5；吴承洛. 无机化学命名法平议. 科学，1927，12(10)：149；曾昭抡. 二十年来中国化学之进展. 科学，1935，19(10)：1514-1554；曾昭抡. 江南织造局时代编辑之化学书籍及其所用之化学名词术语. 化学，1936，3(5)：746-762.

② 何涓. 化学元素名称汉译史研究述评. 自然科学史研究，2004，23(20)：155-167.

Gd(gadolinium)，得名于钆土(gadoina)，是为了纪念芬兰化学家加多林(J. Gadolin，1760～1852)，第一个发现了稀土元素钇。化学元素名称的汉译方案最早出现于 1855 年前后墨海书馆的英国伦敦布道会来华传教医师合信编译的《博物新编》。这是一部介绍西方科学常识的书，化学内容主要集中在第 1 编，其中的《水质论》介绍了氧气、氢气、氮气，称其为“养气”“轻气”“淡气”，并准确说出其化学性质及特征，氧气“火藉之而光，血得之而赤”，氢气“生于水中”，“其质为最轻”，氮气“淡然无用”①。可以看出，最初的化学元素命名是根据元素用途及性质而来的。其中，该书所述元素为 56 种。

1857 年 1 月 26 日创刊，由墨海书馆出版，伟烈亚力对化学元素名称一部分沿用了《博物新编》的名称，如“养气”“淡气”；韦廉臣又改译和新译了一些，尽管这种改译并不恰当，如将“轻气”改译为“湿气”，把新发现的金属元素“钾”(kalium)翻译为“鎌母”。该书述及的元素达 62 种或 64 种②，不确定的原因是有两种物质是否为元素在当时的化学界存在争议。

直到 1868 年，中国最早的专门的化学译著《化学入门》由京师同文馆出版，才开始了真正意义上的西方化学元素汉译工作。这部书是美国美北长老会传教士丁韪良和中国学者李广祜、崔士元合译的《格物入门》丛书中的第 6 卷。在该书的第 1 章论物之原质中，第一次列出了 42 种常见化学元素的英文名称、元素符号。其中，在中国已知该元素的写其中文名称，如金、铜、铁、铅、碳等，这部分翻译属于意译；而近代新发现的元素使用元素符号的中文字音，基本是两个字，如“尼爱”(Ni)、“思避”(Sb)、“米治”(Mg)，即属于音译。这时对元素

① 合信. 博物新编. 上海：墨海书馆，1855.

② 韦廉臣. 真道实证. 六合丛谈，1857，2：3-6.

的译名并不理想，但是这些工作对后来的元素名称汉译有着很大的影响。徐寿、傅兰雅翻译的化学著作中的元素名称都不同程度地参考了《化学入门》的译名。

1871 年，江南制造局出版的《金石识别》对化学元素的翻译多采用音译法。这部书是伟烈亚力、玛高温、傅兰雅、徐寿、华蘅芳、徐建寅合译的，原著是美国矿物学家代那(James D. Dana，1813～1859)的一部矿物学名著。该书第 11 卷“金石化学”对化学元素和化合物名称均以音译为主，列出了 60 种元素，如布而伦(B)、丐而西恩(Ca)等。这一翻译法为徐寿、傅兰雅对化学元素名称命名采用音译法奠定了基础。

1871 年江南制造局翻译并出版的第一批书籍中，《化学鉴原》在翻译时间上略晚于《金石识别》，被认为实现了中国近代西方化学元素汉译方案的突破。在此之前，元素名称并没有一个合适的汉译方案。他们首次采用化学元素英文名称第一音节或次音节的译音造字原则，对 51 种元素命名，并用偏旁“金”或“石”对金属元素和非金属元素加以区分，其中有 36 种沿用至今，成功地创造了钾、钠、钙、镁、镍、铝、锰、钴、锌、钨、钽、碲、钡、铒、碘、铱、锂、硒等元素名称。这一译名原则被后来中国化学家制定的元素译名方案所吸纳。同时期广州博济医局的美国美北长老会的传教医师嘉约翰和其学生何瞭然也在翻译来自同一原著的《化学初阶》，该书虽然比《化学鉴原》早出版几个月，但是其元素译名参考了前者的内容[①]。《化学鉴原》是傅兰雅和徐寿在江南制造局翻译馆翻译的第一部化学书籍。1868 年江南制造局设立了专门译书的机构——翻译馆，1869 年中国近代第一部专门的化学译著《化学鉴原》翻译完成。其原著是美国韦而司

① 王扬宗. 关于《化学鉴原》和《化学初阶》. 中国科技史料，1990，11(1)：84-88.

(David A. Wells，1829～1898)的著作《韦而司化学原理和应用》(*Well's Principles and Application of Chemistry*，1858)中的无机化学部分。这部书是当时美国普遍使用的中级化学教材，一经出版就多次重印。这本书中提到了 62 种化学元素，傅兰雅、徐寿翻译时补充了两种，故其中国译本《化学鉴原》中出现的化学元素为 64 种。

1879 年，江南制造局出版了徐寿、傅兰雅翻译的《化学鉴原补编》。该书初版于 1867 年，到 1923 年已再版 12 次，是英国最出名的化学教科书之一。在翻译这部书时，徐寿、傅兰雅补充了新发现的元素镓，因此，《化学鉴原补编》中化学元素已达 65 种。

19 世纪 60 年代末至 80 年代，西方化学元素汉译工作的艰难从 1873 出版的《化学指南》凡例可以窥视一二。这部书是京师同文馆的化学教习毕利干和其学生联振共同完成的。他们在凡例中写道："至中国未见之原质，命名尤难。今或达其意，或究其源，或本其性，或辨其色，将数字凑成一字。"[①]由此也可以看出当时对化学元素名称造字的原则。这部书的命名方案并没有新意，对于中国已知的元素采用与《化学入门》同样的方法，仍用"华名"，只是对于由两个字合成的名称，"捡其有实意之字为名，即硫磺以磺为名，黑铅以铅为名"，对于金属与非金属，仍沿用《化学鉴原》中的方法以偏旁区别。但是，按照其凡例所述的原则，所造出元素的名称笔画极为复杂，并且无法发音。例如，软锰矿在中国被称为"无名异"，元素锰被命名为金字旁，右边为无、名、巽的叠加，在表 6-1 中可见。

① 毕力干. 化学指南. 北京：京师同文馆，1873：2.

表 6-1 《亚泉杂志》中的化学元素名称及中、西、日文名对比

元素名称	原子量	拉丁名	西文符号	日本译名	当时译本异名
轻(氢)	一.〇〇(1.008)	Hydrogenium	H(H)	水壵スイソ	—
鋰(锂)	七.〇三(6.941)	Lithium	Li(Li)	利丢谟リチウム	鉐/劣非地恩
鈹(铍)	九.〇八(9.012)	Beryllium	Be(Be)	别利留谟ベリリウン	—
硥(硼)	一〇.九五(10.811)	Borum	B(B)	硼素ホウム	硼精/布而伦
炭(碳)	一二.〇一(12.011)	Carbonium	C(C)	炭素タンン	炭精/碳
淡(氮)	一四.〇四(14.007)	Nitrogenium	N(N)	窒素チツツ	硝气/育
养(氧)	一六.〇〇(15.999)	Oxygenium	O(O)	酸素サンン	—
弗(氟)	一九.〇三(18.998)	Fluorum	F(F)	弗律阿儻谟ワリエオルム	尅/夫罗而林/虪
鈉(钠)	二三.〇五(22.990)	Natrium	Na(Na)	那笃伦谟ナトリウム	鏀/鹹/鹻精/素地恩
鎂(镁)	二四.二九(24.305)	Magnesium	Mg(Mg)	麻倔涅叟谟フグ子ミウム	鏀/美合尼西恩
鋁(铝)	二七.一一(26.982)	Aluminium	Al(Al)	亚尔密纽谟ワルミニウム	鑻/钍/钒/哀盧弥尼恩膠/泥精
矽(硅)	二八.四〇(28.086)	Silicium	Si(Si)	珪素ケイン	砂/礌/玻砂/精/夕里西恩/西里根
燐(磷)	三一.〇二(30.973)	Phosqhorus	P(P)	燐リヲン	火药/硃
硫(硫)	三二.〇七(32.065)	Sulfnr	S(S)	硫黄イゥウ	硫黄/磺
绿(氯)	三五.四五(35.453)	Chlorum	Cl(Cl)	鹽素エエンリ	—
鉀(钾)	三六.一一(39.098)	Kalium	K(K)	加偕谟力リウム	铱/灰精/卜对斯恩/木炭精
氬(氩)	三九.七〇(39.948)	Argou	Ar(Ar)	亚儿良アルゴン	—
鈣(钙)	四〇.〇一(40.078)	Calcium	Ca(Ca)	加尔冑谟カルミウム	馉丐而西恩/石炭精
鈧(钪)	四四.〇一(44.956)	Scaudium	Sc(Sc)	斯甘冑谟ヌナチンウム	—
鍗(钛)	四八.一五(47.867)	Tilanium	Ti(Ti)	知答纽谟チタン	铼/替脱尼恩/钛

续表

元素名称	原子量	拉丁名	西文符号	日本译名	当时译本异名
釩(钒)	五一.三八(50.942)	Vanadium	V(V)	华那冑谟ワナチン	鐇/凡奈弟恩
鉻(铬)	五二.一四(51.996)	Chromium	Cr(Cr)	格鲁缪谟クロム	铑/磺鏴/容罗弥恩
錳(锰)	五四.九九(54.938)	Manganium	Mn(Mn)	满俺ワンカン	镴/镖/孟葛尼斯
鉄(铁)	五六.〇二(55.845)	Ferrum	Fe(Fe)	铁テシ	—
鎳(镍)	五八.六九(58.693)	Nieeolum	Ni(Ni)	暱结儿ニシケル	镙/镉/臬客尔
鈷(钴)	五八.九三(58.933)	Cobalium	Co(Co)	箇拔尔コツルト	锖釦/镐/苦抱尔
銅(铜)	六三.六〇(63.546)	Cuprum	Cu(Cu)	铜ドウ	铧/钲/鍉/倭铅
鋅(锌)	六五.四一(65.39)	Zincum	Zn(Zn)	亚铅アエン	—
鈲*(镓)	六九.八〇(69.723)	Gallium	Ga(Ga)	瓦儻谟カリウム	—
鉬*(锗)	七二.三〇(72.64)	Germanium	Ge(Ge)	日尔曼纽谟グルヌニウム	碏/鈡/锠鑂
砒(砷)	七五.〇九(74.921)	ArsenlCum	As(As)	砒素ヒン	砑/西里尼恩
硒(硒)	七九.〇五(78.96)	Selenium	Se(Se)	攝列纽谟ヒレン	溮/孛罗名
溴(溴)	七九.九五(79.904)	Bromum	Br(Br)	臭素ミウツ	鑪
鉫(铷)	八五.四三(85.468)	Rubidium	Rb(Rb)	留彪冑谟ルビヂウム	镭铼/息脱浪西恩
鎴(锶)	八七.六一(87.62)	Stroutium	Sr(Sr)	斯笃伦冑谟ヌトロンチウム	镱
鈦(钇)	八八.九五(88.906)	Yttrium	Y(Y)	伊笃儻谟イトンウム	镥/入尔果尼恩
鋯(锆)	九〇.六〇(91.224)	Zireonium	Zr(Zr)	悉尔箇纽谟シルユニウム	钶
鈮(铌)	九四.〇〇(92.906)	Niobium	Nb(Nb)	尼阿彪谟ニオビウム	鉡/锏/目别力迭能
鉬(钼)	九五.九八(95.94)	Molybdenum	Mo(Mo)	莫利貌垤纽谟モンブデン	
釕(钌)	一〇一.六八(101.07)	Ruthenium	Ru(Ru)	留的纽谟ルテニウム	铑/贰乌地恩

续表

元素名称	原子量	拉丁名	西文符号	日本译名	当时译本异名
錴(铑)	一〇三. 一〇(102.906)	Rhodium	Rh(Rh)	鲁冑谟ロヂウム	坍
鈀(钯)	一〇六. 三六(106.42)	Palladium	Pd(Pd)	巴剌冑谟ハラヂウム	巴留底恩
銀(银)	一〇七. 九二(107.868)	Argentum	Ag(Ag)	银ギン	—
鎘(镉)	一一一. 九一(112.4H)	Cadmium	Cd(Cd)	嘉度缪谟カドミウム	鑶/鉟/锲开特弥恩
銦(铟)	一一三. 七〇(114.818)	Indium	In(In)	铟冑谟インヂウム	锓
錫(锡)	一一九. O五(118.710)	Stannum	Sn(Sn)	锡シヤ	—
銻(锑)	一二〇. 四三(121.760)	Stibium	Sb(Sb)	安知母尼アソチモニ	钍/铵/安的摩尼
碘(碘)	一二六. 八五(126.904)	Iodium	I(I)	沃度ヨノド	爔/紫/爱阿靛/海蓝
碲(碲)	一二七. 〇〇(121.76)	Tellurium	Te(Te)	的律儈谟テルル	砤/脱罗里恩
鏭(铯)	一三二. 八九(132.905)	Caesium	Cs(Cs)	攝叟谟セシウム	銅
鋇(钡)	一三七. 四三(137.327)	Baryum	Ba(Ba)	拔留谟バリウム	鍾/贝而以恩
鋃(镧)	一三八. 六O(138.906)	Lanthanum	La(La)	兰多奴ランタン	镧/浪替尼恩
错(铈)	一四〇. 二0(140.116)	Cerium	Ce(Ce)	兰多奴ランタム	镄/昔而以恩
鋖*(钕)	一四〇. 五〇(140.24)	Neodymium	Ndi(Nd)	子オヂム	—
鐠(镨)	一四三. 五〇(140.908)	Praseodimiu	Prd(Pr)	フテセオヂム	—
镝*	一四七. 〇〇	Didyum	Di	实实乌谟ヂヂウム	锘/地里弥恩
鐵*(钐)	一五〇. 〇〇(150.36)	Samarium	Sa(Sm)	撒麻儈谟サマリウム	—
釓*(钆)	一五六. 一〇(157.25)	Gadolinium	Gd(Gd)	瓦奴里纽谟ガドリウム	—
鋱(铽)	一六〇. 〇〇(158.925)	Terbium	Tb(Tb)	的律缪谟テルビウム	忒而比恩
鉺(铒)	一六六. 三〇(167.259)	Erbium	Er(Er)	英尔彪谟エルビウム	耳比恩

续表

元素名称	原子量	拉丁名	西文符号	日本译名	当时译本异名
銩*(铥)	一七〇. 七〇 (168.934)	Thullium	Tu(Tm)	丢偕谟ツリウム	—
鍉*	一七一. 〇〇	Decigium	Dp	的池比谟ヂヂビウム	—
鐿*(镱)	一七三. 〇〇 (173.04)	Ytterbium	Yb(Yb)	伊的尔彪谟イテルビウム	—
鉭(钽)	一八二. 六〇 (180.948)	Tantalum	Ta(Ta)	旦答儻谟タンタル	—
鎢(钨)	一八四. 四 (183.84)	Wolfram	W(W)	阿尔佛兰谟ヲルフテム	东斯夫
鉄(锇)	一九〇. 九九 (190.23)	Osmium	0s(0s)	阿斯缪谟オスミウム	鏭/哈思弥恩
銥(铱)	一九三. 一二 (192.217)	Iridium	Ir(Ir)	伊利冑谟イリヂウム	釭/衣日地恩
鉑(铂)	一九四. 八九 (195.078)	Platinnm	Pt(Pt)	白金ハクキン	鈂
金(金)	一九七. 二四 (196.996)	Aurum	Au(Au)	金キン	鏋
銾(汞)	二〇〇. 〇〇 (200.59)	Hydrargyrum	Hg(Hg)	水银スイキン	汞
鉈(铊)	二〇四. 一五 (204.383)	Thallium	T1(T1)	多留谟タリウム	铯
鉛(铅)	二〇六. 九二 (207.2)	Plumbum	Pb(Pb)	铅ナマエ	黑铅
鉍(铋)	二〇八. 一一 (208.980)	Bismuth	Bi(Bi)	苍铅サウユン	鏰/别斯末斯
釢*	二一九. 〇〇	Morvegium	Mg	那威希谟ノルウエギウ	—
釷(钍)	二三二. 六三 (232.038)	Thorium	Th(Th)	笃留谟トリウム	釖土里恩
鈾(铀)	二三九. 五九 (238.029)	Uranium	U(U)	乌罗纽谟ウラン	鐄由日尼恩/鋏

注：锂的异名鉐“与钙之又名鉐者不同”；鐠的异名錸为“同文馆译本”；铬的异名钬为“初阶”译本；铀的异名鐄为“广学会译本”；鐄为“同文馆译本”。

《化学指南》比《化学鉴原》晚两年出版，但是其对化学元素的命名原则与《化学鉴原》有很大不同。可见，当时从事化学书籍翻译的中外人士并没有对徐寿、傅兰雅将化学元素按照英文名称译音造字的汉译方案形成统一认识。

19 世纪 80 年代后，西方化学知识在中国的引进已经超过了其他学科，甚至是数学、物理学等。此时，无机化学、有机化学、分析化学已经被系统地引进，甚至关于当时的新学科——物理化学方面的书籍也已翻译过来，虽然近 20 世纪才出版。但是，化学元素的汉译却没有取得大的进展。究其原因有二，一是从事西方化学知识引进的西人及中国学者更注重整体近代化学的介绍，二是在当时求富求强的社会背景下，人们更迫切希望引进 19 世纪后期西方化学工业的新技术，将注意力转移到新法开矿、新法冶金等化学工业上。因此，从 19 世纪 80 年代到 20 世纪初近 20 年时间里，化学元素的汉译处于停滞状态。在此期间，化学元素名称汉译法各不相同，比较混乱。

近代化学之父拉瓦锡领导的化学革命是最迅速、最自觉的科学革命，其重要组成部分是对化学语言的重大改革[①]。化学史学家克罗斯兰(Maurice P. Crosland)认为，化学语言的研究有助于阐明科学中的问题及科学的发展[②]。因此，化学元素名称作为化学名词术语中最基本、最重要的单元，直接影响人们对化学知识的正确理解及接受，具有至关重要的作用。

二、《化学原质新表》

《化学原质新表》是杜亚泉参阅了《化学初阶》《化学鉴原》《化学入门》《化学指南》等一系列近代引进西方化学的书籍，对化学元素汉译名称作了大量研究后，于 1900 年编写并发表于《亚泉杂志》第 1 期的。杜亚泉将当时已有的中国编译出版的化

① Siegfried R. Lavoisier and the Phlogistic Connection. Ambis，1989，36：38.

② Crosland M P. Historical Studies in the Language of Chemistry. New York：Dover Publication，1978.

学书籍中化学元素汉译名称进行了较为完整的“划一”工作，对当时混乱的化学元素汉译名称作了科学的统一。

杜亚泉对《亚泉杂志》引入西方化学元素的动机有着清晰的表述。他在《化学原质新表》前言中提到，“我国已译化学书虽不多，然名目参差百出。肄业者既费参考，续译者又无所适从，且近世检出之新原质，名目未立，无可稽考”，故而“藉表以为准，其旧有之名，大都从江南制造局译本者居多，并列他书译名之异者，若未有旧名，不得已而杜撰之，有×记者皆是，非敢自我作故，亦冀较若画一耳”。①

《化学原质新表》刊登于《亚泉杂志》第一册，包括 76 种元素，之前已有译名的 63 种，新命名的 13 种，旧有译名均为江南制造局所译。现将其所涉及的化学元素名称表述如表 6-1 所示。可以看出，当时对西方化学元素的汉译名比较混乱，或根据西方元素名称音译原则，或根据中国传统的物质名称，或中西结合进行造字等。

20 世纪初杜亚泉的《化学原质新表》共记录化学元素 76 种，列出了较为完整的元素汉译名称表，包括化学元素的中、英、日文成为元素汉译名称统一的转折点。但是，可惜的是这点并未引起学术界足够的重视。杜亚泉的贡献表现在以下两点。

首先，杜亚泉对新发现的化学元素作了成功的命名。表中的“镝*”，笔者根据其原子量推测应为元素钷(Pm)，但是“镝”后来成为元素 Dy 的汉译名称。铍(Be)、氩(Ar)、镨(Pr)、钆(Gd)、铥(Tm)、镱(Yb)六种元素已被化学界接受，沿用至今。

其次，杜亚泉按照“原点重率”(原子量)对 76 种化学元素进行排序，对之前存在的同一元素不同译名、伪元素等含混问题作了详细考证，并给出确切的结论。其中，江南制造局翻

① 杜亚泉. 化学原质新表. 亚泉杂志，1900，(1)：1-6.

译西方化学元素64种，《亚泉杂志》采用了其中的63种，唯一没列入的化学元素是鋊。

杜亚泉认为鋊和铍是同一元素，不必再列入表中。鋊是《化学鉴原》中的名称，在《化学指南》中称为“鋊”，在《化学初阶》中称为“銑”，在《金石识别》中称为“谷罗西恩”。由《亚泉杂志》第7期的《鈹即鋊考》一文可知，杜亚泉查到铍的化学性质和盐类的化学反应与《化学鉴原补编》《化学指南》中所描述的鋊的化学性质一样，只是英文名称、化学元素符号、原子量不同，而铍就是鋊这一点在西方化学界已得到证实。铍的英文名称是berylium，多含于一种beryl矿石中，《金石识别》中译为倍里而石、伯而以勒石或铝鋊矽养二。《化学鉴原》中鋊的英文名称是glycium，取其盐类多甜味的含义。对于铍元素有两种英文名称及化学元素符号，杜亚泉的解释是，berylium是根据其蕴藏的矿石来命名的，glycium是根据其盐类多甜味的特殊性质命名的，正是这一原因导致人们认为这是两种元素。元素鑭在日本有两种译名，其英文名称是lauthanium，元素符号La，在近代中国化学书中的名称较一致。但是，日本丹波氏翻译的彬湼儿氏的《无机化学后编》中387～389页载有该元素的译名兰答纽谟，英文名称lanthanium，化学元素符号La，日文名称ランタン纽谟，原子量139.00，或兰多奴，英文名称lauthau，元素符号、日文名称与前面一样，原子量138.99。杜亚泉经详细研究后认为这是同一种化学元素，只是由于英文拼写稍有区别，被传入日本时误认为是两种化学元素。故而，“鑭”在表中只作为一种元素出现。另一种未被列入表中的化学元素是氩的同族元素氦(He)，英文名称helium，日文名称歇僭谟，日语ヘリゥム，由于当时化学家们根据光线分析，认为其有可能是两种气体混合，杜亚泉出于严谨的态度，未将其列入表中。但是，他意识到该元素是19世纪末化学界的重大发现，特意在表后作了解释，并在《亚泉杂志》

第 8 期《论歇儞谟》一文中对该元素作了详细阐述。

杜亚泉之所以能以江南制造局的《化学鉴原》为基础，对照清末各种元素汉译法，编译出基本反映当时元素汉译名称全貌的新元素表，是因为他对于科学术语的汉译有着自己的见解①。他认为，“文字的进化，也适用‘适者生存’的自然选择定例，和生物的进化相同”。其原因是，中国和日本近代都在引进西方化学，就化学元素名称的翻译而言，中国的元素名称汉译滞后于日本。19 世纪初日本已完成当时的元素名称翻译，中国从 1871 年的《化学鉴原》开始才有了系统的元素汉译方案。由于中文没有语音表达，日本多用假名音译，故而其对化学元素的翻译比中国快得多。中国各种版本的元素汉译名称就是通过“竞争”保留下来的。这种元素名称的“适者生存”和视觉上与语言环境的匹配、语音与语言环境的匹配、紧凑性、视觉美等因素有关，同时，社会环境对其有着重要的影响。因此，杜亚泉意识到，元素名称汉译的内在特质越优良，其保留下来的概率就越大。其后，杜亚泉首创了“氩”这一化学元素名称，开创了气体元素以“气”为偏旁部首的先河。

第二节　元素周期律的引进

《亚泉杂志》第一次介绍并刊登了 1869 年俄国化学家门捷列夫发现的元素性质随原子量的增加而呈周期性变化的化学周期律。《亚泉杂志》之前出版的 12 部中国引进西方无机化学知识书籍中均没有出现这方面的内容。这在我国自然科学研究

---

① 佚名. 本馆广告. 亚泉杂志，1901，(10)，卷末；曾敬民. 杜亚泉//杜石然. 中国古代科学家传记. 北京：科学出版社，1993：1286-1291；杜亚泉. 说明科学名词审查会审定氯、氰、氩三元素名称不能适用的理由. 自然界，1926，1(1)：8.

史上有着极为重要的意义。

郭嵩焘曾在1878年2月25日的日记中提及门捷列夫的元素周期律，然而将这一重要发现系统地传播给中国读者，是在1901年3月13日出版的第6期《亚泉杂志》上的《化学周期律》。

杜亚泉在《化学原质新表》中就提到，“表中以原点重率序次，皆近世名家核定之最准确者，以便与化学周期律相核对”，“周期律系近来新得之学理，可以明世界各物质性推移之故”。其在《化学周期律》中也清楚地指出，“周期律为近来新得之学理，向来译书中未曾述及”。该文是1900年年底浙江宁波镇海的虞和钦所译的来稿，“同气相求，实有先得我心之乐”，由此可以看出，杜亚泉早有刊登化学元素周期表的本意。

《化学周期律》中首先将元素进行天然分类。在元素周期表未发现以前，人们按照元素的天然性质进行分类，将金属和非金属分为21族，如表6-2所示。表6-2将非金属分为6族，共15种；金属15族，共49种。虽然只是对64种元素进行了粗略的分类，但是已经体现出化学性质相似的元素的同族现象，如“第二绿族：绿碘溴弗，第七钾族：钾钠锂鏭铷”等。文中明确指出这样的分类是由于原子量的关系。

表6-2 《化学周期律》中各元素天然分类

分类	具体内容	分类	具体内容
非金属	第一轻族：轻	金属	第十二钴族：钴镍
	第二绿族：绿碘溴弗		第十三锌族：锌镉鉟铟
	第三养族：养硫硒碲		第十四铜族：铅鉛铜汞
	第四淡族：淡燐砒		第十五银族：银
	第五硼族：硼		第十六金族：金
	第六炭族：矽炭		第十七锡族：锡鈤锴锆钍
金属	第七钾族：钾钠锂鏭铷		第十八锑族：锑铋
	第八钙族：钙钡鍶		第十九铂族：铂铱銖钯鎝
	第九镁族：镁铍		第二十钒族：钒铌钽
	第十铝族：铝錯鋃镝鈥铒		第二十一钼族：钼钨
	第十一铁族：铁锰铬铀	未列入元素	錭钌鋖镨鐓钇铽铥鍉镱鈖

元素周期表的出现是当时科学界一项重大事件，“久已惹当世学者之注目”。同时，还有门捷列夫制作了第一张元素周期表的记录，“至西历千八百六十九年，俄国米台而夫 Mendeljeff 氏始作一表以明其关系。同时又有 Rother 及 Mayer 两氏，皆讲究周期律之理，其理遂畅明于世”。“米台而夫”是门捷列夫，Mayer 是德国化学家迈耶尔(J. L. Meyer，1830～1895)。

迈耶尔元素周期表和门捷列夫元素周期表在内容和形式上是同级水平的,当时对于谁是第一个制作出元素周期表的人、谁揭示了元素周期律这一理论有过争议。但是，到了《亚泉杂志》时期，这一问题已经得到解决。迈耶尔于 1864 年提出了按照相对原子质量顺序排列的“六元素表”，并且明确指出：“在相对原子质量的数值上具有一种规律,这是无疑的。”[①]1868 年，他修改了自己 1864 年的元素体系，发表了《元素体积周期性图解》，这张图显示了各元素相对原子质量和原子体积的关系。1869 年，迈耶尔制作了一张元素周期表。但是，迈耶尔对其周期表中的空位未加说明，并且没有提出其本质。门捷列夫则利用空位预言了新元素，还预言了未知元素的性质及发现方法，并根据元素周期律大胆修改了原子量。随着钪、镓、锗等新元素的发现，人们终于认识到元素周期表的重大意义。同时，门捷列夫的工作得到了人们的认可。因此,《化学周期律》一文对二人的工作作了清晰的界定。

门捷列夫第一张元素周期表发表后，不断得到后来学者的修正，门捷列夫本人也于 1871 年修改了他的第一张元素周期表，使原来的元素周期表由竖排改成横排，同族元素处于同一竖行中，更突出了化学元素的周期性，并有了主族与副族之分。在这张表中，他把预言元素的空格由 4 个改为 6 个，并预言了

① 赵匡华. 化学通史. 北京：高等教育出版社，1990：232-237.

它们的性质。他给出元素周期律的准确表述:“元素(以及由元素所形成的单质或化合物)的性质周期地随着它们的原子量而改变。”[①]这就是著名的门捷列夫元素周期律。但是,《化学周期律》中的元素周期表是19世纪末“英人 Walker”即当时英国物理化学家沃克修正后的表,如表6-3所示。

表6-3　《化学周期律》中英国物理化学家沃克的元素周期表

属	一周期	二周期	三周期	四周期	五周期	六周期	七周期
一属	—	—	钾	铷	鏭	—	—
二属	—	—	钙	鍶	钡	—	—
三属	—	—	鉰	鈦	鋃	镱	—
四属	—	—	鐟	锆	錯	—	钍
五属	—	—	钒	铌	—	钽	—
六属	—	—	铬	钼	—	钨	铀
七属	—	—	锰	—	—	—	—
八属	—	—	铁	钌	—	銤	—
	—	—	钴	—	鐽	铱	—
	—	—	镍	钯	—	铂	—
一属	锂	钠	铜	银	—	金	—
二属	铍	镁	锌	镉	—	銾	—
三属	[illegible]	铝	[illegible]	铟	—	鈶	—
四属	炭	矽	鉑	锡	—	铅	—
五属	淡	燐	砒	锑	—	铋	—
六属	养	硫	硒	碲	—	—	—
七属	弗	绿	溴	碘	—	—	—

表6-3是一张竖表,共64种元素,除了氢气,从元素锂到

① 赵匡华. 化学通史. 北京:高等教育出版社,1990:232-237.

铀按照相对原子质量的大小，自上而下，从左向右排列，其中的空位一种是还不清楚其化学性质没有填补进去的，另一种是未知元素。例如，鐯(铈，Ce)以下的空位可以由鋖(钕，Nd)、镨(Pr)、镝、鐵(钐，Sm)、钆(Gd)、铽(Tb)、铒(Er)、铥(Tm)、鍉来填补，铋以下的空位可以由釢来填补。但是，这些新元素的化学性质还不清楚，还有新发现的氩及歇僋谟(氦，He)均未明确在表中的位置。

本表共分七个周期，第一、第二周期，各有7种元素，第三、第四周期各有17种元素，其余周期均不全。每周期开始，横向每一行为同一属(主族)，共八个属，纵向每一列为同一周期。第一、第二周期，从第一属开始，到第七属结束。其余的周期是从第一属开始到第八属，再循环一次，到第七属结束。同一属的元素化学性质相似。

任一元素，与其同周期上下相邻的元素不会发生剧烈的化学反应，这是因为每一周期元素的化学性质是逐渐变化的。一个周期末的元素与下一周期开始的元素,化学性质差异会很大，这两种元素之间形成的“爱力”(化学键)很强，如氟与钠、氯与钾。表6-3中所划的阶梯三角形区域内均为非金属。

第一、第二周期开始的元素“本之性最强”(电负性最小)，到周期末的元素，“配之性最强”(电负性最大)。其余各周期，都是从“本之性最强”的元素到“本亦配之性”(两性)元素，再到“强于本性”的元素，最后再到“强于配性”的元素。由此可见，第八属的元素与其相邻元素之间的关系非常微妙。

元素的相对密度与元素周期律也有关系。例如，“钠(0.98)、镁(1.7)、铝(2.5)、矽(2.4)、燐(2.2)、硫(1.9)、绿(1.3)、钾(0.87)、钙(1.6)、銁(3.8)、鍇(/)，钒(5.5)、铬(6.5)、锰(7.4)、铁(7.7)、钴(8.6)、镍(8.9)、铜(8.9)、锌(7.3)、鉔(5.9)、钼(5.5)、砒(5.6)、硒(4.0)、碲(3.1)”。

《化学周期律》中同一属的元素化学性质相似，与之前的天然分类的表相比，虽然不完备，但是还是有其相通之处。其对比如表 6-4 所示。

表 6-4 《化学周期律》中沃克元素周期表元素属性划分

属	族	属	族
第一属	钾族	第五属	淡族锑族钒族
第二属	钙族镁族及锌族铜族之一分	第六属	养族钼族及铁族铜族之一分
第三属	硊族铝族及锌族铜族之一分	第七属	绿族及铁族之一分
第四属	炭族锡族及铝族铜族之一分	第八属	钴族铂族及铁族之一分

同一属的元素化学性质相似，其化合价相同（《亚泉杂志》第 4 期"化学理论"涉及这方面内容，在第 2 章阐述）。虽然各个元素的化合价不止一个，而是数个，但是这里主要记录其常用的化合价。各属元素的化合价，从第一属至第四属为递增，即+1 价递增到+4 价，自第四属至第七属为递减，即从+4 价递减到+1 价。

各元素化合价，也有依次递增的，从第一属到第八属，即由 1 价递增到 8 价。凡是氢与阶梯三角形内的元素化合时，也依照上面两条的规律，阶梯三角形以外的元素与氢很难反应。凡是氧气与各元素化合时，多依照以上三条规律，如 Ag_2O、CaO、Al_2O_3、CO_2、P_2O_5、SO_3、Mn_2O_7、OSO_4。但是，第八属元素与氧气化合时，其化合价会不依照上述规律，见表 6-5。

表 6-5 《化学周期律》中元素周期表第八属元素化合价

与养气化合价	化学价		
	六价	四价	二价
八属原质	鋨(锇)	铱	铂
	钌	鎑	钯
	铁	钴	镍

可以看出，第八属同一周期的元素，依次递减 2 价，即“与其同周期中上下相近之各原质，成中立递推之妙”。第八属元素在周期表中，其上为 7 价元素，其下为 1 价元素，因此，第八属前后元素化合价递变为 7—6—4—2—1，很有规律。

以上是《化学周期律》的主要内容，分为四个方面：元素的天然分类、周期表、各周期元素的规律性、各属（主族）元素的规律性。这些内容已经基本揭示了门捷列夫元素周期律的内涵。1869 年俄国化学会举行学术报告会，门捷列夫因病未能参加，委托他的同事——彼得堡大学化学教授门许特金代他宣读论文《元素性质和原子量的关系》[①]。在论文中，他指出：①按照原子量大小排列起来的元素，在性质上呈现出明显的周期性变化；②化学性质相似的元素，原子量或者是相近（如 Pt、Ir、Os），或者是依次递增相同的数量（如 K、Rb、Cs）；③各族元素的原子价（化合价）一致；④分布在自然界的元素都具有数值不大的原子量值，具有这样的原子量值的一切元素都表现出特有的性质，可以称它们是典型的元素。周期律的全部规律性都表述在这些原理中，即元素的物理和化学性质随着原子量的递增而发生着周期性的变化。《化学周期律》通过对周期表元素原子量排序、各周期元素电负性的递变规律、元素化学键的稳定程度、各周期元素相对密度的递变规律、同周期或同属元素化合价递变规律的阐述，将门捷列夫元素周期律的核心内容诠释得很清楚。

第三节　元素周期律的意义

元素周期律很重要的一项功能，就是其具有预见性，预料

① 王玉仓. 科学技术史. 北京：中国人民大学出版社，2004：415.

到许多未知元素将被发现，这样可以有计划、有目的地去探寻新元素。元素是按原子量的大小有规律地排列的，两个原子量悬殊的元素之间，一定有未被发现的元素。《化学周期律》中充分揭示了元素周期表的这一重要作用，“周期律初创之时，錭鉫鉏三原质，尚未发见。惟因表中空位，预想此各位必有未知之新原质可以充补，并预言其原点之重率，及性质之大概。后果有此三原质发现，一切果与预言相吻合。今前列四列周期中，只有一空位，将来亦当有新元质可以补充。此新原质之性情，大约与锰相似，其原点重率约为一〇〇者。此亦可椐理而预言者也。至非金类格内，尚有一强配性之原质，未曾发现。后人当必能取以补之为”。

由这段文字可以看出，《化学周期律》不仅对元素周期表在 1900 年之前的成功预测作了说明，还对表中空位进行了预测。“錭鉫鉏三原质”就是指钪(Sc)、镓(Ga)、锗(Ge)三种元素。这段文字谈到了门捷列夫对新元素的预言及证实。1871 年，门捷列夫在关于周期律和未知元素化学性质的论文中描述了他提出的第三组元素的化学性质，周期体系中属于第三组，位于钙和铁之间，称为准硼(钪)。1879 年年初，瑞典化学家尼尔森发现了钪。1879 年他从黑稀金矿和硅铍钇矿中分离出 63 克铒土，后证实这是不纯净的铒氧化物。把铒的氧化物放到硝酸盐中加热分解，在得到主要生成物的同时还获取了一些他不知道的“土”(氧化物)。经过研究，尼尔森发现这种“土”中有一种新元素。它的属性与 1871 年门捷列夫所描述的、被他称为准硼的元素性质一样。1871 年，在预测未知元素的性质时，门捷列夫指出，可能会发现周期体系中的第四组元素，属于类碳，在第三排，紧挨在硅的后面，并称之为“准硅(锗)”。[①]并且，在关于

① 赵匡华. 化学通史. 北京：高等教育出版社，1990：232-237.

发现镓的简报中，门捷列夫再次强调：“可以相信，很快将发现准硅 Es=72（EsO_2），它的性质在里比赫的杂志上有过描述。应当首先寻找砷、钛，找到它们就能找到准硅（锗）。”[①]1886 年，德国化学家克雷门斯·亚历山大·温克勒教授（Clemens Alexander Winkler，1838～1904）发现了新元素锗。1886 年 2 月 26 日，温克勒给门捷列夫写了一封信。

阁下：

请允许我在此附送上我发现的新元素锗的试样。最初我认为这个元素应填充在您的完整体系周期系中锑和铋之间的空位上，即这个元素符合您的类锑，但一切表明它和类硅有关。我希望很快报告您关于这个有趣的物质的更详细的情况，今天我只是为您的天才的工作的新胜利表示祝贺，并表达我深切的敬意。

您忠诚的克·温克勒

1886.2.26[②]

在门捷列夫预言的新元素中，准硅是最后被发现的。那时已是 1886 年，距他对该元素性质的预测已有 15 年。1875 年法国化学家布瓦博德朗宣布发现了新元素镓。虽然这一新元素的发现是通过光谱偶然获得成功的，并未受到门捷列夫周期表及其预言的启发，但是，门捷列夫看到布瓦博德朗发现镓的论文后，深信镓就是他预言的元素“类铝”。于是写信给布瓦博德朗，指出他对镓相对密度测定有错误，不是 4.7，而应在 5.9～6.0[①]。最终，事实证明了门捷列夫是正确的，再一次印证了元素周期表对新元素的发现起着重要的指引作用。

此外，《化学周期律》中对未知两个空位进行了预测，即“前列四列周期中，只有一空位”，“非金类格内，尚有一强配性

① 王玉仓. 科学技术史. 北京：中国人民大学出版社，2004：415.

② 马来平. 科学日记历史上的珍贵记录. 济南：山东科学技术出版社，2005：69.

之原质，未曾发现”。前者是第四周期第Ⅶ副族的空位，文中指出该元素的化学性质“大约与锰相似，其原点重率约为一〇〇者”。这一位置的元素锝是1937年两位意大利化学家佩里埃(C. Perrier)和塞格雷(E. G. Segré)在劳伦斯加速器里用氘核轰击^{98}Mo得到的，其化学性质与锰相似，相对原子质量为98。门捷列夫建立化学元素周期系的时候，曾经预言它的存在，命名它为eka-manganese(类锰)。莫斯莱确定了它的原子序数为43。早在1846年，俄罗斯盖尔曼声称发现了该元素，直至1925年，德国科学家宣布在铌铁矿中发现了这一元素，但是这些多次的发现始终没有得到证实和承认。《化学周期律》显然对这一元素在1900年之前的发现情况是清楚的。另一空位是第六周期第Ⅶ主族元素砹，是1940年美国人考尔森(D. R. Corson)、麦肯齐(K. R. Mackenzie)和西格雷(E. G. Segre)在美国加利福尼亚大学用α粒子轰击铋得到的。砹是一种极不稳定的元素，性质似碘，但比碘难还原、易氧化。这两种元素均是由核物理学家人工合成的放射性元素。《化学周期律》对这两种元素的阐述说明了当时人们对它的关注。

元素周期表的另一重要作用是修正已知元素原子量。《化学周期律》中作了这样的阐述:“化学中因得周期律后而发明者，尚有数端。如铟之原点重率，旧为七五.八，今改为一一三.七。铀之原点重率，旧为一二〇，今倍为二四〇。据晚近之试验，其数适相符合。此外如碘与锑及銤与铱之原点重率，皆据周期律更正者。”门捷列夫在编元素周期表时，重新修订了一大批元素的原子量(至少有17个)。因为根据元素周期律，以前测定的许多原子量显然不准确。正如这段文字所说，铟的原子量原来为75.8，根据周期表发现铟和铝都是3价，断定其原子量应为113.7，与现在原子量114.818仅相差1.118；当时铀公认的原子量是116，是3价元素，根据铀的氧化物与铬、铂、钨的氧化物性质相似，认为它们应属于一族，应为 6 价，原子量约为 240，经测定，铀的原子量为 238.07，文中铀的原子量数据虽不够准确，但是已说明问题；锇(鋨)从 198.6 修正为 190.9；铱从 196.7 修正为 193.1。此外，当时公认金的原子量为 169.2，因此，在周期表中，金应排在锇、铱、铂之前，而门捷列夫认为，金在周期表中应排在这些元素的后面，重新测定金的原子量为 197.2。门捷列夫还修正了铟、镧、钇、铒、铈、钍的原子量。

元素周期表的内容不是一成不变的，从第一张元素周期表诞生，人们对元素周期律的研究就没停止过。直到 1914 年 4 月，莫斯莱在《哲学杂志》上发表其成果，将元素周期律改为"元素的性质随着元素的原子序数递增而呈周期性的变化"，这就是现在的元素周期律的表述[①]。元素周期律的出现，使人类在认识物质世界的思维方面有了质的飞跃。但是，中国的化学译书，其原著大多为 19 世纪上半叶出版，均没有介绍这一化学基本理论。《亚泉杂志》对这一重要理论的引进，弥补了中国化学译书与同时期国外化学书籍之间的巨大差距，而且其内容的确令国人耳目一新。其后，直到 1917 年《学艺》第 1 卷第 1 号才发表郑贞文的《周期律说》，并连载二期。

《亚泉杂志》所传播的化学元素名称无疑是经由日本传入的西方化学元素名称，在《亚泉杂志》中多处标明其传播来源。《化学原质新表》对每一种化学元素的日文原始名称均作了对比标注。这种绕由日本传入西方化学元素名称，且以教科书为蓝本的做法，虽属间接，也相对有些过时(晚 32 年)，但仍然是当时最为便捷和有效的科学传播渠道，也显然优于和新颖于早期西方传教士的传播系统。《亚泉杂志》以期刊媒介发表和传入化

① 周德藩. 世纪大突破：20 世纪科学技术的重大发现和发明. 南京：江苏人民出版社，2000：281-283.

学元素周期表，虽晚于郭嵩焘 1878 年 2 月 25 日日记中提及的门捷列夫元素周期律，但其译介形式、传播机制和传播内容肯定比郭嵩焘的日记更为全面，也更具专业性和科学性。

杜亚泉对以往化学元素“名目参差百出”的现象作了认真的“划一”工作，对“未有旧名者”重新命名，他还以杂志为推行元素名称“划一”的阵地，要求“以后，本杂志中有记述化学者，悉准是表(即《化学原质新表》)”[①]。

西方化学元素名称是化学名词术语中最基本的单元，其汉译史的研究对于研究西方化学在中国的传播极具重要性。研究《亚泉杂志》对西方化学元素名称在中国传播所作的贡献，有助于了解西方科学知识，尤其是了解其经日本这一中介，在中国的传播和接受机制等问题。对这方面的研究还将在严格的史料考证基础上，从西方化学名词术语在中国的传播等多角度展开。

---

① 杜亚泉. 化学原质新表. 亚泉杂志，1900，(1)：1-6.

第七章 结　　语

《亚泉杂志》对于西方化学的引进尤为突出，其对中国近代化学的贡献主要体现在以下几方面。第一，首次引进元素周期律。这样一个揭示物质世界内在联系、反映其统一与规律的重要定律，由1901年3月13日出版的《亚泉杂志》第6期《化学周期律》一文首次引入中国。该文分五部分介绍了元素周期律、同周期元素性质递变规律及同族元素性质相似等重要内容。并且，文中还附有最新修订的元素周期表。第二，《亚泉杂志》反映了西方近代化学在19世纪下半叶的重大科研成果。其中，包括在放射性元素镭、钋发现两年后，对这一发现进行了报道，这是中国有关这方面内容最早的引进；介绍钪、镓、锗、氩、氦、钙等化学新元素的发现及特性，其中，氩、氦的引进与其发现时间相隔5年，钪、镓、锗三元素的引进与最后锗的发现时间(1886年)相隔14年。这些元素都是19世纪后30年间的重大发现，均是通过《亚泉杂志》初次或更加系统地传入我国。第三，《亚泉杂志》对分子学说的引进更是弥补了中国近代化学史上的一项缺憾。中国近代化学所有的旧译书一直未引进元素周期律和分子学说，使得我国化学译书与同时期其他国家化学书之间存在较大差距。并且，其第3、4期连载的《化学理论》对理想气体状态方程、相变理论、酸碱理论、化合价理论等均进行了不同程度的引进。第四，《亚泉杂志》的《化学原质新表》，是将当时已编译出版的化学书籍中化学元素汉译名称进行了较为完整的统一后的最新元素汉译名称表，共记录化学元素76

种，并准确列出各元素的原子量。科学概念都不是孤立发生发展的，这些均是19世纪50年代后化学界的重大发展，在之前的旧译书中没有被引入中国。《亚泉杂志》首次将这些重要知识引入，因此，《亚泉杂志》是西方近代化学理论传入中国的重要环节。

作为第一份国人自办的以传播西方近代化学为特色的综合性自然科学期刊，其刊载的文章主要为编译性科学文章，经由日本传入中国，能够将自然科学发展过程中重要的学术成果系统地介绍给国人，这在近代期刊传播中是罕见的。其译介形式、传播机制和传播内容更具专业性和科学性。这无论从化学知识的传播来看，还是从期刊科学用语的规范化表达来看，抑或从期刊传播事业规范化来看，都具有重要价值。

《亚泉杂志》标志着我国期刊完成了从传教士办刊、传教士与中国学者合作办刊到中国学者独自办刊的历史性过渡。

杜亚泉所创造的以传播西方近代化学为特色的自然科学期刊办刊模式，以及为《普通学报》所继承的以数学为特色的文理综合性期刊办刊模式，至今仍有其现实意义。杜亚泉以此为园地，扶持和培育了晚清化学家虞和钦和数学家周美权，形成了科学期刊扶持科学新秀的典型案例，亦赋予了科学期刊崭新的功能。由当时国民科学素养普遍低下，受众市场薄弱，以及经营、定位的多种原因造成的失败，一方面显示了拓荒者筚路蓝缕的艰辛，另一方面其探索精神也给今天的办刊者以诸多启示。杜亚泉对大型文理综合性学术期刊《东方杂志》的改造，是其办刊生涯的一个顶点。从创造一种以化学传播为特色的综合性自然科学期刊类型，到创造以数学为特色和企图贯通文理的《普通学报》类型，以至改造《东方杂志》这样的以时政和前沿科学为特色的大型文理综合性期刊类型，杜亚泉所走的每一步都具有探索性和拓荒性，在中国学术期刊发展史上具有重要意义。

从自办《亚泉杂志》《普通学报》、主编《东方杂志》的科学传播生涯可以看出，杜亚泉大胆吸纳西学，并积极地传播和应用。其所从事的传播活动大多为开创性的，而其科学救国主张和科学传播思想始终贯穿其中。并且，杜亚泉思想的转变极大地影响了其主编刊物的栏目设置及风格。因此，其综合性期刊特色化的办刊实践对今天的期刊发展具有重要的借鉴意义。杜亚泉在中国现代科学技术的形成期及现代中国的知识转型过程中扮演了一个极为重要的角色。同时，这说明科学期刊编辑必须具有深厚的科学素养，如此才能适应开创性的科学传播活动，做出开创性的贡献。

科技期刊是一个时代科技水平的重要标志，是时代认知能力的重要体现。《亚泉杂志》作为晚清民初以化学传播为主的科技期刊，能够在科学认识发展过程中，敏锐地发现具有极高学术价值的科研成果，并在较短时间内将其引入中国，其历史意义是巨大的。

从一个人可以看一个时代，只要这个人处于时代聚光点下，即可拉出长长的身影；从一本期刊可以透视一段历史，只要这本期刊与历史同进退，即可折射出历史的变迁和特征。杜亚泉就是这样的一位学者，他与其所创办的期刊——《亚泉杂志》反映了那个充满变革时代的科学发展。正是在承担着这样社会角色的中国第一代学者们不懈的努力下，中国才诞生了具有真正近代意义上的科学。他们对中国科学事业的振兴和发展起到积极的推动作用，而《亚泉杂志》在近代化学传播中具有创始之功。

附　录

1. 杜亚泉著作

杜亚泉译著表

序号	名称	类别	责任形式	出版年/创刊年	出版者	卷(期)	原著者
1	亚泉杂志	期刊	主编	1900年11月29日	亚泉学馆	10期	—
2	普通学报	期刊	主编	1901年9月	普通学书室	5期	—
3	化学定性分析	图书	译著	1901年	普通学书室	—	平野一贯，河村汪
4	支那文明史论	图书	译著	1901年	普通学书室	—	中西牛郎
5	中外算报	期刊	主编	1902年2月	普通学书室	—	—
6	普通新历史	教科书	编著	1902年2月	普通学书室	—	—
7	最新笔算教科书	教科书	编著	1902年	商务印书馆	—	—
8	最新格致教科书	教科书	编著	1902年	商务印书馆	—	—
9	文学初阶	教科书	著作	1902年7月	商务印书馆	—	—
10	理化示教	教科书	译著	1903年5月	普通学书室	—	—
11	普通矿物学	教科书	编著	1903年5月	普通学书室	—	—
12	新撰植物学教科书	教科书	译著	1903年6月	商务印书馆	—	三好学
13	最新中学植物学教科书	教科书	译著	1903年6月	商务印书馆	—	—
14	普通植物学教科书	教科书	编著	1903年9月	普通学书室	—	—
15	最新笔算教科书教授法	教科书	合编	1904年	商务印书馆	—	—
16	中学生理学	教科书	编著	1905年	商务印书馆	—	—

续表

序号	名称	类别	责任形式	出版年/创刊年	出版者	卷(期)	原著者
17	高等小学最新笔算教授法	教科书	合译	1905年7月	商务印书馆	—	—
18	中学化学新教科书	教科书	译著	1905年9月	商务印书馆	—	吉田彦六郎
19	最新中学矿物学教科书	教科书	译著	1906年6月	商务印书馆	—	“搜辑翻译而成”
20	最新中学矿物学教科书	教科书	编著	1906年8月	商务印书馆	—	—
21	最新理科教科书	教科书	参订	1906年	商务印书馆	—	谢洪赉
22	简易格致课本	教科书	编著	1906年	商务印书馆	—	—
23	初等小学格致教科书	教科书	编著	1906年	商务印书馆	—	—
24	初等小学格致教科书教授法	教科书	编著	1906年11月	商务印书馆	—	—
25	中学物理学新教科书	教科书	译著	1907年2月	商务印书馆	—	中村清二
26	中学植物学教科书	教科书	译著	1907年3月	商务印书馆	—	松村任三，等
27	格致课本	教科书	编著	1907年3月	商务印书馆	—	—
28	中学生理学教科书	教科书	合译订	1907年5月	商务印书馆	—	坪井次郎
29	生理卫生新教科书	教科书	合译	1907年6月	商务印书馆	—	三岛通良
30	格致课本教授法	教科书	编著	1907年8月	商务印书馆	—	—
31	初等矿物学教科书	教科书	合译	1907年9月	商务印书馆	—	横山又次郎
32	博物学教授指南	图书	译著	1908年7月	商务印书馆	—	山内繁雄，等
33	盖氏对数表	图书	合译	1909年	商务印书馆	—	Gauss(德)，宫本藤吉译本
34	实验化学教科书	教科书	合编	1910年以前	商务印书馆	—	—

续表

序号	名称	类别	责任形式	出版年/创刊年	出版者	卷(期)	原著者
35	师范学堂生理卫生学	教科书	编著	1910年以前	商务印书馆	—	—
36	高等小学农业教科书	教科书	合编	1910年以前	商务印书馆	—	—
37	初级师范学校动物学教科书	教科书	编著	1910年	商务印书馆	—	—
38	(订正)中外度量衡币比较表	教科书	合编	1910年7月	商务印书馆	—	—
39	实验植物学教科书	教科书	译著	1911年2月	商务印书馆	—	三好学
40	咨议局章程笺释	教科书	合编	不详	商务印书馆	—	—
41	博物学初步讲义	教科书	合编	1912年12月	商务印书馆	—	—
42	(共和国教科书)高等小学新理科	教科书(春季用)	合编	1912年	商务印书馆	—	—
43	(共和国教科书)高等小学新理科教授法	教科书	合编	1912年	商务印书馆	—	—
44	动物学讲义	教科书	合编	1912年12月	商务印书馆	—	—
45	矿物学讲义	教科书	合编	1912年12月	商务印书馆	—	—
46	(共和国教科书)高等小学新理科	教科书(秋季用)	合编	1913年	商务印书馆	—	—
47	(共和国教科书)植物学	教科书	合编	1913年10月	商务印书馆	—	—
48	(共和国教科书)矿物学	教科书	合编	1914年1月	商务印书馆	—	—
49	(共和国教科书)生理学	教科书	合编	1914年8月	商务印书馆	—	—
50	新编植物学教科书	教科书	编著	1915年3月	商务印书馆	—	—
51	化学工艺宝鉴	图书	编著	1917年3月	商务印书馆	—	—
52	植物学大辞典	辞典	主编	1918年2月	商务印书馆	—	—
53	新法后期小学理科教科书	教科书	合编	1920年	商务印书馆	—	—

续表

序号	名称	类别	责任形式	出版年/创刊年	出版者	卷(期)	原著者
54	中等学校有机化学教科书	教科书	编著	1919～1924 年	商务印书馆	—	—
55	新学制初中自然科学教科书	教科书	编著	1923 年	商务印书馆	—	—
56	新学制新撰高小自然科教科书	教科书	编著	1923 年	商务印书馆	—	—
57	动物大辞典	辞典	主编	1923 年 10 月	商务印书馆	—	—
58	社会主义神髓	图书	译著	1923 年 11 月	东方杂志社	—	幸德秋水
59	辛亥革命史	丛书	著作	1923 年 12 月	东方杂志社	—	—
60	帝制运动始末记	丛书	著作	1923 年 12 月	东方杂志社	—	—
61	欧战发生史	丛书	合著	1923 年 12 月	东方杂志社	—	—
62	大战杂话	丛书	合著	1923 年 12 月	东方杂志社	—	—
63	俄国大革命记略	丛书	合著	1923 年 12 月	东方杂志社	—	—
64	东西文化批评	丛书	著作	1923 年 12 月	东方杂志社	—	—
65	甘地主义	丛书	著作	1923 年 12 月	东方杂志社	—	—
66	战争哲学	丛书	合译	1923 年 12 月	东方杂志社	—	—
67	处世哲学	丛书	合译	1923 年 12 月	东方杂志社	—	叔本华(德)
68	食物与卫生	丛书	合译	1924 年 4 月	东方杂志社	—	—
69	人生哲学	图书	著作	1929 年 8 月	商务印书馆	—	—
70	高等植物分类学	图书	编著	1933 年 1 月	商务印书馆	—	—
71	下等植物分类学	图书	编著	1933 年 1 月	商务印书馆	—	—
72	动物学精义	图书	译著	1933 年	商务印书馆	—	惠利惠
73	小学自然科教学法	教科书	编著	1933 年	商务印书馆	—	—
74	博史	图书	著作	1933 年 4 月	开明书店	—	—
75	小学自然科词书	教科书	编著	1934 年 3 月	商务印书馆	—	—

注：表中书籍若有再版，所列时间均为初版时间。

杜亚泉著作再版一览表

序号	名称	种类	再版情况
1	普通新历史	教科书	供高等小学堂使用，1902 年 2 月由普通学书室初版，1913 年由商务印书馆增订出版，1917 年 8 月发行第 28 版。该书参考日本中等教育研究会所写的东洋历史，在此基础上对近代史部分“则予以增广”，1913 年增订时，由于民国成立后形势发生变化，对内容又进行增删
2	文学初阶	教科书	1902 年 1 月由商务印书馆初版，1905 年 4 月发行第 8 版，1927 年 3 月重订。该书共 6 册，分三年，是中国最早的“蒙学堂”专用国文教科书。汪家熔在 1994 年第 3 期《出版发行研究》上发表的《旧时出版社成功诸因素》一文中评价该书：“这部书从教育学的原理讲，是我国小学课本史上划时代的一部课本。”
3	理化示教	教科书	该书 1903 年 5 月由普通学书室初版，1906 年闰 4 月商务印书馆对其再版。该书供高等小学使用
4	最新中学矿物学教科书	教科书	该书 1906 年 8 月由商务印书馆初版，1913 年 10 月发行第 11 版
5	盖氏对数表	图书	1909 年由商务印书馆初版，1933 年发行第 4 版，1951 年 4 月再版
6	(订正)中外度量衡币比较表	教科书	1910 年 7 月由商务印书馆初版，1924 年 6 月发行第 7 版
7	博物学初步讲义	教科书	1912 年 12 月由商务印书馆初版，1919 年 10 月发行第 6 版，供师范讲习班用
8	新编植物学教科书	教科书	1915 年 3 月增订
9	化学工艺宝鉴	图书	1917 年 3 月由商务印书馆初版，1929 年 12 月发行第 9 版，1932 年 9 月再版
10	植物学大辞典	辞典	1918 年 2 月由商务印书馆初版，其缩印版 1933 年 6 月初版，1934 年再版。蔡元培为该书作序：“吾国近出科学辞典，详博无逾于此者。”美科学家祁天赐(时任苏州东吴大学生物系主任)评价该书：“自有此书之作，吾人于中西植物之名，乃得有所依据，而奉为指南焉。”
11	动物大辞典	辞典	1923 年 10 月由商务印书馆初版，1927 年 2 月发行第 4 版，其缩印本 1933 年 6 月初版
12	社会主义神髓	丛书	1923 年 11 月由东方杂志社初版，1933 年 6 月再版。该丛书单本发行，在《东方杂志》上发表时，比陈望道先生翻译的《共产党宣言》出版时间(1920 年 8 月)早 8 年

续表

序号	名称	种类	再版情况
13	辛亥革命史	丛书	1923 年 12 月由东方杂志社初版，1928 年 1 月发行第 4 版
14	帝制运动始末记	丛书	1923 年 12 月由东方杂志社初版，1928 年 11 月发行第 4 版
15	欧战发生史	丛书	1923 年 12 月由东方杂志社初版，1928 年 11 月发行第 4 版
16	大战杂话	丛书	1923 年 12 月由东方杂志社初版，1925 年 5 月发行第 3 版
17	俄国大革命记略	丛书	1923 年 12 月由东方杂志社初版，1924 年 9 月再版
18	东西文化批评	丛书	1923 年 12 月由东方杂志社初版，1931 年 11 月发行第 4 版
19	战争哲学	丛书	1923 年 12 月由东方杂志社初版，1925 年 6 月发行第 3 版
20	处世哲学	丛书	1923 年 12 月由东方杂志社初版，1931 年 11 月发行第 4 版
21	食物与卫生	丛书	1924 年 4 月由东方杂志社初版，1924 年 12 月发行第 3 版
22	人生哲学	图书	1929 年 8 月由商务印书馆初版，1934 年 9 月再版
23	高等植物分类学	图书	1933 年 1 月由商务印书馆初版，1934 年 12 月收入《万有文库》出版，1934 年 12 月发行第 3 版，1939 年 12 月再发行《万有文库》简编
24	动物学精义	图书	1933 年由商务印书馆初版，多次发行，1958 年 3 月再版，后被收入《大学丛书》
25	小学自然科词书	教科书	1934 年 3 月由商务印书馆初版，1934 年 4 月再版

2. 西方近代化学发展状况

年份	科学事件	技术事件
1520	瑞士的医学家、化学家、药学家帕拉塞斯(医疗化学鼻祖)发现锌	—
1529	阿格里科拉发现铋	—
1624	法国伽桑狄创近代原子论	—
1649	—	德国在萨克森开创染色工业

续表

年份	科学事件	技术事件
1661	英国化学家玻意耳(近代化学奠基人)进行化学分析，定义元素	—
1669	英国孔克尔发现磷；德国柏克尔提出燃素说；丹麦斯悌诺研究结晶学	—
1694	德国施利特分离出砷	—
1704	—	德国吉巴库发明“柏林蓝”染料
1710	—	发明“樱草蓝”染料
1723	德国斯塔尔完成燃素说(至拉瓦锡的氧化学说提出之前的50年里占统治地位)	—
1724	德国舒尔茨发现银化合物的感光性	—
1730	弗罗贝纽斯发现乙醚	—
1735	瑞典布兰特发现钴	—
1738	西班牙德乌略亚发现铂	—
1751	瑞典克隆斯塔特发现镍(矿物化学)	—
1761	瑞典本格曼提出化学亲和力论	—
1766	英国卡文迪许发现氢	—
1769	瑞典舍勒发现酒石酸	—
1772	英国丹•卢塞福发现氮；瑞典舍勒发现氧气；法国拉瓦锡发现质量守恒定律	—
1772～1773	英国卡文迪许发现关于静电力的平方反比定律	—
1774	英国普里斯特利制取氧气；英国普里斯特利与舍勒分别制取二氧化硫、氨；瑞典舍勒制取氯气；瑞典加恩发现锰；英国布拉克测得冰的溶解热	—
1776	法国拉索发现一氧化碳	—
1777	瑞典舍勒发现硫化氢；舍勒与意大利丰塔纳发现木炭对气体的吸附性；法国拉瓦锡确立新燃烧理论，推翻了燃素说，揭开了化学革命的一页	—
1781	英国卡文迪许用氧气和氢气合成水	—
1782	瑞典埃尔米发现钼	—
1783	西班牙德卢亚尔兄弟发现钨	—
1787	法国查理提出关于气体膨胀的查理定律	—

续表

年份	科学事件	技术事件
1788	法国贝尔托莱发现氯酸钾，并用于炸药；法国拉瓦锡将 33 种元素分为 4 类，确立了新元素观	—
1789	德国克拉普罗特在沥青铀矿中发现铀	—
1790	法国路布兰从食盐中制得碱	—
1791	德国格累高尔发现钛	—
1792	—	英国默多克制造照明用煤气；英国威季伍德曝光得氯化银照片
1794	芬兰加多林首次发现稀土元素钇	—
1800	沃拉斯顿及英国赫舍尔发现红外光谱	—
1801	德国利特尔发现紫外线的化学作用	—
1802	德国利特尔发现电池的分极作用，为蓄电池的发明奠定基础；法国盖-吕萨克提出关于气体膨胀的盖-吕萨克定律	—
1803	英国道尔顿提出道尔顿的分子原子说、分压定律、倍比定律；瑞典贝齐里乌斯建立电化学的基础；英国亨利提出关于稀溶液的亨利定律	—
1804	英国沃拉斯顿发现钯和铑；英国坦能脱发现锇和铟	—
1805	法国拉普拉斯提出毛细管理论；英国杨提出表面张力理论；德国格罗撒斯提出关于电解的最初理论；德国瑟吐拉尔从鸦片中提取纯吗啡	—
1807	英国戴维用电解法制取钠及钾	—
1808	英国戴维发现镁；法国盖-吕萨克发现气体反应定律，与法国泰那尔德发现硼	德国巴金斯蚀刻钢凹版印刷
1811	意大利阿伏伽德罗提出阿伏伽德罗假说，即分子论	—
1812	法国库图瓦发现碘	—
1813	—	法国涅普斯使用最早的照相凸版印刷法
1815	法国普劳特提出一切元素都由氢原子构成的假说；法国盖-吕萨克发现氰毒气	—
1817	瑞典阿尔费特逊发现锂；德国斯特罗迈厄发现镉	—

续表

年份	科学事件	技术事件
1818	瑞典贝齐里乌斯发现硒；法国泰纳尔发现过氧化氢	—
1821	瑞典贝齐里乌斯以氧-16 为标准确定各元素的原子量	—
1822	—	英国康格里夫发明多色印刷法
1823	英国戴维和法拉第使二氧化碳液化	—
1824	瑞典贝齐里乌斯发现锆；英国普劳特进行胃液的生化学研究	英国阿斯佩丁制造硅酸盐水泥
1825	英国法拉第发现苯；德国勒韦格发现溴	—
1826	法国巴拉独立发现溴	—
1827	英国布朗发现布朗运动	英国沃克发明磷制火柴
1828	德国韦勒人工合成尿素，首次把无机物和有机物联系起来；瑞典贝齐里乌斯发现钍	—
1831	德国诺意曼发现固体的分子热；德国李比希合成三氯甲烷	—
1832	德国李比希和韦勒发现苯甲酰基；英国格雷厄姆发现气体扩散定律	法国罗比凯从鸦片中分离可卡因
1833	英国法拉第发现关于电解的定律	—
1834	—	德国隆克从煤焦油中发现苯胺
1836	英国丹尼尔发明丹尼尔电池；德国弗兰肯海姆提出最初的晶体空间点阵说；英国戴维发现乙炔	德国雅可比发明电镀法
1837	德国李比希、波根道夫及韦勒出版《基础及应用化学词典》	—
1838	—	法国达盖尔完成银板照相法开创近代照相技术
1840	德国舍恩拜内发现臭氧	美国古德伊尔发明橡胶硬化法
1841	法国热拉尔对有机化合物进行分类	英国道尔菩特发明珂罗版照相法；德国西门子发明金银电镀法
1842	英国赫舍尔研究荧光；奥地利修雷塔发现红磷	—
1845	—	1845～1846 年德国舍拜恩和博特格发明硝化棉火药

3. 近代西方、日本及中国科学技术发展状况对比

西方			日本			中国		
年份	科学	技术	年份	科学	技术	年份	科学	技术
1846	德国赫尔姆霍兹建立了能量守恒定律的定型化	莫顿和美国的沃伦在手术中使用乙醚麻醉；意大利索普勒洛发明了硝化甘油	1836	帆足万里著《穷理通》，共8卷，包含化学等方面	—	1839	英国教士合信用中文编辑理化各类书籍	—
1847		英国辛普首次使用氯仿麻醉	1837	宇田川榕庵著日本最初的化学书《舍密开宗》	—	—	—	—
1848	法国布雷维斯建立了晶体空间点阵理论；英国开尔文创立了绝对温度的概念（热力学温标）；法国巴斯德发现酒石酸的光学异构体	—	—	—	—	—	—	—
1850	德国克劳修斯发现热力学第二定律；英国威廉森创立了醚生成理论，建立了原子价概念	—	—	—	—	—	—	—

续表

西方			日本			中国		
年份	科学	技术	年份	科学	技术	年份	科学	技术
1851	英国开尔文研究热力学第二定律	—	1851	—	岛津齐彬在鹿儿岛开设制铁所制作化学器械	1851	合信刊印《博物新编》	—
1853	德国希托夫发现电解质离子的迁移数，这是电化学的基础	德国热拉尔制取了乙酰水杨酸	—	—	—	—	—	—
1855	—	瑞典兰德斯特伦发明了安全火柴	—	—	—	—	—	—
1856	—	英国珀金发明了苯胺染料苯胺紫，推动了色素工业的发展	—	—	—	—	—	—
1858	德国凯库勒提出碳的四价说	—	—	—	—	—	—	—
1859	本生和德国基尔霍夫发现元素各自拥有固有的光谱线（光谱分析法的基础）；法国拜特洛合成乙炔	—	—	—	—	—	—	—

续表

西方			日本			中国		
年份	科学	技术	年份	科学	技术	年份	科学	技术
1860	本生和基尔霍夫发现铷和铯（光谱分析法）；世界化学大会召开	—	—	—	—	—	—	—
1861	德国基尔霍夫进行太阳光谱分析；英国格雷厄姆区别了溶液与胶体的不同；英国克鲁克斯发现了元素铊	—	—	—	—	—	—	—
1862	—	比利时的索尔维发明了氨碱法	—	—	—	—	—	—
1863	英国安德鲁斯成功使二氧化碳液化；赖赫和德国李希特发现元素铟；德国维斯里辛努发现空间异构体(有机化学)	—	—	—	—	—	—	—
1864	英国纽兰兹发现元素八音律（元素周期表的雏形）；古德贝格和挪威的瓦格发现了质量作用定理	德国萧尔采发明无烟火药	—	—	—	—	—	—

续表

西方			日本			中国		
年份	科学	技术	年份	科学	技术	年份	科学	技术
1865	德国克劳修斯发现了熵增大定理；奥地利劳施米特推算出一摩尔气体的分子数（劳施米特数）；德国的凯库勒发现了苯的化学结构式	—	1865	开城所设理学、化学两科；哈拉塔玛抵日	—	—	—	—
1867	德国霍夫曼发现了福尔马林的制法	瑞典诺贝尔发明安全炸药	—	—	—	—	—	—
1868	瑞典埃格斯特朗研究光谱；洛克耶和英国弗朗克兰分析太阳光谱发现氦	英国狄克恩发明了制氯法	1868	在大阪设立舍密局即化学学校	—	1868	马丁编著《格物入门》	—
1869	英国安德鲁斯发现临界温度和临界压力；俄国门捷列夫发现元素周期律	格瑞伯和德国利伯曼合成色素茜素；美国黑特和英国派克斯各自发明了赛璐珞	1869	哈拉塔玛在大阪舍密局教授理化；小幡笃次郎著《博物新编补遗》	—	—	—	—
1870	德国拜耳提出碳素同化作用说	—	1870	—	建立前桥制丝所，开创水车机械制丝的先河	—	—	—

续表

西方			日本			中国		
年份	科学	技术	年份	科学	技术	年份	科学	技术
1873	荷兰范·迪尔·巴尔斯发现液体和气体的连续性，建立了状态方程式	—	1871	—	建立官办富冈制丝场，开创蒸汽动力制丝的开端	—	—	—
1874	美国吉布斯发现了相律；荷兰范特霍夫建立不对称碳原子的四面体模型(立体化学的基础)	德国克尔贝简化水杨酸的制法	—	—	—	—	—	—
1875	埃格斯特朗和瑞典的泰勒发现了元素的光谱；英国的麦克斯韦和奥地利的玻尔兹曼进行比热的分子论研究	德国文克勒采用接触法制硫酸；火药、爆炸物等军事生产专业化	—	—	—	—	—	—
1877	法国的卡累特和瑞士的皮克特各自进行氧气、氮气、一氧化碳和甲烷的液化；德国佩弗研究渗透压	—	—	—	—	—	—	—

续表

西方			日本			中国		
年份	科学	技术	年份	科学	技术	年份	科学	技术
1878	—	德国欧利希在细菌染色中使用苯胺色素；德国拜耳合成靛蓝，奠定靛蓝工业的基础	1878	成立日本化学学会	—	—	—	—
1879	—	美国雷姆森及德国法尔贝格合成糖精	—	—	—	—	—	—
1880	德国克劳修斯提出气体状态分析式	—	—	—	—	—	—	—
1882、	德国赫尔姆霍兹引入自由能概念	—	—	—	—	1882	—	金陵火药局动工
1883	法国基尔达尔提出氮分析法	—	—	—	—	—	—	—
1884	乌罗布莱乌斯基和波兰的奥鲁切乌斯基成功将氢液化；德国费歇尔合成糖类	法国夏尔东发明人造丝	—	—	—	—	—	—
1885	瑞士巴尔默发现元素光谱系列	—	—	—	—	—	—	—

续表

西方			日本			中国		
年份	科学	技术	年份	科学	技术	年份	科学	技术
1886	法国莫瓦桑发现氟	美国霍尔和法国埃罗发明铝的电解制法，推动电冶金发展	—	—	—	—	—	—
1887	荷兰范特·霍夫提出稀溶液理论；瑞典阿累尼乌斯提出电解质溶液的电离说	—	—	—	—	—	—	—
1888	德国奥斯特瓦尔德发现稀释定律	—	—	—	—	1888	包括化学知识的《西学大成》出版	—
1889	德国奈恩斯特提出电离溶压理论	—	1889	田原良纯发表《河豚毒化学研究》	—	—	—	—
1890	英国斯通首次使用“电子”一词	—	—	—	—	—	—	—
1892	美国韦斯顿研究镉标准电池；德国奥斯特瓦尔德提出指示剂理论	克伦斯、比旺和英国比德尔发明黏胶人造丝，这是现代人造丝工业的开端	—	—	—	—	—	—
1893	瑞士魏纳提出分子结构的配位说	—	—	—	—	—	—	—

续表

西方			日本			中国		
年份	科学	技术	年份	科学	技术	年份	科学	技术
1894	瑞利和英国的拉姆塞发现氩	—	—	—	—	—	—	—
1895	拉姆塞和英国罗克页首次在地球上发现氦	—	—	—	—	—	—	—
1896	法国贝克勒尔发现放射性（铀矿）；德国瓦尔登发现瓦尔登转化作用（旋光性有机化合物）	—	—	—	—	1896	张之洞作序，包括化学在内的《西学富强丛书》出版	—
1898	法国居里夫妇发现镭、钋；拉姆塞和英国特拉弗斯发现氖、氪、氙；英国多恩发现“镭射气”	—	1898	日本工业化学会成立	—	—	—	—
			1899	—	郡山绢丝纺织厂建立	—	—	—
1901	英国开尔文提出了原子模型；法国格利雅发现格利雅试剂	—	1903	长冈半太郎提出长冈原子模型	—	1903	—	玻璃、火柴、铁工业等近代科学工业发展
1904	英国J.J.汤姆逊提出原子模型	—	1904	—	酿造试验所成立	—	—	

续表

西方			日本			中国		
年份	科学	技术	年份	科学	技术	年份	科学	技术
1905	法国萨巴迪埃用镍催化加氢法；德国哈恩发现放射性元素钍	—	—	—	—	—	—	—
1907	美国菩尔特伍德发现钍-230	—	—	—	—	—	—	—
1908	荷兰翁纳斯将氦液化；法国佩兰证明分子存在的实验	—	1908	池田菊苗发现味精	—	—	—	—
1909	德国布歇雷证实电子的荷质比（e/m）随速度变化；卢瑟福和英国路易斯证实 α 粒子是氦核；美国密立根用油滴法精密测定电子电荷	—	1909	高峰让吉研制高淀粉酶	—	—	—	—
1911	英国卢瑟福提出原子模型	—	—	—	—	—	—	—

续表

西方			日本			中国		
年份	科学	技术	年份	科学	技术	年份	科学	技术
1913	英国阿斯顿分离同位素；丹麦玻尔提出原子模型；英国索迪和波兰法扬斯各自提出放射性元素位移规则；德国维尔斯塔特进行叶绿素的化学研究	—	—	—	—	—	—	—
1914	英国默塞莱发现元素的X射线光谱和原子序数的关系	—	1914	—	化学工业调查会成立	—	—	—
—	—	—	1916	—	盐见理化学研究所成立	—	—	—
—	—	—	1917	理化学研究所成立	化学工业协会成立	—	—	—
—	—	—	1918	—	人造丝工业发展；绢业试验所成立	—	—	—
—	—	—	1920	—	辻本满丸进行油脂的研究	—	—	—
—	—	—	1922	—	岛津源藏发明易反应性铅粉制造法	—	—	—
—	—	—	1824	—	日本农艺化学会成立	—	—	—

4. 中国近代期刊化学论文篇目（1857～1918 年）

本表收录了中国近代 264 种期刊与化学相关的文章篇目

序号	期刊	出版时间	卷（期）	篇名	作者	栏目	节选出处
1	《六合丛谈》	1857 年 9 月 18 日	9 期	《物中有银质说》	—	—	—
2	《中西闻见录》	1872 年 9 月	2～3 期	《论玻璃》	丁韪良	—	—
3	《万国公报》	1874 年 11 月 14 日	310 卷	《论取树汁为橡皮法》	—	大英国事	—
4	《万国公报》	1875 年 1 月 2 日	318 卷	《论尅制煤油药方》	—	大美国事	—
5	《万国公报》	1877 年 9 月 29 日	457 卷	《自来火作法渐改渐精》	—	—	—
6	《万国公报》	1882 年 11 月 11 日	714～715 卷	《化学易知》	—	—	—
7	《万国公报》	1890 年 1 月	12 册	《矾精》	德贞	—	—
8	《万国公报》	1890 年 1 月	12 册	《论空气（益知会第三集）》	戴调侯	—	—
9	《万国公报》	1890 年 5 月	16 册	《木炭》	德贞	—	—
10	《万国公报》	1890 年 10 月	21 册	《格致有益于世：多尔敦先生化学志略》	韦廉臣	—	—
11	《万国公报》	1892 年 7 月	42 册	《物体凝流二质论》	胡永吉	—	—
12	《万国公报》	1897 年 10 月	105 册	《化学当学论》	张丰年	—	—
13	《万国公报》	1898 年 10 月	117 册	《说镭》	李提摩太浦	—	—
14	《万国公报》	1902 年 11 月	166 册	《论化学之原》	高葆真	—	—
15	《万国公报》	1904 年 7 月	186 册	《原质新得》	林乐知，范祎	格致发明类征	—
16	《万国公报》	1904 年 9 月	188 册	《火酒新制》	林乐知，范祎	格致发明类征	—

续表

序号	期刊	出版时间	卷(期)	篇名	作者	栏目	节选出处
17	《万国公报》	1904 年 9 月	188 册	《洗衣药料》	林乐知，范祎	格致发明类征	—
18	《万国公报》	1904 年 12 月	191 册	《新制毒药》	林乐知，范祎	格致发明类征	—
19	《万国公报》	1904 年 12 月	191 册	《记美国农学发明之新肥料》	林乐知，范祎	论说	—
20	《万国公报》	1905 年 1 月	192 册	《玻璃新制》	林乐知，范祎	格致发明类征	—
21	《万国公报》	1905 年 6 月	197 册	《电化玻璃料》	林乐知，范祎	智能丛话	—
22	《万国公报》	1905 年 8 月	199 册	《得轻气之法》	林乐知，范祎	智能丛话	—
23	《万国公报》	1905 年 10 月	200 册	《电灯之用钽丝》	林乐知，范祎	智能丛话	—
24	《万国公报》	1905 年 11 月	202 册	《雷锭恩之价值》	林乐知，范祎	智能丛话	—
25	《万国公报》	1906 年 2 月	205 册	《钽之性质》	林乐知，范祎	智丛	—
26	《万国公报》	1907 年 2 月	217 册	《造肥皂之始》	林乐知，范祎	智丛	—
27	《万国公报》	1907 年 3 月	218 册	《志人造丝》	林乐知，范祎	智丛	—
28	《万国公报》	1907 年 4 月	219 册	《新造玻璃》	林乐知，范祎	智丛	—
29	《万国公报》	1907 年 5 月	220 册	《俄国大化学家之薨逝》	林乐知，范祎	时事	—
30	《万国公报》	1907 年 12 月	227 册	《灰能制煤之新发明》	季理斐，曹会涵，潘桢	智丛	—
31	《格致汇编》	1876 年 7 月	6、7 卷	《化学器具说》	—	—	—
32	《格致汇编》	1876 年 10 月	9 卷	《论新译西药略释》	—	—	—
33	《格致汇编》	1877 年 4 月	3 卷	《化分中国铁矿》	毕利干	—	—
34	《格致汇编》	1877 年 8 月	7 卷	《造玻璃法》	—	—	—

续表

序号	期刊	出版时间	卷(期)	篇名	作者	栏目	节选出处
35	《格致汇编》	1877 年 9 月	8 卷	《原质化合爱力大小说》	—	—	摘译自化学全书
36	《格致汇编》	1877 年 9 月	8 卷	《金刚石为炭质所成》	—	格物杂说	—
37	《格致汇编》	1877 年 10 月	9 卷	《论磷质》	栾学谦	—	摘自化学书
38	《格致汇编》	1877 年 10 月	9 卷	《成人身之原质》	—	格物杂说	—
39	《格致汇编》	1877 年 10 月	9 卷	《毛与发含硫磺》	—	格物杂说	—
40	《格致汇编》	1877 年 12 月	11 卷	《戒烟白药粉》	—	格物杂说	上海老德记来稿
41	《格致汇编》	1878 年 2 月	1～9 卷	《电气镀金略法》	—	—	—
42	《格致汇编》	1878 年 2 月	1～12 卷（连载 2 年）	《化学卫生论》	—	—	—
43	《格致汇编》	1892 年	2 卷	《西国制皮法》	—	—	—
44	《格致汇编》	1892 年	3 卷	《西国造纸法》	—	—	—
45	《中西教会报》	1898 年 9 月	45 册（复刊）	《问海水含盐质几何》	—	各报选录	时务报
46	《中西教会报》	1898 年 10 月	46 册（复刊）	《设立化学制造公司禀批》	—	报语选录	中外日报
47	《中西教会报》	1898 年 10 月	46 册（复刊）	《化学新原质》	前人	时事译要	—
48	《中西教会报》	1900 年 6 月 1 日	66 册（复刊）	《论造洋纸之法》	—	益智会	—
49	《中西教会报》	1902 年 6 月	82 册（复刊）	《论玻璃》	—	论说杂著	中西闻见录
50	《中西教会报》	1903 年 2 月 1 日	90 册（复刊）	《制轫玻璃》	—	益智会	真光月报
51	《中西教会报》	1903 年 7 月 1 日	95 册（复刊）	《化学新质说》	高葆真	论说杂著	—

续表

序号	期刊	出版时间	卷(期)	篇名	作者	栏目	节选出处
52	《中西教会报》	1904年1月1日	101册(复刊)	《化学新论》	高葆真	益智会	—
53	《中西教会报》	1909年8月	204册(复刊)	《攻取化学新原质》	—	时务	—
54	《利济学堂报》	1897年8月7日	14册	《化学熔金》	—	艺事稗乘	知新报
55	《利济学堂报》	1897年8月7日	14册	《考论物性》	—	格致卮言	知新报
56	《利济学堂报》	1897年9月7日	16册	《考验糖质》	—	格致卮言	集成报
57	《知新报》	1897年3月13日	5册	《汞可浮水》	—	格致	—
58	《知新报》	1897年4月7日	10册	《化学粪田》	—	农事	—
59	《知新报》	1897年4月17日	12册	《电镀精奇》	—	格致	—
60	《知新报》	1897年5月12日	17册	《炼金新法》	—	矿事	—
61	《知新报》	1897年5月17日	18、19册	《制炼矾精》	—	矿事	—
62	《知新报》	1897年5月31日	20册	《考求铜质》	—	工事	—
63	《知新报》	1897年5月31日	20册	《制炭新法》	—	工事	—
64	《知新报》	1897年6月10日	21、22册	《化学熔金》	—	矿事	—
65	《知新报》	1897年6月20日	22、23册	《宝石类考》	—	矿事	—
66	《知新报》	1897年6月20日	22册	《考论物性》	—	格致	—
67	《知新报》	1897年11月24日	38册	《磷质铸铜》	—	工事	—
68	《知新报》	1897年11月24日	38册	《考求金质》	—	格致	—

续表

序号	期刊	出版时间	卷(期)	篇名	作者	栏目	节选出处
69	《知新报》	1897年12月4日	39册	《辨析摄力》	—	格致	—
70	《知新报》	1898年2月11日	43册	《流质代煤》	—	格致	—
71	《知新报》	1898年2月21日	44～46册	《论制白铁》	—	工事	纽约格致报
72	《知新报》	1898年3月22日	47册	《电镀须知》	—	工事	—
73	《知新报》	1898年4月1日	48册	《化学新理撮要》	—	格致	—
74	《知新报》	1898年4月11日	49册	《化学助田禾生长》	—	格致	—
75	《知新报》	1898年4月11日	49册	《刻花玻璃镀金铜器》	—	格致	—
76	《知新报》	1898年4月21日	50册	《考验水质》	—	格致	—
77	《知新报》	1898年5月1日	51册	《创说银盐辟毒》	—	格致	—
78	《知新报》	1898年5月1日	51册	《硼酸入乳致毒》	—	格致	—
79	《知新报》	1898年5月11日	52册	《电化制炼净铜》	—	格致	—
80	《知新报》	1898年5月20日	53册	《松节油化橡皮树胶》	—	格致	—
81	《知新报》	1898年6月19日	56、57册	《论制明油》	—	工事	—
82	《知新报》	1898年7月29日	60册	《论使流质化气质而升散之事》	—	格致	—
83	《知新报》	1898年8月27日	63册	《妙制煤油定质》	—	工事	—
84	《知新报》	1898年8月27日	63、64册	《论水玻璃油画之功用》	—	格致	—

续表

序号	期刊	出版时间	卷(期)	篇名	作者	栏目	节选出处
85	《知新报》	1898 年 9 月 3 日	64 册	《野草制成布纸》	—	工事	—
86	《知新报》	1898 年 9 月 16 日	65 册	《用药收取养气》	—	格致	—
87	《知新报》	1898 年 10 月 6 日	67 册	《轻气流质》	—	格致	—
88	《知新报》	1898 年 10 月 6 日	67 册	《创制火药》	—	格致	—
89	《知新报》	1898 年 10 月 25 日	69 册	《考出新气》	—	格致	—
90	《知新报》	1898 年 10 月 25 日	69 册	《人工蛋白》	—	格致	—
91	《知新报》	1898 年 11 月 4 日	70、71 册	《论制无烟火药法》	—	工事	—
92	《知新报》	1899 年 1 月 22 日	78 册	《七十七种原质举要》	—	格致	—
93	《知新报》	1899 年 4 月 30 日	85 册	《无烟无声火药》	—	工事	—
94	《知新报》	1899 年 6 月 8 日	89 册	《无磷自来火》	—	工事	—
95	《知新报》	1899 年 6 月 18 日	90 册	《干木化为流质》	—	格致	—
96	《知新报》	1899 年 7 月 18 日	93 册	《新制炸药》	—	工事	—
97	《知新报》	1899 年 10 月 15 日	102 册	《硼砂功用纪》	—	格致	—
98	《知新报》	1899 年 11 月 23 日	102 册	《炸药凶烈》	—	格致	—
99	《知新报》	1899 年 12 月 3 日	107 册	《衡论铝钢》	—	格致	—
100	《知新报》	1899 年 12 月 23 日	109 册	《白矾功用》	—	矿事	—
101	《知新报》	1899 年 12 月 23 日	109 册	《详论各种炸药》	—	格致	—

续表

序号	期刊	出版时间	卷（期）	篇名	作者	栏目	节选出处
102	《湘学新报》	1897 年 5 月	2～4 册	《格致浅理》	唐才常	—	—
103	《湘学新报》	1897 年 5 月	5～7 册	《质点配成万物说》	唐才常	—	—
104	《湘学新报》	1897 年 6 月	8～12 册	《释矽》	—	—	—
105	《湘学新报》	1897 年 8 月	13～15 册	《格致会通说》	—	—	—
106	《农学报》	1898 年 4 月	27～29 册	《制芦粟糖法》	稻垣重为，藤田丰八	—	—
107	《农学报》	1899 年 7 月	74、75 册	《制纸略法》	今关常次郎，佐野谦之助	—	—
108	《农学报》	1899 年 9 月	79～82 册	《制丝用之水质试验》	辻畅太郎，藤田丰八	东报	蚕业新报
109	《农学报》	1899 年 10 月	83 册	《制造樟脑新发明》	藤田丰八	东报	农桑杂志
110	《农学报》	1899 年 11 月	86 册	《简易酱油制造法》	藤田丰八	东报	农业杂志
111	《农学报》	1899 年 12 月	88 册	《过磷酸肥料效用》	藤田丰八	东报	北海道农事周报
112	《农学报》	1900 年 2 月	95 册	《麦秆漂白新法》	藤田丰八	译篇	新农报
113	《农学报》	1900 年 3 月	97、99、100 册	《农务化学问答》	仲斯敦，秀耀春，范熙庸	—	—
114	《农学报》	1900 年 7 月	109 册	《漂白粉辨》	藤田丰八	译篇	蚕业新报
115	《农学报》	1900 年 9 月	118 册	《杂草制纸》	藤田丰八	译篇	工业杂志
116	《农学报》	1900 年 10 月	119 册	《印度之狄以克材输出》	藤田丰八	译篇	工业化学杂志
117	《农学报》	1900 年 10 月	120 册	《制油机图说》	铃木菊次郎，藤田丰八	译篇	工艺化学杂志
118	《农学报》	1900 年 10 月	120 册	《全世界砂糖产额》	藤田丰八	译篇	工艺化学杂志

续表

序号	期刊	出版时间	卷(期)	篇名	作者	栏目	节选出处
119	《农学报》	1900年10月	120册	《制造木纤维改良法》	藤田丰八	译篇	工艺化学杂志
120	《农学报》	1900年10月	120册	《防水纸》	藤田丰八	译篇	工艺化学杂志
121	《农学报》	1900年10月	120册	《制纸用之糊制法》	藤田丰八	译篇	工艺化学杂志
122	《农学报》	1900年10月	120册	《革屑利用》	藤田丰八	译篇	工艺化学杂志
123	《农学报》	1900年10月	121册	《樟叶采脑试验成迹》	守屋物四郎，藤田丰八	译篇	工业化学杂志
124	《农学报》	1900年11月	122、123册	《爪哇砂糖业状况》	下斗米半治，藤田丰八	译篇	工艺化学杂志
125	《农学报》	1900年11月	123册	《人工调制大气法》	藤田丰八	译篇	工业化学杂志
126	《农学报》	1900年11月	123册	《防霰法》	藤田丰八	译篇	工业化学杂志
127	《农学报》	1901年3月	134册	《人造肥料品目效用及用法》	林壬	—	—
128	《农学报》	1902年11月	196册	《全世界之砂糖产额》	—	译篇	化学杂志
129	《农学报》	1902年11月	198册	《就印度地方预算木材抽丝之工费》	—	译篇	化学杂志
130	《农学报》	1902年11月	198册	《制丝用水之改良法》	—	译篇	太阳报
131	《农学报》	1902年12月	199册	《适于制造人工丝之惹拉青质》	—	译篇	化学杂志

续表

序号	期刊	出版时间	卷(期)	篇名	作者	栏目	节选出处
132	《农学报》	1902年12月	199～201册	《日本制纸论》	吉井源太，沈纮	译篇	—
133	《农学报》	1903年1月	202册	《印度之制蓝现况》	—	译篇	化学杂志
134	《农学报》	1903年1月	203册	《促进麦粒发芽力之法》	—	译篇	化学杂志
135	《农学报》	1903年1月	203册	《砂糖液之漂白法》	—	译篇	化学杂志
136	《农学报》	1903年1月	203册	《牛乳贮藏法》	—	译篇	化学杂志
137	《农学报》	1903年1月	204册	《木屑利用》	—	译篇	化学杂志
138	《农学报》	1903年1月	204册	《制纸业所生废物之性质及成分》	—	译篇	化学杂志
139	《农学报》	1903年1月	204册	《制甜菜糖所生废液之利用》	—	译篇	化学杂志
140	《农学报》	1904年1月	240册	《记美国园艺家洗液新法》	—	译篇	化学杂志
141	《农学报》	1904年1月	241册	《论农艺化学之进步》	—	译篇	太平洋杂志
142	《农学报》	1904年2月	244册	《记美国人造樟脑法》	—	译篇	新农报
143	《农学报》	1904年3月	245册	《粪便制酒精法》	—	译篇	日本农会报
144	《农学报》	1904年3月	247册	《漂白辣美纤维法》	—	译篇	日本农会报
145	《农学报》	1904年4月	249册	《钙养磷养用量试验》	—	译篇	新农报
146	《农学报》	1904年5月	254～256、287、288册	《农艺化学实验法》	泽村真，中岛端	—	—

续表

序号	期刊	出版时间	卷(期)	篇名	作者	栏目	节选出处
147	《农学报》	1905年2月	280册	《简易淀粉制造法》	—	译篇	农业杂志
148	《农学报》	1905年2月	282册	《空气中有利室素之利用》	—	译篇	日本新农杂志
149	《农学报》	1905年2月	282册	《人造丝棉》	—	译篇	日本新农报
150	《经世报》	1897年9月	5册	《化学公会缘起》	董祖寿	格致	—
151	《经世报》	1897年10月	10册	《试验水质》	寿萱室	格致	伦敦星期法报格致余谈
152	《经世报》	1897年11月	11册	《提金新法》	—	格致	巴黎矿务报（9～15日）
153	《新学报》	1897年9月	3册	《格致书院试演化学纪》	栾学谦，叶鑫	博物	—
154	《译书公会报》	1898年4月11日	18册	《论铝》	施仁耀	英报选译	日本告白报（4月11日）
155	《译书公会报》	1898年5月24日	20册	《收回照相金银水之新法》	潘彦	法报选译	勒当报
156	《岭学报》	1898年3月2日	3册	《煤油制靛》	—	西文译篇	伦敦中国报
157	《岭学报》	1898年4月20日	8册	《化学制旗》	—	东西文译篇	德国益哥报
158	《东亚报》	1898年6月29日	1册	《精制驱除动植物虫害药》	—	艺学	德国植物报（5月3日）
159	《东亚报》	1898年7月9日	2册	《法日新发明人造绢丝》	—	艺学	工业报（6月10日）

续表

序号	期刊	出版时间	卷(期)	篇名	作者	栏目	节选出处
160	《东亚报》	1898年7月9日	2册	《新制酿造饮食各物驱除害虫药》	—	艺学	工艺报(6月10日)
161	《东亚报》	1898年7月19日	3册	《论化学物质》	—	艺学	美艺学报(6月10日
162	《东亚报》	1898年7月19日	3册	《论化学物不燃性质》	—	艺学	工业报(6月10日)
163	《东亚报》	1898年7月19日	3册	《考察水质软硬法》	—	艺学	工业报(6月10日)
164	《东亚报》	1898年8月8日	5册	《植物油抽出法并压榨法》	—	艺学	美技艺报(7月)
165	《东亚报》	1898年8月8日	5册	《论玻璃类别》	—	艺学	太阳报(7月5日)
166	《东亚报》	1898年8月8日	5册	《嗝啰防护电气制造法》	—	艺学	太阳报(7月3日)
167	《东亚报》	1898年8月8日	5册	《格罗谟明矾利用》	—	艺学	太阳报(7月3日)
168	《东亚报》	1898年8月17日	6册	《化学工业之发达》	—	艺学	太阳报(7月5日)
169	《东亚报》	1898年8月27日	7、8册	《烟火制造法》	—	艺学	太阳报(7月20日)
170	《江南商务报》	1900年5月9日	8期	《造蜡烛法》	—	商原	格致汇编
171	《江南商务报》	1900年5月9日	8期	《造自来火法》	—	商原	格致汇编
172	《江南商务报》	1900年5月28日	10、13期	《化学原质大同表》	—	—	—

续表

序号	期刊	出版时间	卷(期)	篇名	作者	栏目	节选出处
173	《江南商务报》	1900年6月17日	12期	《制炭精法》	—	商原	美国工艺报
174	《江南商务报》	1900年6月27日	13期	《镀金法》	—	商原	化学工艺制造篇
175	《江南商务报》	1900年6月27日	13期	《金镀金法》	—	商原	化学工艺制造篇
176	《江南商务报》	1900年6月27日	13期	《铜镀金法》	—	商原	化学工艺制造篇
177	《江南商务报》	1900年8月5日	17期	《刻花玻器镀金铜器》	—	商原	纽约格致报
178	《江南商务报》	1900年8月5日	18期	《分别上品白铜法》	—	商原	纽约格致报
179	《江南商务报》	1900年10月14日	24期	《无磷自来火》	—	商原	纽约格致报
180	《江南商务报》	1900年10月23日	25期	《松节油化橡皮树胶》	—	商原	纽约格致报
181	《江南商务报》	1900年10月23日	25期	《铝可制瓦》	—	商原	纽约格致报
182	《江南商务报》	1900年10月23日	25期	《以粟米油制树胶》	—	商原	伦敦商务报
183	《江南商务报》	1900年11月2日	26期	《制柠檬汁》	—	商原	纽约格致报
184	《江南商务报》	1900年11月2日	26期	《制造自来火柴法》	—	商原	日本工艺制造编
185	《江南商务报》	1900年11月2日	26期	《制造五色花火之配合药品法》	—	商原	日本工艺制造编
186	《江南商务报》	1900年11月12日	27期	《镍镀金法》	—	商原	化学工艺制造编
187	《江南商务报》	1900年11月12日	27期	《锌镀金法》	—	商原	化学工艺制造编

续表

序号	期刊	出版时间	卷(期)	篇名	作者	栏目	节选出处
188	《江南商务报》	1900年11月12日	27期	《锡镀金》	—	商原	化学工艺制造编
189	《江南商务报》	1900年11月12日	27期	《制造印刷墨法》	—	商原	化学工艺制造编
190	《江南商务报》	1900年11月12日	27期	《制造胶版》	—	商原	化学工艺制造编
191	《江南商务报》	1900年11月22日	28期	《制造火药法》	—	商原	化学工艺制造编
192	《江南商务报》	1900年11月22日	28期	《制造爆发药法》	—	商原	化学工艺制造编
193	《江南商务报》	1900年11月22日	28期	《制造雷汞法》	—	商原	化学工艺制造编
194	《江南商务报》	1900年11月22日	28期	《制造硝酸各里司里尼法》	—	商原	化学工艺制造编
195	《江南商务报》	1900年12月2日	29期	《制造白粉法》	—	商原	化学工艺制造编
196	《江南商务报》	1900年12月2日	29期	《颜色如新》	—	商原	纽约工艺报
197	《江南商务报》	1900年12月12日	30期	《制造墨色洋墨水法》	—	商原	化学工艺制造编
198	《江南商务报》	1900年12月22日	31期	《制炼矾精》	—	商原	纽约格致报
199	《江南商务报》	1901年1月20日	34期	《木不畏火》	—	商原	纽约格致报
200	《江南商务报》	1901年1月20日	34期	《制镜以胶》	—	商原	香港孖罅报
201	《译林》	1901年3月5日	1期	《草帽染黑法》	高桥橘树	日用制造品	—

续表

序号	期刊	出版时间	卷(期)	篇名	作者	栏目	节选出处
202	《译林》	1901年3月5日	1期	《漂白人发法》	高桥橘树	日用制造品	—
203	《译林》	1901年3月5日	1期	《漂白羽毛法》	高桥橘树	日用制造品	—
204	《译林》	1901年3月5日	1期	《漂白毛布法》	高桥橘树	日用制造品	—
205	《译林》	1901年3月5日	1期	《金属器皿与他属器皿胶合法》	高桥橘树	日用制造品	—
206	《励学译编》	1901年4月3日	1～11册	《化学初桄》	李姆孙，杨学斌	—	—
207	《集成报》	1901年9月	16期	《论化学》	英商集成报馆	本馆论说	—
208	《教育世界》	1905年4月	96、97、99～101期	《威尔曼氏之教化学》	—	学理	—
209	《普通学报》	1901年10月	1期	《有机物原质之鉴别法》	普通学书室编辑处	格物学科	—
210	《普通学报》	1901年10月	1期	《论洋蓝》	普通学书室编辑处	格物学科	—
211	《普通学报》	1901	2期	《论化学变化》	陆应麟	格物学科	—
212	《普通学报》	1901	2期	《油类试验法》	—	格物学科	—
213	《普通学报》	1901	2期	《造试纸法》	赵楚惟	格物学科	—
214	《普通学报》	1901	3期	《化学命名法》	虞自勋	格物学科	—
215	《普通学报》	1901	3期	《伦戬氏及职肯德氏简易炭酸定量器使用法》	普通学书室编译处	格物学科	—

续表

序号	期刊	出版时间	卷（期）	篇名	作者	栏目	节选出处
216	《新民丛报》	1903年12月2日	42、43号	《有机化学与物理学相关之事》	—	科学	—
217	《新民丛报》	1904年9月10日	52号	《有机化学通论》	春水	科学	—
218	《新民丛报》	1906年2月23日	75号	《化学沿革史》	藤进乡三，红溪生	—	—
219	《政艺通报》	1902年6月6日	7期	《制橡胶新法》	—	艺事通纪	—
220	《政艺通报》	1902年10月2日	12～15期	《化学理论》	杜亚泉	艺学文编	—
221	《政艺通报》	1902年10月2日	15期	《有机化学沿革说》	虞和钦	艺学文编	—
222	《政艺通报》	1902年10月2日	15期	《化学方程式》	虞和钦	艺学文编	—
223	《政艺通报》	1903年2月27日	2期	《新造烈药》	—	艺事通纪	—
224	《政艺通报》	1903年3月13日	3期	《樟叶制脑》	—	艺事通纪	—
225	《政艺通报》	1903年11月19日	20期	《造樟脑新法》	—	艺事通纪	—
226	《政艺通报》	1903年12月19日	22期	《人造蓝靛》	—	艺事通纪	—
227	《政艺通报》	1904年1月2日	23期	《化学煤油》	—	艺事通纪	—
228	《政艺通报》	1904年1月31日	25期	《新炸药》	—	艺事通纪	—
229	《政艺通报》	1904年1月31日	25期	《新得原质》	—	艺事通纪	—
230	《政艺通报》	1904年3月31日	3～5期	《化学新原质论》	达纶格	艺学文编	—
231	《政艺通报》	1904年3月31日	3期	《制丝水改良法》	—	艺事通纪	—
232	《政艺通报》	1904年3月31日	3期	《煤制醇酒》	—	艺事通纪	—

续表

序号	期刊	出版时间	卷(期)	篇名	作者	栏目	节选出处
233	《政艺通报》	1904年4月16日	4期	《制炭精新法》	—	艺事通纪	—
234	《政艺通报》	1904年6月14日	8期	《绿气漂布法》	—	艺事通纪	—
235	《政艺通报》	1904年6月14日	8期	《绿性灭秽法》	—	艺事通纪	—
236	《政艺通报》	1904年10月23日	17期	《松油制炼之樟脑》	—	艺事通纪	—
237	《政艺通报》	1904年12月21日	21期	《火药发明》	—	艺事通纪	—
238	《政艺通报》	1905年3月20日	3期	《钉煤制墨》	—	艺事通纪	—
239	《政艺通报》	1905年6月3日	8期	《不锈墨水》	—	艺事通纪	—
240	《政艺通报》	1905年6月3日	8期	《蚁卵制醋》	—	艺事通纪	—
241	《政艺通报》	1905年8月1日	12期	《硫酸化法》	—	艺事通纪	—
242	《政艺通报》	1905年10月28日	18期	《新发明之爆裂药》	—	艺事通纪	—
243	《政艺通报》	1905年12月11日	21期	《钙石新制》	—	艺事通纪	—
244	《政艺通报》	1905年12月26日	22期	《熔金新法》	—	艺事通纪	—
245	《政艺通报》	1905年12月26日	22期	《制墨新法》	—	艺事通纪	—
246	《政艺通报》	1906年5月23日	8期	《人造樟脑之发见》	—	艺事通纪	—
247	《政艺通报》	1906年5月23日	8期	《人造蓝之发见》	—	艺事通纪	—
248	《政艺通报》	1906年5月23日	8期	《由炭灶得木醋之法》	—	艺事通纪	—
249	《政艺通报》	1906年7月6日	11期	《治瞎眼之雷锭光线》	—	艺事通纪	—

续表

序号	期刊	出版时间	卷（期）	篇名	作者	栏目	节选出处
250	《政艺通报》	1906 年 8 月 4 日	13 期	《新爆裂药》	—	艺事通纪	—
251	《政艺通报》	1906 年 12 月 30 日	23 期	《钙炭炸药》	—	艺事通纪	—
252	《政艺通报》	1907 年 1 月 28 日	25 期	《无烟火药之大发明》	—	艺事通纪	—
253	《政艺通报》	1907 年 6 月 11 日	8 期	《铅板印图之新法》	—	艺事通纪	—
254	《政艺通报》	1907 年 11 月 6 日	18 期	《造蓝》	—	艺事通纪	—
255	《政艺通报》	1907 年 11 月 20 日	19 期	《新元质》	—	艺事通纪	—
256	《政艺通报》	1908 年 2 月 16 日	1 期	《变人种之化学》	—	艺事通纪	—
257	《政艺通报》	1908 年 2 月 16 日	1 期	《化白铅矿新得之波金质》	—	艺事通纪	—
258	《经济丛编》（后改为北京杂志）	1902 年 7 月 4 日	8 期	《化学新理撮要》	—	格致	—
259	《经济丛编》	1903 年 4 月 12 日	23 期	《蛋白质制绢丝法》	—	农	化学杂志（译）
260	《经济丛编》	1903 年 4 月 12 日	23 期	《制丝水改良法》	—	农	意大利丝业杂志（译）
261	《经济丛编》	1903 年 5 月 11 日	25 期	《世界砂糖产额》	—	农	化学杂志（译）
262	《鹭江报》	1904 年 1 月 17 日	56 册	《制造蓝靛新法》	—	外国纪事	—
263	《大陆报》	1903 年 8 月 2 日	9 期	《质点之距离》	—	谈丛	—
264	《大陆报》	1904 年 8 月 30 日	7、8 期	《火药之历史及其制造法》	—	实业	—
265	《大陆报》	1905 年 2 月 28 日	1、2 期	《论元素》	—	学术	—

续表

序号	期刊	出版时间	卷(期)	篇名	作者	栏目	节选出处
266	《大陆报》	1905年3月30日	3期	《石硷制造法》	—	实业(工业)	—
267	《大陆报》	1905年5月28日	7期	《化学之讲修法》	—	学术	—
268	《大陆报》	1905年7月27日	11期	《制造香料之法》	—	实业(工业)	—
269	《大陆报》	1905年8月25日	13、16期	《湿式锡镀金法》	—	实业(工业)	—
270	《大陆报》	1905年10月23日	17期	《日本火柴之沿革种类及制法》	—	实业(工业)	—
271	《大陆报》	1905年11月6日	18、19期	《玻璃工业之进步》	—	实业(工业)	—
272	《大陆报》	1906年1月19日	23期	《红葡萄酒中其他色素鉴别法》	—	实业(工业)	—
273	《大陆报》	1906年1月19日	23期	《罐藏食物中检出有害金属之法》	—	实业(工业)	—
274	《大陆报》	1906年1月19日	23期	《格鲁儿金之制法与应用》	—	实业(工业)	—
275	《浙江潮》	1903年10月10日	8期	《说鈤》	自树	科学	—
276	《浙江潮》	1903年12月8日	10期	《说合金》	—	科学	—
277	《湖南学报》	1903年4月27日	1～4帙	《理化学讲义》	单启鹏，翼民	理化	—
278	《童子世界》	1903年4月21日	16号	《化学纪略》	—	化学	—
279	《童子世界》	1903年4月28日	22、24、26、28、30、33号	《化学浅说》	翁筱印	化学	—
280	《广益丛报》	1905年11月16日	89号	《化学概论》	谢洪赉	学问门	—
281	《广益丛报》	1906年3月24日	100号	《化学进步》	—	纪闻	—

续表

序号	期刊	出版时间	卷(期)	篇名	作者	栏目	节选出处
282	《广益丛报》	1906 年 5 月 13 日	105 号	《化学造纸》	—	纪闻	—
283	《广益丛报》	1907 年 8 月 18 日	143 号	《无机化学序言》	萧湘	文章门	—
284	《广益丛报》	1908 年 3 月 2 日	161、162 号	《电气化学工业》	青来	学问门	—
285	《广益丛报》	1910 年 3 月 20 日	226 号	《大气中炭酸瓦斯之量有关于人类之卫生说》	蓝经惟	学问门	—
286	《广益丛报》	1910 年 4 月 9 日	228 号	《海水对于大气与炭酸瓦斯之一定割合为调节作用》	蓝经惟	学问门	—
287	《广益丛报》	1910 年 7 月 6 日	237 号	《中学堂博物学科之理化的智识》	蓝经惟	学问门	—
288	《广益丛报》	1911 年 4 月 8 日	261 号	《石灰》	蓝经惟	学问门	—
289	《商务报》	1903 年 12 月 29 日	1 期	《造樟脑新法》	—	丛谭	—
290	《商务报》	1904 年 1 月 8 日	2 期	《造洋革纸法》	—	实业	—
291	《商务报》	1904 年 1 月 17 日	3 期	《矿物质鞣皮法》	—	实业	—
292	《商务报》	1904 年 1 月 17 日	3 期	《镀金银法》	—	实业	—
293	《商务报》	1904 年 1 月 27 日	4 期	《樟叶制脑法》	—	实业	—
294	《商务报》	1904 年 3 月 27 日	6 期	《人造亚麻仁油代用品》	—	实业	—
295	《商务报》	1904 年 3 月 27 日	6 期	《人造皮代用品》	—	实业	—
296	《商务报》	1904 年 3 月 27 日	6 期	《制皂新法》	—	实业	—

续表

序号	期刊	出版时间	卷(期)	篇名	作者	栏目	节选出处
297	《商务报》	1904年3月27日	6期	《新发明之洗料》	—	实业	—
298	《商务报》	1904年4月6日	8期	《铝之电镀用液》	—	实业	—
299	《商务报》	1904年4月16日	9期	《煤炭制酒新法》	—	实业	—
300	《商务报》	1904年4月16日	9期	《制炭精新法》	—	实业	—
301	《商务报》	1904年4月16日	9期	《醋中杂物之试验法》	—	实业	—
302	《商务报》	1904年4月16日	9期	《人力制造之天然色》	—	实业	—
303	《商务报》	1904年5月6日	11期	《蛋白质制绢丝法》	—	实业	—
304	《商务报》	1904年5月15日	12期	《造纸法》	—	实业	北洋官报
305	《商务报》	1904年5月15日	12期	《制火柴法》	—	实业	汇报
306	《商务报》	1904年5月15日	12期	《造玻璃材料》	—	实业	汇报
307	《商务报》	1904年6月4日	14～20期	《芦菔制糖大略》	—	实业	北洋官报
308	《商务报》	1904年8月11日	21期	《绿气漂布法》	—	实业	晋报
309	《商务报》	1904年8月11日	21期	《破麻布制纸法》	—	实业	晋报
310	《商务报》	1904年8月21日	22期	《制冰糖法》	—	实业	汇报
311	《商务报》	1904年8月21日	22期	《制丝水改良法》	—	实业	政艺通报
312	《商务报》	1904年9月10日	24期	《制肥皂法》	—	实业	汇报
313	《商务报》	1904年9月20日	25期	《松油制炼之樟脑》	—	丛钞	晋报

续表

序号	期刊	出版时间	卷(期)	篇名	作者	栏目	节选出处
314	《商务报》	1904 年 9 月 20 日	25 期	《原质新得》	—	丛钞	大公报
315	《商务报》	1904 年 10 月 19 日	28 期	《造洋白盐法》	—	实业	汇报
316	《商务报》	1904 年 10 月 29 日	28 期	《无烟火药》	—	实业	汇报
317	《商务报》	1904 年 11 月 17 日	31 期	《制樟脑新法》	—	实业	北洋官报
318	《商务报》	1904 年 11 月 17 日	31 期	《漂白法》	—	实业	北洋官报
319	《商务报》	1904 年 12 月 17 日	34 期	《养气之用》	—	实业	—
320	《商务报》	1904 年 12 月 17 日	34 期	《燃烧轻气能出乐音》	—	实业	—
321	《商务报》	1905 年 4 月 25 日	44～48 期	《造火药之法》	—	实业	—
322	《商务报》	1905 年 7 月 3 日	51 期	《造自来火柴法》	—	实业	—
323	《商务报》	1905 年 7 月 13 日	52 期	《硝皮》	—	实业	—
324	《商务报》	1905 年 8 月 21 日	56 期	《轻养气灯法》	—	实业	—
325	《商务报》	1905 年 8 月 30 日	57 期	《化学家收养气法》	—	实业	—
326	《商务报》	1905 年 9 月 9 日	58 期	《绿气功用》	—	实业	—
327	《商务报》	1905 年 9 月 19 日	59 期	《制墨新法》	—	实业	—
328	《商务报》	1905 年 9 月 29 日	60、62 期	《造火药法略述》	—	实业	—
329	《商务报》	1905 年 10 月 9 日	61 期	《制炭之法》	—	实业	—
330	《商务报》	1905 年 10 月 19 日	62 期	《收取养气法》	—	实业	—

续表

序号	期刊	出版时间	卷(期)	篇名	作者	栏目	节选出处
331	《商务报》	1905年11月17日	65期	《金刚石为炭制所成》	—	实业	—
332	《商务报》	1905年11月17日	65期	《人身原质》	—	实业	—
333	《商务报》	1905年12月7日	67期	《制橡皮法》	—	实业	—
334	《商务报》	1905年12月7日	67期	《磷灯法》	—	实业	—
335	《商务报》	1905年12月7日	67期	《提金银法》	—	实业	—
336	《商务报》	1905年12月17日	68期	《造麦酒法》	—	实业	—
337	《商务报》	1905年12月17日	68期	《造龙脑法》	—	实业	—
338	《商务报》	1905年12月17日	68期	《造葡萄酒法》	—	实业	—
339	《商务报》	1906年1月5日	70期	《制肥皂法》	—	实业	—
340	《商务报》	1906年1月5日	70期	《验假呢法》	—	实业	—
341	《商务报》	1906年1月5日	70期	《试铁矿法》	—	实业	—
342	《商务报》	1906年1月5日	70期	《铅中提银法》	—	实业	—
343	《东方杂志》	1909年10月8日	9期	《西人称述中国化学》	—	杂俎	—
344	《东方杂志》	1910年1月6日	12期	《新发明之造纸原料》	—	杂俎	—
345	《东方杂志》	1910年1月6日	12期	《肥皂新法》	—	杂俎	—
346	《东方杂志》	1910年8月29日	7期	《论大豆工艺为中国制造之特长》	李煜瀛	附录(新知识)	—
347	《东方杂志》	1910年9月28日	8期	《人造煤油之大发明》	—	附录(新知识)	—

续表

序号	期刊	出版时间	卷(期)	篇名	作者	栏目	节选出处
348	《东方杂志》	1910年9月28日	8期	《人造之蓝靛》	—	附录(新知识)	—
349	《东方杂志》	1911年10月16日	8卷(8)	《雷的姆原质发明者居里女史》	—	插画	—
350	《东方杂志》	1911年11月15日	8卷(9)	《镭锭之研究》	—	插画	—
351	《东方杂志》	1912年5月1日	8卷(11)	《镭锭发明者居里夫人小传》	高劳	—	—
352	《东方杂志》	1912年6月1日	8卷(12)	《最近化学原子量之报告》	汪典存	—	本年美国化学会报告
353	《东方杂志》	1912年6月1日	8卷(12)	《尿粪制造燃灯瓦斯》	高劳	—	—
354	《东方杂志》	1912年7月1日	9卷(1)	《人造之山顶空气》	杨锦森	—	美国科学报，1912年3月2日
355	《东方杂志》	1912年8月1日	9卷(2)	《米糠有效成分亚倍利酸之研究案》	顾任伊	—	—
356	《东方杂志》	1912年8月1日	9卷(2)	《安全炸药》	汪典存	—	美国科学杂志，1912年6月
357	《东方杂志》	1913年7月1日	10卷(1)	《干电池之制造法》	H. K. Richardson，任伊	—	—
358	《东方杂志》	1913年7月1日	10卷(1)	《一九一三年化学原子量之报告》	石冠卿	—	美国化学会杂志
359	《东方杂志》	1913年12月1日	10卷(6)	《中国锑业现状》	梁宗鼎	—	—

续表

序号	期刊	出版时间	卷(期)	篇名	作者	栏目	节选出处
360	《东方杂志》	1914年1月1日	10卷(7)	《液体空气代炸药之发明》	—	科学杂俎	—
361	《东方杂志》	1914年2月1日	10卷(8)	《铁板镀锡新法》	—	科学杂俎	—
362	《东方杂志》	1914年4月1日	10卷(10)	《液体空气》	徐善祥	—	—
363	《东方杂志》	1914年4月1日	10卷(10)	《说镭》	陈文祥	—	日本太阳杂志
364	《东方杂志》	1915年3月1日	12卷(3)	《制纸工业》	沈璋	—	美国科学杂志
365	《东方杂志》	1915年7月10日	12卷(7)	《煤气制造术》	曹惠群	—	—
366	《东方杂志》	1917年3月15日	14卷(3～5)	《石炭论》	梁宗鼎	—	—
367	《东方杂志》	1917年5月15日	14卷(5)	《人造染料史略》	阙臻	—	—
368	《东方杂志》	1917年6月15日	14卷(6)	《论分析化学之效用》	陈聘丞(英兰三岛化学技师会会员，英国白敏汉大学理化学士)	—	—
369	《东方杂志》	1917年9月15日	14卷(9～10)	《火药爆发时之作用及其制法》	顾绍衣	—	—
370	《东方杂志》	1917年11月15日	14卷(11)	《时局与世界之化学工业》	风欠	—	—
371	《东方杂志》	1917年12月15日	14卷(12)	《最轻之金属与最轻之气体》	伧父	谈屑	—
372	《东方杂志》	1917年12月15日	14卷(12)	《食物之消化及吸收》	风欠	—	—
373	《东方杂志》	1917年12月15日	14卷(12)	《靛青液发酵建之调节方法》	王士森	—	日本染织时报
374	《东方杂志》	1918年3月15日	15卷(3)	《美国最新之制糖工业》	君实	—	日本化学工艺杂志

续表

序号	期刊	出版时间	卷(期)	篇名	作者	栏目	节选出处
375	《东方杂志》	1918年8月15日	15卷(8)	《制纸业之大势》	君实	—	日本化学工艺杂志
376	《扬子江》	1904年6月28日	1期	《闪电》	成序翔	杂俎(化学)	—
377	《扬子江》	1904年6月28日	1期	《磷火》	—	杂俎(化学)	—
378	《扬子江》	1904年8月25日	3期	《玻璃源流》	—	杂俎(化学)	—
379	《直隶教育杂志》(后改名为《直隶教育官报》)	1905年9月29日	13期	《黑板墨汁之制造法》	—	杂录	日本教育界
380	《直隶教育杂志》	1906年11月30日	18～22期	《化学讲义》	加纳清三，刘骏书	学术	—
381	《直隶教育杂志》	1909年3月6日	2期	《本司尊院札准农工商部咨开据留学生陈祖良等禀立中国化学总会文》	—	文牍	—
382	《直隶教育杂志》	1909年3月6日	2期	《拟组织中国化学学会启》	李景镐	文牍	—
383	《直隶教育杂志》	1909年3月6日	2期	《中国化学学会大纲》	—	学制	—
384	《直隶教育杂志》	1909年3月6日	2期	《留欧学生中国化学学会支会缘起并章程》	—	学制	—
385	《直隶教育杂志》	1909年8月16日	11期	《留法习化学之卒业者》	—	时闻	—
386	《四川学报》(后改名为《四川教育官报》)	1907年11月	10册	《拟组织中国化学学会启》	李景镐	附编	—
387	《四川学报》	1907年11月	10册	《中国化学学会草章》	—	附编	—
388	《四川学报》	1909年3月	2、3、6册	《有机化学》	山本丰次	—	—

续表

序号	期刊	出版时间	卷(期)	篇名	作者	栏目	节选出处
389	《重庆商会公报》	1907 年 4 月 27 日	54 期	《西洋颜料制造法》	—	科学	—
390	《重庆商会公报》	1908 年 4 月 19 日	88 期	《说靛青》	—	科学	—
391	《重庆商会公报》	1908 年 8 月 16 日	105 期	《制水玻璃》	—	科学	—
392	《重庆商会公报》	1908 年 8 月 16 日	105 期	《制洋墨水法》	—	科学	—
393	《重庆商会公报》	1908 年 8 月 16 日	105 期	《独逸电气镀金法》	—	科学	—
394	《重庆商会公报》	1908 年 9 月 27 日	111 期	《制玻璃法》	—	科学	—
395	《重庆商会公报》	1908 年 10 月 31 日	116 期	《化学助田谷生长法》	—	科学	—
396	《醒狮》	1905 年 9 月 29 日	1、2、4 期	《说火药》	诸翔	理科	—
397	《北直农话报》	1905 年 12 月 11 日	2、4、6、8、10、18 期	《农艺化学》	鲁瞻		—
398	《北直农话报》	1906 年 1 月 9 日	4 期	《造纸新法》	锡九	选录	湖州白话报
399	《北洋学报》	1906	6、8、10、11、13 期	《化学释义》	—	学术部(化学粹言上编)	—
400	《北洋学报》	1906	15、17、19、20～46(偶数)期	《无机化学》	—	学术部(化学粹言中编)	—
401	《商务官报》	1906 年 7 月 25 日	10 期	《考究制造玻璃原料》	—	记事	—
402	《商务官报》	1910 年 3 月 6 日	1 期	《德国化学工业》	章乃炜	参考资料	英国伦敦时报

续表

序号	期刊	出版时间	卷(期)	篇名	作者	栏目	节选出处
403	《学部官报》	1906年10月18日	3期	《论水之电气分解》	杨彦洁	选译东西各国书报	日本理学界
404	《学部官报》	1907年6月1日	22～24期	《自然界之化学现象》	王学来	选译东西各国书报	日本教育时论
405	《学部官报》	1908年2月22日	45、47期	《寻常生理化学之现象》	王学来	选译东西各国书报	日本教育时论
406	《学部官报》	1908年5月30日	55期	《石绒阻热说》	王学来	选译东西各国书报	日本理学界
407	《学部官报》	1908年6月9日	56期	《矿物晶制造法》	王学来	选译东西各国书报	理学界
408	《学部官报》	1908年6月19日	57、68、75期	《理论化学易解》	大幸勇吉，王学来	选译东西各国书报	—
409	《学部官报》	1908年6月29日	58期	《最新化学教科书校勘表》	—	审定书目	—
410	《学部官报》	1909年3月2日	79期	《化学重要试药里低母斯考》	王学来	选译东西各国书报	日本教育时论
411	《南洋商务报》	1908年9月25日	49期	《独逸电气镀金法》	—	杂录	—
412	《南洋商务报》	1908年9月25日	49期	《制水玻璃》	—	杂录	—
413	《新译界》	1906年11月16日	1、2号	《磷光体之制造说》	王舜成	理学界	工艺化学杂志9编103号

续表

序号	期刊	出版时间	卷(期)	篇名	作者	栏目	节选出处
414	《教育》	1906年11月30日	1号	《雷锭与电气物质观》	王颂贤	科学	—
415	《学报》	1907年2月13日	1号	《化学通论》	晴崖	理化	—
416	《学报》	1907年2月13日	1号	《电气化学工业》	青来	理化	—
417	《学报》	1907年3月13日	2、3号	《释酸》	晴崖	理化	—
418	《学报》	1907年3月13日	2、6、11号	《化学分析室实见谈》	王绍文	理化	—
419	《学报》	1907年4月13日	3号	《酸化炭素之危及人类之分量》	晴崖	谈丛	—
420	《学报》	1907年4月13日	3号	《轻气烧时发生之热量》	晴崖	谈丛	—
421	《学报》	1907年6月11日	5号	《铁锈之研究》	晴崖	化学	—
422	《学报》	1907年6月11日	5、9号	《人体化学的生理》	胡晴崖，张玉涛	生理卫生	—
423	《学报》	1907年8月9日	7号	《化学研究之始基》	晴崖	化学	—
424	《学报》	1908年2月26日	8、10号	《说瓦斯》	晴崖	化学	—
425	《学报》	1908年4月18日	9号	《酸盐基盐及酸化物释例》	晴崖	化学	—
426	《学报》	1908年7月26日	12号	《有机化学》	绍文	化学	—
427	《振华五日大事记》	1907年12月24日	48、49期	《化学分析术》	张石朋	学理	—
428	《江西农报》	1907年5月12日	1期	《蚁卵制醋》	—	杂俎	—
429	《江西农报》	1907年5月12日	1期	《绿气漂布法》	—	杂俎	—
430	《江西农报》	1907年5月12日	1期	《制漂白粉法》	—	杂俎	—

续表

序号	期刊	出版时间	卷(期)	篇名	作者	栏目	节选出处
431	《江西农报》	1907 年 5 月 12 日	1 期	《制蓝墨法》	—	杂俎	—
432	《江西农报》	1907 年 5 月 12 日	1 期	《制红墨法》	—	杂俎	—
433	《江西农报》	1907 年 5 月 12 日	1 期	《制变色墨法》	—	杂俎	—
434	《江西农报》	1907 年 5 月 26 日	2 期	《人造绢丝》	—	杂俎	—
435	《江西农报》	1907 年 5 月 26 日	2 期	《人造樟脑》	—	杂俎	—
436	《江西农报》	1907 年 5 月 26 日	2 期	《的列并油制造法》	—	杂俎	—
437	《江西农报》	1907 年 7 月 10 日	5 期	《葡萄糖制造法》	—	杂俎	—
438	《江西农报》	1907 年 7 月 24 日	6 期	《制造玻璃》	—	杂俎	—
439	《江西农报》	1907 年 8 月 23 日	8 期	《制造火柴法》	—	杂俎	—
440	《江西农报》	1907 年 9 月 22 日	10 期	《制造白墨法》	—	杂俎	—
441	《江西农报》	1907 年 9 月 22 日	10 期	《制造洋烛法》	—	杂俎	—
442	《江西农报》	1907 年 9 月 22 日	10 期	《制造硼酸法》	—	杂俎	—
443	《江西农报》	1908 年 2 月 16 日	11 期	《漂白法》	—	杂俎	—
444	《江西农报》	1908 年 2 月 16 日	11 期	《普通石硷制法》	—	杂俎	—
445	《江西农报》	1908 年 10 月 9 日	19 期	《葡萄糖制造法》	龙钟洢	杂俎	—
446	《商工旬报》(后改名为《农工商报》《广东劝业报》)	1907 年 7 月 20 日	4 期	《制白砂糖法》	—	新法	—

续表

序号	期刊	出版时间	卷(期)	篇名	作者	栏目	节选出处
447	《商工旬报》	1907年7月20日	4期	《天然墨制法》	—	新法	—
448	《商工旬报》	1907年7月30日	5期	《银铜铁酸白法》	—	新法	—
449	《商工旬报》	1907年7月30日	5期	《制玻璃法》	—	新法	—
450	《商工旬报》	1907年9月18日	10期	《花露水制法》	—	新法	—
451	《商工旬报》	1907年9月18日	10期	《火柴制造新法》	—	新法	—
452	《商工旬报》	1907年10月27日	14期	《化学讲演》	侠庵	学理	—
453	《商工旬报》	1907年10月27日	14期	《火柴制法详论》	—	新法	—
454	《商工旬报》	1907年11月26日	17期	《棉花火药制法》	—	新法	—
455	《商工旬报》	1907年12月25日	20期	《磷质肥料制造法》	—	新法	—
456	《商工旬报》	1908年1月4日	21期	《西洋墨水制法》	—	新法	—
457	《商工旬报》	1908年1月4日	21期	《印刷油墨制法》	—	新法	—
458	《商工旬报》	1908年1月14日	22期	《精炼火油新法》	—	新法	—
459	《商工旬报》	1908年9月25日	47期	《化学制磷法》	—	工业	—
460	《商工旬报》	1908年10月5日	48期	《铜铁镀锡法》	—	工业	—
461	《商工旬报》	1908年10月15日	49、50期	《制造爆药》	—	工业	—
462	《商工旬报》	1908年10月25日	50期	《制火药法》	—	工业	—
463	《商工旬报》	1908年12月23日	56期	《新染料发明》	—	工业	—

续表

序号	期刊	出版时间	卷(期)	篇名	作者	栏目	节选出处
464	《商工旬报》	1908年12月23日	56期	《直接染料发明》	—	工业	—
465	《商工旬报》	1908年12月23日	56期	《硫化染料发明》	—	工业	—
466	《商工旬报》	1908年12月23日	56期	《玻璃刻字法》	—	工业	—
467	《商工旬报》	1909年3月2日	60期	《咨饬筹设化学会》	—	报告	—
468	《商工旬报》	1909年3月12日	61期	《中国化学会组织(呈农工商部)》	欧洲留学生	专件	—
469	《商工旬报》	1909年3月12日	61期	《拟组织中国化学学会启》	—	专件	—
470	《商工旬报》	1909年3月12日	61、62期	《中国化学学会大纲》	—	专件	—
471	《商工旬报》	1909年3月22日	62期	《硇砂之制法》	—	工业	—
472	《商工旬报》	1909年3月22日	62期	《中国化学学会草章》	—	专件	—
473	《商工旬报》	1909年3月22日	62期	《留欧中国化学会支会缘起》	—	专件	—
474	《商工旬报》	1909年3月22日	62期	《札属倡办化学研究会	—	报告	—
475	《商工旬报》	1909年4月1日	63期	《制炭酸加里法》	—	工业	—
476	《商工旬报》	1909年4月1日	63期	《苛性加里之制法》	—	工业	—
477	《商工旬报》	1909年4月1日	63、64期	《各国擦牙粉之制造法》	—	工业	—
478	《商工旬报》	1909年4月11日	64期	《炭酸石灰之制法》	—	工业	—
479	《商工旬报》	1909年4月11日	64期	《白垩之制法》	—	工业	—
480	《商工旬报》	1909年4月11日	64期	《石硷粉末之制法》	—	工业	—

续表

序号	期刊	出版时间	卷(期)	篇名	作者	栏目	节选出处
481	《商工旬报》	1909年4月11日	64期	《甘油之制法》	—	工业	—
482	《商工旬报》	1909年4月11日	64期	《掘里设林之制法》	—	工业	—
483	《商工旬报》	1909年4月20日	65期	《硼酸之制法》	—	工业	—
484	《商工旬报》	1909年4月20日	65期	《制安息香酸》	—	工业	—
485	《商工旬报》	1909年4月20日	65期	《制柠檬油法》	—	工业	—
486	《商工旬报》	1909年4月20日	65期	《麝香丁儿》	—	工业	—
487	《商工旬报》	1909年4月20日	65、66期	《火柴药料配合法》	—	工业	—
488	《商工旬报》	1909年4月30日	66、67期	《盐酸加里之制法》	—	工业	—
489	《商工旬报》	1909年5月10日	67期	《制炼铅丹法》	—	工业	—
490	《商工旬报》	1909年5月10日	67期	《硫化銨知母尼之取炼法》	英名	工业	—
491	《商工旬报》	1909年5月10日	67期	《制造升朱法》	—	工业	—
492	《商工旬报》	1909年5月19日	68期	《黄磷之制法》	—	工业	—
493	《商工旬报》	1909年5月19日	68、69期	《赤磷之制法》	—	工业	—
494	《商工旬报》	1909年5月19日	68期	《材木防腐法》	—	工业	—
495	《商工旬报》	1909年5月29日	69期	《重格罗谟酸加里之制法及用途》	—	工业	—
496	《商工旬报》	1909年6月8日	70期	《药水炼铁法》	—	工业	—
497	《商工旬报》	1909年6月18日	71期	《巴利士油之制法》	—	工业	—

续表

序号	期刊	出版时间	卷(期)	篇名	作者	栏目	节选出处
498	《商工旬报》	1909 年 6 月 18 日	71 期	《亚麻仁油制法》	—	工业	—
499	《商工旬报》	1909 年 8 月 6 日	76 期	《化学树胶制法》	—	工业	—
500	《商工旬报》	1909 年 8 月 6 日	76 期	《化学樟脑制法》	—	工业	—
501	《商工旬报》	1909 年 8 月 6 日	76 期	《棕色颜料制法》	—	工业	—
502	《商工旬报》	1909 年 8 月 6 日	76 期	《木糠制火酒法》	—	工业	—
503	《商工旬报》	1909 年 8 月 6 日	76 期	《制革新法》	—	工业	—
504	《商工旬报》	1909 年 8 月 6 日	76 期	《肥皂新法》	—	工业	—
505	《商工旬报》	1909 年 8 月 16 日	77～79 期	《实用制纸法》	葛伯诚	工业	—
506	《商工旬报》	1909 年 8 月 16 日	78 期	《漂白麻法》	—	工业	—
507	《商工旬报》	1909 年 8 月 26 日	78 期	《放光涂料之新发明》	—	工业	—
508	《商工旬报》	1909 年 9 月 14 日	80 期	《亚硫酸气体之有害于稻田》	—	工业	—
509	《商工旬报》	1909 年 10 月 4 日	82 期	《树胶制造》	—	工业	—
510	《商工旬报》	1909 年 10 月 4 日	82 期	《食盐制造法》	—	工业	—
511	《商工旬报》	1909 年 11 月 3 日	85、87 期	《人工砂糖制造法》	—	工业	—
512	《商工旬报》	1909 年 11 月 13 日	86、88 期	《绢丝漂白法》	—	工业	—
513	《商工旬报》	1909 年 11 月 13 日	86 期	《毛织物之漂白法》	—	工业	—
514	《商工旬报》	1909 年 11 月 13 日	86 期	《稻灰之漂白法》	—	工业	—

续表

序号	期刊	出版时间	卷(期)	篇名	作者	栏目	节选出处
515	《商工旬报》	1909年11月13日	86期	《水质检验法》	—	工业	—
516	《商工旬报》	1909年11月13日	86、87期	《桑皮制纸法》	—	工业	—
517	《商工旬报》	1909年12月3日	88期	《日本靛蓝之制造法》	—	工业	—
518	《商工旬报》	1909年12月13日	89期	《印度靛蓝之制法》	—	工业	—
519	《商工旬报》	1909年12月13日	89期	《靛蓝之使用法》	—	工业	—
520	《商工旬报》	1909年12月13日	89期	《燕脂之制造法》	—	工业	—
521	《商工旬报》	1909年12月13日	89期	《西洋红之制法》	—	工业	—
522	《商工旬报》	1909年12月13日	89期	《棉纱漂白法》	—	工业	—
523	《商工旬报》	1909年12月23日	90、91期	《化学通理择要》	利寅	学理	—
524	《商工旬报》	1909年12月23日	90期	《麻之漂白法》	—	工业	—
525	《商工旬报》	1909年12月23日	90～93期	《制木炭新法》	—	工业	—
526	《商工旬报》	1910年2月20日	93、94、102、110、111期	《砂糖制造法》	—	工业	—
527	《商工旬报》	1910年3月11日	95期	《制造化学象牙法》	—	工业	—
528	《商工旬报》	1910年3月21日	96、99、100期	《实验罐藏法》	铁庵	工业	—
529	《商工旬报》	1910年4月20日	99期	《考究水质》	—	学理	—
530	《商工旬报》	1910年4月20日	99期	《酿造用之麦芽制造法》	—	工业	—
531	《商工旬报》	1910年4月30日	100期	《制造玻璃简明法》	—	工业	—

续表

序号	期刊	出版时间	卷(期)	篇名	作者	栏目	节选出处
532	《商工旬报》	1910年5月9日	101、102期	《火水油制造法》	—	工业	—
533	《商工旬报》	1910年5月29日	103期	《制透明皮法》	潘俊民	工业	—
534	《商工旬报》	1910年5月29日	103期	《玻璃写画法》	潘俊民	工业	—
535	《商工旬报》	1910年6月7日	104期	《牛膏制造法》	—	工业	—
536	《商工旬报》	1910年6月7日	104期	《活字金之配方》	—	工业	—
537	《商工旬报》	1910年6月27日	106期	《论糖之甜味》	—	学理	—
538	《商工旬报》	1910年6月27日	106期	《耐火纸制法》	俊民	工业	—
539	《商工旬报》	1910年6月27日	106期	《绢纸制法》	俊民	工业	—
540	《商工旬报》	1910年6月27日	106期	《透明西洋纸制法》	俊民	工业	—
541	《商工旬报》	1910年7月17日	108期	《哥巴辣假漆制法》	—	工业	—
542	《商工旬报》	1910年7月27日	109期	《靴墨制造法》	—	工业	日本化学应用最新制造法
543	《商工旬报》	1910年7月27日	109期	《拟巴利是油之制造法》	—	工业	—
544	《商工旬报》	1910年8月15日	111期	《防水布制造法实验》	本报社员	工业	日本防水布公司第二回报
545	《商工旬报》	1910年8月15日	111、112期	《制软皮法》	—	工业	—
546	《商工旬报》	1910年8月25日	112期	《小兽皮制软法》	—	工业	—
547	《商工旬报》	1910年8月25日	112期	《妇人洗面粉配方》	—	工业	—

续表

序号	期刊	出版时间	卷(期)	篇名	作者	栏目	节选出处
548	《商工旬报》	1910年8月25日	112期	《白色鞋粉配方》	—	工业	—
549	《商工旬报》	1910年9月4日	113期	《化学宝石之制法》	—	工业	—
550	《商工旬报》	1910年9月4日	113期	《艳金油制法》	潘俊民	工业	—
551	《商工旬报》	1910年9月4日	113期	《制白粉法》	潘俊民	工业	—
552	《商工旬报》	1910年9月14日	114期	《验金矿新法》	—	工业	—
553	《商工旬报》	1910年9月14日	114期	《生发油新法》	—	工业	—
554	《商工旬报》	1910年9月14日	114期	《制银镜法》	潘俊民	工业	—
555	《商工旬报》	1910年9月24日	115期	《论化学肥料》	—	学理	—
556	《商工旬报》	1910年9月24日	115期	《波士饮料之制法》	—	工业	—
557	《商工旬报》	1910年9月24日	115期	《面包制造法》	—	工业	—
558	《商工旬报》	1910年10月3日	116、122期	《论化学肥料》	铁庵	学理	—
559	《振群丛报》	1907年12月4日	1、2号	《化学菁华录》	王之瑞	理化	—
560	《岭南白话杂》	1908年2月22日	3期	《制造香硷》	—	藏书楼	—
561	《岭南白话杂》	1908年3月8日	5期	《普通制硷法》	—	藏书楼	—
562	《实业报》	1908年5月11日	8期	《西洋颜料制造法》	王权中	工业(中国实业制造公司选方)	—

续表

序号	期刊	出版时间	卷(期)	篇名	作者	栏目	节选出处
563	《实业报》	1908年5月11日	8期	《白色颜料之材料》	王权中	工业(中国实业制造公司选方)	—
564	《实业报》	1908年5月11日	8期	《醋酸铅制造法》	王权中	工业(中国实业制造公司选方)	—
565	《实业报》	1908年5月11日	8期	《醋酸铅之用法》	王权中	工业(中国实业制造公司选方)	—
566	《实业报》	1908年5月11日	8期	《硝化亚铅粉制法》	王权中	工业(中国实业制造公司选方)	—
567	《实业报》	1908年5月11日	8期	《银朱制造法》	王权中	工业(中国实业制造公司选方)	—
568	《实业报》	1908年5月21日	9期	《瓷器绘料相和剂》	权中	工业(中国实业制造公司选方)	—
569	《实业报》	1908年5月21日	9期	《锡粉制法》	权中	工业(中国实业制造公司选方)	—

续表

序号	期刊	出版时间	卷(期)	篇名	作者	栏目	节选出处
570	《实业报》	1908年5月21日	9期	《鉻养制法附》	权中	工业(中国实业制造公司选方)	—
571	《实业报》	1908年5月21日	9期	《铁养制法》	权中	工业(中国实业制造公司选方)	—
572	《实业报》	1908年5月21日	9期	《紫色粉制法附》	权中	工业(中国实业制造公司选方)	—
573	《实业报》	1908年5月31日	10期	《银养制法附》	—	工业(中国实业制造公司选方)	—
574	《实业报》	1908年5月31日	10期	《陶瓷用磁油料之剂》	—	工业(中国实业制造公司选方)	—
575	《实业报》	1908年5月31日	10期	《磁油所用陶土精制法附》	—	工业(中国实业制造公司选方)	—
576	《实业报》	1908年6月10日	11期	《电气渡鉻法》	—	工业(中国实业制造公司选方)	—

续表

序号	期刊	出版时间	卷(期)	篇名	作者	栏目	节选出处
577	《实业报》	1908 年 6 月 10 日	11 期	《轻四淡流臬制法》	—	工业(中国实业制造公司选方)	—
578	《实业报》	1908 年 6 月 10 日	11 期	《轻四淡流水制法》	—	工业(中国实业制造公司选方)	—
579	《实业报》	1908 年 6 月 10 日	11 期	《轻四淡流冰制法》	—	工业(中国实业制造公司选方)	—
580	《实业报》	1908 年 6 月 10 日	11 期	《臬之电镀法》	—	工业(中国实业制造公司选方)	—
581	《实业报》	1908 年 6 月 20 日	12 期	《普通镀臬法》	—	工业(中国实业制造公司选方)	—
582	《实业报》	1908 年 6 月 20 日	12 期	《特别镀臬法》	—	工业(中国实业制造公司选方)	—
583	《实业报》	1908 年 6 月 20 日	12 期	《池电阴阳交换法》	—	工业(中国实业制造公司选方)	—

续表

序号	期刊	出版时间	卷(期)	篇名	作者	栏目	节选出处
584	《实业报》	1908年6月20日	12期	《镀臬之洗濯酸类水》	—	工业(中国实业制造公司选方)	—
585	《实业报》	1908年6月20日	12期	《镀臬之洗濯硷类水》	—	工业(中国实业制造公司选方)	—
586	《实业报》	1908年6月20日	12期	《硫养三化骨法》	—	新法杂录	—
587	《实业报》	1908年6月20日	12期	《梳打制造法》	—	新法杂录	—
588	《实业报》	1908年6月20日	12期	《哥士的梳打制造法》	—	新法杂录	—
589	《实业报》	1908年6月20日	12期	《硷沙制造法》	—	新法杂录	—
590	《实业报》	1908年6月20日	12期	《哥士的硷沙制造法》	—	新法杂录	—
591	《实业报》	1908年6月20日	12期	《青酸硷沙制造法》	—	新法杂录	—
592	《实业报》	1908年6月20日	12期	《漂白粉制造法》	—	新法杂录	—
593	《实业报》	1908年6月20日	12、13期	《摩啡制造法》	—	新法杂录	—
594	《实业报》	1908年6月30日	13期	《独逸电气镀金》	—	工业(中国实业制造公司选方)	—
595	《实业报》	1908年6月30日	13期	《独逸电气镀银》	—	工业(中国实业制造公司选方)	—

续表

序号	期刊	出版时间	卷(期)	篇名	作者	栏目	节选出处
596	《实业报》	1908年6月30日	13期	《银之浸渍法》	—	工业(中国实业制造公司选方)	—
597	《实业报》	1908年6月30日	13期	《电镀红铜法》	—	工业(中国实业制造公司选方)	—
598	《实业报》	1908年6月30日	13期	《马尿制造安息香》	—	新法杂录	—
599	《实业报》	1908年6月30日	13期	《晒谟制造法》	—	新法杂录	—
600	《实业报》	1908年6月30日	13期	《人工杏仁油制造法》	—	新法杂录	—
601	《实业报》	1908年7月10日	14、15期	《电镀黄铜法》	—	工业(中国实业制造公司选方)	—
602	《实业报》	1908年7月10日	14期	《化妆用之石硷制造法》	—	新法杂录	—
603	《实业报》	1908年7月10日	14期	《冷制芳香石枧新法》	—	新法杂录	—
604	《实业报》	1908年7月10日	14期	《扁桃石硷之制造新法》	—	新法杂录	—
605	《实业报》	1908年7月10日	14期	《多种芳香石枧之集成》	—	新法杂录	—
606	《实业报》	1908年7月10日	14期	《最上等化妆用之石枧冷时熏香法》	—	新法杂录	—
607	《实业报》	1908年7月10日	14期	《石硷制造法之要旨》	—	新法杂录	—

续表

序号	期刊	出版时间	卷(期)	篇名	作者	栏目	节选出处
608	《实业报》	1908年7月10日	14期	《加里及曹达石枧之区别》	—	新法杂录	—
609	《实业报》	1908年7月20日	15期	《电铸之池》	—	工业(中国实业制造公司选方)	—
610	《实业报》	1908年7月20日	15期	《松香胶》	—	工业(中国实业制造公司选方)	—
611	《实业报》	1908年7月20日	15期	《红树皮胶》	—	工业(中国实业制造公司选方)	—
612	《实业报》	1908年7月20日	15期	《橡皮胶》	—	工业(中国实业制造公司选方)	—
613	《实业报》	1908年7月20日	15期	《亚拉伯胶及印度胶》	—	工业(中国实业制造公司选方)	—
614	《实业报》	1908年7月20日	15期	《上等香水制造法》	—	新法杂录	—
615	《实业报》	1908年7月29日	16期	《护膜炭硫制造法》	—	工业(中国实业制造公司选方)	—

续表

序号	期刊	出版时间	卷(期)	篇名	作者	栏目	节选出处
616	《实业报》	1908年7月29日	16期	《火柴头料配合制法》	—	工业(中国实业制造公司选方)	—
617	《实业报》	1908年7月29日	16期	《着色火柴制造法》	—	工业(中国实业制造公司选方)	—
618	《实业报》	1908年8月18日	18期	《石油试验法》	—	工业(中国实业制造公司选方)	—
619	《实业报》	1908年8月18日	18期	《石油制造法》	—	工业(中国实业制造公司选方)	—
620	《实业报》	1908年8月18日	18期	《石油精制法》	—	工业(中国实业制造公司选方)	—
621	《实业报》	1908年8月18日	18期	《石油副产品》	—	工业(中国实业制造公司选方)	—
622	《实业报》	1908年8月18日	18、19期	《吧喇□油绪论》	—	工业(中国实业制造公司选方)	—

续表

序号	期刊	出版时间	卷(期)	篇名	作者	栏目	节选出处
623	《实业报》	1908年8月28日	19、20期	《瓦斯绪论》	—	工业(中国实业制造公司选方)	—
624	《实业报》	1908年9月7日	20期	《亚细脂磷瓦斯》	—	工业(中国实业制造公司选方)	—
625	《实业报》	1908年9月7日	20期	《石炭之性质》	—	工业(中国实业制造公司选方)	—
626	《实业报》	1908年9月7日	20期	《石炭之成分》	—	工业(中国实业制造公司选方)	—
627	《实业报》	1908年9月7日	20期	《石炭瓦斯制造法》	—	工业(中国实业制造公司选方)	—
628	《实业报》	1908年9月7日	20期	《化学助田谷生长法》	—	新法碎件	—
629	《实业报》	1908年9月7日	20期	《玻璃渡银法》	—	新法碎件	—
630	《实业报》	1908年9月7日	20期	《制水玻璃法》	—	新法碎法	—
631	《实业报》	1908年9月7日	20期	《紫色玻璃法》	—	新法碎法	—

续表

序号	期刊	出版时间	卷(期)	篇名	作者	栏目	节选出处
632	《实业报》	1908年9月7日	20期	《绿色玻璃法》	—	新法碎法	—
633	《实业报》	1908年9月7日	20期	《黄色玻璃法》	—	新法碎法	—
634	《实业报》	1908年9月7日	20期	《赤色玻璃法》	—	新法碎法	—
635	《实业报》	1908年9月7日	20期	《制洋墨水法》	—	新法碎法	—
636	《实业报》	1908年9月7日	20期	《黑绿色墨水法》	—	新法碎法	—
637	《实业报》	1908年9月7日	20期	《蓝色墨水法》	—	新法碎件	—
638	《实业报》	1908年9月7日	20期	《紫色墨水法》	—	新法碎法	—
639	《实业报》	1908年9月7日	20期	《红色墨水法》	—	新法碎法	—
640	《实业报》	1908年10月6日	23期	《炭精制法》	—	工业(中国实业制造公司选方)	—
641	《实业报》	1908年10月16日	24期	《白墨制造法》	—	工业(中国实业制造公司选方)	—
642	《实业报》	1908年10月16日	24期	《染白墨为各色法》	—	工业(中国实业制造公司选方)	—
643	《实业报》	1908年10月16日	24期	《洋墨水(日本各インキ)制造法》	—	工业(中国实业制造公司选方)	—

续表

序号	期刊	出版时间	卷(期)	篇名	作者	栏目	节选出处
644	《实业报》	1908年10月16日	24～26期	《香水香油制造法》	—	工业(中国实业制造公司选方)	—
645	《实业报》	1908年10月16日	26、27期	《炼锑法》	—	实业新法	—
646	《实业报》	1908年11月15日	27期	《石硷(中国名洋肥皂)制造法》	—	工业(中国实业制造公司选方)	—
647	《半星期报》	1908年5月4日	8期	《煤油炼制法》	—	科学	—
648	《半星期报》	1908年5月10日	9、13、15、17、18期	《应用化学略述》	—	科学	—
649	《万国商业月报》	1908年8月6日	3、4期	《洋硷制法(附源流考)》	—	实业译论	—
650	(商务)教育杂志	1908年2月8日	1～5期，4卷(1～3)	《小学理化器械制造实验之简法》	中岛吉太郎，蔡文森	实验	—
651	(商务)教育杂志	1911年5月8日	4期	《和兰化学名师房德和甫逝世》	—	记事	—
652	(商务)教育杂志	1913年4月10日	5卷(1)	《最新之理化教授法》	志厚	实验	—
653	(商务)教育杂志	1914年5月15日	6卷(2)	《实用主义理化教授法》	顾邵衣	实验	—
654	(商务)教育杂志	1914年6月15日	6卷(3)	《暑假中之理化教材》	顾邵衣	教材	—
655	(商务)教育杂志	1917年2月20日	9卷(2)	《小学校理化教授之实际》	太玄	实验	—
656	(商务)教育杂志	1918年9月20日	10卷(9)	《师范学校中学校学生实习理化学之要目》	佛如	实验	—

续表

序号	期刊	出版时间	卷(期)	篇名	作者	栏目	节选出处
657	(商务)教育杂志	1918年10月20日	10卷(10)	《中等学校理化学教授法改良意见书》	贾观仁	杂纂	—
658	(商务)教育杂志	1918年11月20日	10卷(11)	《欧战中之法国工业化学》	—	记事	—
659	《陕西》	1909年11月27日	1期	《白墨制造法》	徕之	学术	—
660	《陕西》	1909年11月27日	1期	《石硷之制造法》	徕之	学术	—
661	《华商联合会报》	1910年7月21日	11期	《调查制造耐热玻璃方法》	—	海内外调查丛录	—
662	《湖北农会报》	1910年10月17日	6期	《农艺化学》	萧屏	译丛	—

后　记

终于完成《〈亚泉杂志〉与近代西方化学在中国的传播》的最后定稿，不禁长舒了一口气。回想从文稿选题、查阅资料到撰写文稿的过程，感慨万千。

《亚泉杂志》是晚清闻人杜亚泉创办的第一份肩负传播西方科学使命的中文科技期刊，在当时的中国知识界具有广泛而深刻的影响。目前，在全国仅北京大学图书馆、中国科学院大学图书馆、浙江图书馆三家保存有这份杂志，其中北京大学图书馆与中国科学院大学图书馆保存完整。

众所周知，图书馆对于善本书刊的复制有严格规定，当年北京大学图书馆规定复制内容不能超过 1/3。2006 年我第一次查阅复制获得的内容多为出版信息，再次来到北京大学图书馆，已经是一年半以后了。抱着试试看的态度，我选择了急需的一些内容进行复制。非常幸运的是，管理员按程序为我拍摄了图片，这解决了我研究过程中需要的重要原始资料问题。第三次来到北京大学图书馆，基本是为了查漏补缺，翻阅着那套熟悉的百年杂志，倍感亲切。我把为数不多的需要复制的内容交给管理员时，他似乎认出了我，在简单询问了复制目的，片刻迟疑后，还是为我复制了需要的内容。至此，我拿到了全本《亚泉杂志》的复印件。对于做史学研究的人，都知道搜集原始文献的艰难，此刻的我，满怀感激。

我大学所学专业是化学工程，后来从事科学期刊的编辑工作，2005 年攻读科学史博士，因此，解读《亚泉杂志》所传播的近代西方化学内容，是我一直想要做的事情。《亚泉杂志》以杜亚泉的名字命名，以传播近代西方化学为特色，是中国近代第一份科学期刊。关于期刊研究大多从出版角度出发，然而，期刊的终极目标是发表高质量的学术论文，传播最新的学术成果。杜亚泉作为一位晚清民初时期的翻译家与出版家，在科学上尤其偏爱化学，毕生致力于推动中国的科学教育，通过出版实现他的科学理想。有人称他为科学家，他回答："非也，特科学的介绍者耳。"因此，完成这样一本书，对我是完成一个致敬学界长者的心愿吧！

感谢拙作写作与出版过程中帮助过我的导师和众多师友，没有他们的鼓励与鞭策，就不会有这部书稿的问世。

陈镱文

2017 年 3 月 20 日